그늘 속의 4·3

제주4·3연구소 편

선인
도서출판

그늘 속의 4·3 ˝死·삶과 기억˝

초판 1쇄 발행 2009년 1월 23일
초판 2쇄 발행 2019년 6월 30일

편   저 ┃ 제주4·3연구소
펴낸이 ┃ 윤관백
펴낸곳 ┃ 선인

등   록 ┃ 제5-77호(1998. 11. 4)
주   소 ┃ 서울시 마포구 마포동 324-1 곳마루B/D 1층
전   화 ┃ 02)718-6252/6257
팩   스 ┃ 02)718-6253
E-mail ┃ sunin72@chol.com

정가 ┃ 20,000원
ISBN 978-89-5933-148-2 03900

그늘 속의 4.3

─ 死 · 삶과 기억 ─

책을 펴내면서

　제주 현지에서의 4·3 구술증언 채록은 1987년 6월 항쟁 이후 민주화의 분위기가 무르익은 때로부터 본격적으로 시작되었습니다. 처음에는 개인적 작업으로 구술증언 채록이 이루어져 오던 것이 1988년부터 소수인력의 공동 작업으로 진전되었습니다. 이 작업에 참여했던 사람들을 구심체로 하여 1989년 5월 4·3연구소가 문을 열었고, 개소 기념으로 『이제사 말햄수다』 2권이 발간되었습니다. 공동 작업에 의한 본격적인 제주 현지 증언채록은 4·3연구소에 의해 비로소 시작되었다고 할 수 있습니다.

　그 뒤 제민일보 4·3취재반의 신문 연재를 위한 채록, 4·3진상규명위원회의 보고서 작성을 위한 채록 등이 이어졌습니다. 저희 4·3연구소는 정부 4·3진상규명위원회의 진상보고서가 확정된 뒤, 2004년부터 '4·3 천인 증언채록 사업'을 전개하였습니다. 이 사업은 2008년 말까지 1,000명을 상회하는 결과로 매듭을 지었습니다.
이러한 과정에서 4·3 구술증언 채록의 질적 발전과 양적 축적이 이
루어졌습니다.

구술자료는 구술자가 채록자에게 자신의 과거 경험을 기억을 통해
현재로 불러오는 작업에서 얻어진 결과물을 말하며, 채록과 수집·정
리·관리를 통해 아카이브로 구축됩니다. 그런 점에서 4·3 구술증언
채록은 앞으로도 계속되어야 할 것입니다. 4·3 구술자료는 4·3과
같은 비극적 사건의 재발 방지를 위한 1차적인 교육 자료로서, 4·3
의 역사 연구를 위한 자료로 널리 활용될 수 있을 것입니다. 또한
2008년 3월에 개관한 4·3평화기념관의 가장 중요한 전시 콘텐츠로
활용되어야 할 것입니다.

이번에 저희 연구소가 출간하는 『그늘 속의 4·3 : 死·삶과 기억』
은 또 하나의 의미 있는 4·3 구술채록 성과입니다. 이번 구술자료집
은 정부의 마지막 희생자 선정과정에서 신고가 철회되어 4·3평화공
원에 모셨던 위패를 철거당한 희생자 유족, 고문후유증으로 평생을
고통 속에 살아왔으나 후유장애인으로 인정받지 못한 희생자 등 '그
늘' 속에 있는 4·3 경험자들의 삶을 재조명하는 데 목적을 두고 있습
니다.

이들의 기억은 4·3 진상규명과 희생자 명예회복이 일단락된 지금
까지도 제도적으로 부정되고 있는 것입니다. 저희 연구소는 어둠 속
에 묻힌 죽음과 그늘 속에 가려져온 삶에 관심을 가지고 지속적으로
현장을 다니며 기억의 수집과 채록에 주력해 왔습니다.

이번 구술자료집 출간을 위해서 2007년 상반기부터 저희 연구소 연
구원과 회원들의 자발적인 참여로 '60주년 구술채록집 발간을 위한

구술채록팀'이 구성되어 활동하여 왔습니다. 이번 자료집에 수록된 구술증언자 10명은 활동가 및 그 유가족, 후유장애인, 호적문제 피해자 등으로 분류됩니다.

활동가들의 기억과 그들로 인한 가족의 상처, 희생자 불인정과 연좌제, 호적 문제 등에 따른 기억의 상처가 이번 구술집을 통해 조금이나마 드러났으면 하는 마음입니다. 이들의 활동 기억과 상처의 기억을 드러냄으로써 '그늘 속의 삶'의 역정에서 맺힌 상처를 조금이라도 치유할 수 있다면 다행이겠습니다.

앞으로도 2차, 3차 구술증언 자료집 발간이 예정되어 있습니다. 계속되는 4·3 구술자료의 수집 발간 작업을 통해서 향후 4·3 구술자료의 활용 방안에 대해서 심도 있는 연구가 이루어지길 기대해 봅니다. 방대한 양의 구술증언 자료를 정리·보존·관리하기 위해 구술기록관이 4·3기념관 내에 부설되었으면 하는 바람도 가져봅니다.

소중한 성과를 내기 위해 수고로움을 아끼지 않으신 허호준 상임이사를 비롯한 연구원, 회원 여러분의 노고에 고마운 말씀을 드립니다. 한국현대사 구술자료집 발간에 각별한 관심을 가져오신 도서출판 선인의 윤관백 대표께도 고마움을 전합니다.

박찬식(제주4·3연구소 소장)

목차
contents

◆ 「그늘 속의 4 · 3」을 읽는 방법 ◆ 10

◆ 내 몸한테 어떻게 비위를 맞춰야 할지 모르겠어요 ◆ 23
강양자

◆ 반쪽짜리 나라 반대한 건 통일운동이야 ◆ 49
고성화

◆ 명예회복 안 된 영혼들은 지금도 숨어 살아 ◆ 73
김낭규

◆ 부모 시신 못찾은 한에 뒤틀린 호적 기막힙니다 ◆ 97
김명원

◆ 큰소리 치지도 못하고, 그저 지난 일 잊으려고 애써 ◆ 139

김○○

◆ 젊은 날 그 고생해도 후유장애자 인정받지 못했지 ◆ 167

양일화

◆ 부상 후유증으로 삶이 삶이 아니야 ◆ 209

오술생

◆ 4 · 3은 간첩죄로, 연좌제로 평생 따라다녔어 ◆ 229

오용수

◆ 힘겨웠던 세월, 이제는 조금이라도 보답하고 싶어 ◆ 259

이복숙

◆ 남편은 민청위원장, 난 죽을 고비 여러 번 넘겼어 ◆ 285

추순선

찾아보기 ◆ 303

「그늘 속의 4 · 3」을 읽는 방법

허호준 *

1. 들어가며

2008년은 제주4 · 3사건이 일어난 지 60년이 되는 해이다. 2003년 10월 15일 국무총리실 산하 '제주4 · 3사건 진상규명 및 희생자 명예회복위원회'가 제8차 전체회의를 통해 『제주4 · 3사건 진상조사보고서』를 확정했다. 정부의 보고서 채택에 따라 당시 노무현 대통령은 2003년 10월 31일 제주도를 방문한 자리에서 제주도민들에게 '과거 국가공권력의 잘못'에 대해 사과했다. 그는 2006년 4월 3일 제58회 제주4 · 3사건 범도민위령제에도 참석해 다시 한번 과거 정권의 잘못에 대해 사과와 함께 "유해발굴 및 유적지 보존 · 복원에도 지속적으로 지원해 나갈 것"이라고 밝혔다.

1987년 한국 사회의 민주화운동 이후 시민사회단체를 중심으로 제주4 · 3진상규명운동이 활발해졌다. 1993년 3월에는 제주도의회에 '제주4 · 3특별위원회'가 설치 · 운영되며 희생자 조사가 이루어졌고, 각계의 제주4 · 3특별법 제정 요구가 거세졌다.

정치권은 더 이상 제주도민과 시민사회단체들의 요구를 외면할 수 없었다. 1999년 12월 16일 '제주4 · 3사건 진상규명 및 희생자 명예회복에 관한 특별법'을 통과시켰다. 이 특별법에 따라 1차(2000.6~2000.12), 2차(2001.3~2001.5), 3차(2004.1~2004.3), 추가(2007.6~2007.11) 등

---

* 제주4 · 3연구소 구술채록 팀장.

4차례에 걸쳐 1만 5,093명의 희생자가 신고됐고, 정부는 이 가운데 현재까지 심사를 거쳐 1만 3,564명을 희생자로 결정했다.[1]

4·3 희생자 심사·결정 현황[2]

		4·3 희생자			
	계	사망자	행방불명자	후유장애자	수형자
신고접수	15,093	10,729	3,920	204	240
중복 또는 철회	778	573	202	3	
심사 인정	13,564	9,989	3,429	146	
심사 불인정	31	1	1	29	
미심사	716	170	288	29	229

4·3 희생자 유해발굴 작업은 4·3 당시 학살돼 암매장당한 희생자들의 인권을 회복하고 관련 유가족의 해원을 위한 기초 작업임과 동시에 사건의 진상을 드러내고 평화와 인권을 구축하기 위한 노력의 하나로 추진됐다.[3]

이에 따라 유해발굴작업도 2006년 5월 1단계 사업으로 유해 발굴 대상지 가운데 한 곳인 제주시 화북동 소재 '화북동 인근밭' 지역에서 유해 3구와 유류품 18점의 발굴·수습을 시작으로 본격 추진됐다. 2008년 10월부터 제

1) 제주4·3특별법에서 정의하는 희생자는 "제주4·3사건으로 인하여 사망하거나 행방불명된 자, 후유장애가 남아있는 자 또는 수형자로서 제3조 제2항 제2호의 규정에 따라 제주4·3사건의 희생자로 결정된 자를 말한다"고 되어 있다. 제주4·3진상조사 및 희생자 명예회복에 관한 특별법 제2조 제2항.

2) 여기 나온 신고접수 통계는 2008년 11월 기준이다. 제주도 제주4·3사건 지원사업소의 통계와 제주4·3위원회 홈페이지에 나온 희생자 신고현황을 참고했다. http://www.jeju43.go.kr(검색일, 2008. 11. 8).

3) 제주도·제주대·제주4·3연구소, 『4·3희생자 유해발굴사업 — 1단계(2006—2007) 최종보고서』(제주: 제주4·3연구소, 2008), p.12.

주국제공항에 대한 제2단계 제2차 유해발굴 작업을 진행하고 있다.

그러나 최근 몇 년 동안의 4·3과 관련한 성과에도 불구하고, 여전히 그늘진 부분이 있음을 부인할 수 없다. 제주4·3평화공원의 위패봉안실에 위패를 모셨다가 철거당한 희생자가 있고, 4·3 당시 모진 고문을 받아 후유증을 앓고 있어 '후유장애인' 신청을 했다가 불인정된 부상자들도 있으며, 당시 가족이 희생됐거나, 생계가 어려워 이산가족이 되면서 호적문제로 여전히 가족 간에 고통을 겪는 이들도 있다. 이와 함께 당시 활동가들의 신념과 역할, 그들의 생각은 여전히 밝혀지지 않았다. 이들의 활동내용을 채록할 수 있는 기회는 이들의 나이와 건강 상태 및 보수적 사회 분위기를 고려할 때 사실상 지금이 마지막이라 할 수 있다.

이들의 삶은 4·3 희생자들이 선정되고, 제주4·3평화공원이 건립되는 등 '4·3 문제 해결' 과정에서 소외된 '그늘 속의 삶', 그 자체이다.

2. 구술채록 의의, 방법과 대상자 선정

1) 구술채록의 의의

이 책의 발간 목적은 4·3 60주년이 된 시점에서 '그늘' 속에 있는 4·3 경험자들의 삶을 재조명하고자 하는 것이다. 홀로코스트의 유대인 생존자들이 20세기 중반 나치의 만행에 대한 침묵을 거부하고, 후대를 위해 자신들의 경험을 기록하고, 여기에 고무된 여타의 제노사이드 희생자들이 자신들의 이야기를 하듯이,[4] 제주4·3 경험자들도 지난 20여 년 동안 자신들의 이야기를 풀어냈다.

문헌자료만으로는 4·3의 전체상을 볼 수 없다는 것이 대체적인 연구자들의 시각이다. 4 · 3의 진상규명 작업과 문헌자료로는 대체로 당시의 신문자료, 군경쪽 소량의 문서와 회고록, 미국 내셔널아카이브즈에 있는 주한미군사령부 정보보고서와 미국무성 관련 문서 등이 대부분이라 할 수 있다. 따라서 4 · 3의 전체상을 보려면 당시 경험자들의 구술 증언이 필요할 수밖에 없다.

커트 조나슨과 프랭크 초크가 지적한 바와 같이, "야만의 역사는 학교 교과서에서는 결코 소개되지 않았다. 좋은 내용은 기록되었으나 나쁜 내용은 기록되지 않았다. 과거의 대학살은 정의가 언제나 승리한다는 공식 때문에 제대로 포착되지 않았다."[5]

이 책에 나온 이야기들은 4 · 3 희생자에 포함되지도 못하고, 당시 고문후유증으로 평생을 고통 속에 살아왔으나 후유장애인으로 인정받지 못한 — 그래서 오히려 4 · 3 진상규명을 왜 하느냐는 원망이 묻어나온다 — 희생자들의 기억이다. 이들의 기억은 4 · 3 진상규명과 희생자 명예회복이 제도권에 들어온 지금까지도 부정되고 있다.

구술사는 사회사적으로 민중의 역사 구성을 의미하는 사실 발견적 구술과 사실 발견을 넘어서 정신사적으로 민중의 집단 심성을 표현하는 사회적으로 구성된 의미표현으로의 구술이라는 이중적 의미를 지닌다.[6] 윤택림은 구술사의 목적을 '밑으로부터의 역사(from the bottom up)', 대항역사를 만드는 것이며, 이것이 구술사가 '대항 담론(counter—discourse)'이 될 수 있는 근거라고 주장한다.[7]

4) Kurt Jonassohn · Frank Chalk, 「제노사이드 유형과 인권의제」, 이시도르 왈리만 · 마이클 돕코우스키 편, 장원석 · 강경희 · 허호준 · 현신웅 옮김, 『현대사회와 제노사이드』(원제: *Genocide and the Modern Age*)(제주: 각, 2005), p.46.
5) Kurt Jonassohn · Frank Chalk, 위의 글, p.45.
6) 염미경, 「지방사 연구에서 구술사의 활용현황과 과제」, 『역사교육』(98), pp.241~242.

제주4·3사건의 구술채록은 『제주4·3사건 진상조사보고서』나 기존의 연구에서 다하지 못한, 역사적 사건들을 직접 경험하거나 목격한 사람들이 아직 살아있고, 60여 년의 세월이 흐른 시점에서 대부분 연로한 이들이 돌아가시거나, 기억력이 더 이상 흐려지기 전에 그들의 증언을 기록해 놓을 필요성에서 출발했다. 이것이야말로 '밑으로부터의 역사'의 전형이기 때문이다. 역사를 생생하게 목격한 사람들의 목소리, 잊혀져 가는 사람들의 목소리를 수집하는 데 있어서 구술사는 매우 강력한 수단이다.[8] 이러한 점에서 그동안 4·3 진상규명 및 명예회복 과정에서 소외됐던 부분들에 대한 조명은 필요하며, 활동가들의 구술 증언이나 그 가족들이 평생 당했던 고통스런 이야기, 후유장애 불인정자, 연좌제와 호적으로 인한 갈등 등의 이야기는 중요하다. 역사를 탐구하는 데 있어서 행위자의 생각이나 활동이 주목을 받아야 한다는 입장에서 서면,[9] 4·3 전체상에서 한 부분인 이들의 이야기에 대한 구술사의 가치는 아무리 강조해도 지나치지 않는다.

2) 구술채록 조사 계기 및 방법

제주4·3연구소의 이번 구술채록집 발간은 연구원과 회원들의 자발적인 참여에 의해서 이루어졌다. 2007년 상반기부터 장윤식·김은희·김경훈·허호준 등이 수차례 모임을 가지면서 꾸준히 제주4·3 60주년을 즈음해 진상규명운동 과정과 제주4·3특별법이 제정됐지만 소외되거나

---

7) 윤택림, 「기억에서 역사로: 구술사의 이론적, 방법론적 쟁점들에 대한 고찰」, 『한국문화인류학회』(1994), p.290.
8) 염미경, 앞의 글, p.243.
9) 함한희, 「구술사와 문화연구」, 『한국문화인류학』 33-1(2000), p.4.

그 언저리에서 맴도는 경험자들의 삶의 기록을 담아두자는 의견이 자연스레 모아졌다.

이들은 60주년이라는 의미와 함께 현재적 시점에서 '활동'이나 '상처'의 기억을 안고 살아가는 제주 사람들의 삶을 기록해두지 않으면, 앞으로는 더욱 힘들어질 것이라고 판단했다. 또한 정부의 『제주4 · 3사건진상조사보고서』가 나왔지만 여전히 '4 · 3'이라는 그늘 속에서 살아가는 이들의 한을 풀어내야 할 의무가 4 · 3을 연구하는 우리들에게 있다고 공감한 것도 이번 구술채록 작업의 계기가 되었다. 이것이 '4 · 3'의 전체상을 보는 것이라고 생각했다.

따라서 이번 구술채록집 발간은 외부의 도움을 받지 않고, 이들의 삶을 조금이라도 엿보고, 이를 알리고자 하는 제주4 · 3연구소 연구원들과 회원들의 자발적인 참여 속에서 이루어졌다.

제주4 · 3연구소 '60주년 구술채록집 발간을 위한 구술채록팀'(팀장 허호준)을 구성하고 2007년 10월 4일 1차 회의를 시작으로 10여 차례의 회의를 가지면서 채록작업을 진행했다.

18명이 참석한 1차 회의에서 연구원 및 회원이 각자 1~2명씩을 맡기로 결정했다. 조사방법은 구술채록팀을 2인 1조로 구성하고, 본인이 직접 녹취 풀기 및 원고를 정리하고 증언자의 사진, 기록물, 물건 등 모든 자료를 수집키로 했다.

애초 구술채록 작업은 1월 중순까지 마무리지을 예정이었으나, 각자 자신의 주업무 이외의 자투리 시간을 활용해 추진하는 작업이어서 생각보다 많은 시간이 소요돼 예정대로 맞추지 못했다.

채록자들은 기본적으로, 보이스레코더와 디지털카메라 등을 동원해 녹음과 촬영을 시도했고, 경우에 따라서는 디지털캠코더도 활용했다. 이와 함께 구술자가 그 이전에 1회 이상 제주4·3연구소에 구술을 했던 경우는 기존의 구술 내용을 참고했다.

또한 채록자들은 구술자들의 구술을 채록하면서 구술채록집 발간에 대한 경위를 설명하고, 녹음과 촬영에 앞서 「구술 내용의 공개 및 이용허가서」를 받아 동의를 얻었다. 이렇게 녹음된 구술자들의 구술내용은 각 채록자가 풀었고, 내용의 인과관계가 맞지 않거나, 사건의 전개상 팩트(fact)가 빠진 부분에 대해서는 재차 채록 작업을 벌였다.

원고 정리 방법은 구술자들의 녹취문은 제주어 그대로 정리하고, 원고는 표준어로 정리하며 구술 내용은 시기별로 편집하기로 했다.

구술자들의 녹취문은 제주4·3연구소 구술채록팀의 웹하드에 올리고, 서로 내용을 공유했으며, 평가 과정을 거쳤다. 마지막 2개월 동안은 김경훈·장윤식·허호준 등 3명이 10명의 채록정리문을 읽고 또 읽으면서 교정과 내용상 미흡한 부분을 검토했다.

2007년 10월부터 2008년 11월까지 13개월 동안 여러 차례의 수정작업을 통해 1차로 10명에 대한 구술채록 작업을 마쳤다.

3) 구술채록 대상자의 선정 과정

제주4·3 60주년을 맞아 발간하는 구술채록집의 의미는 상처의 기억을 안고 살아가는 이들의 마음을 조금이라도 달래보자는 것이었다. 그런 의미에서 오히려 구술자의 선정은 구술채록팀으로서는 가장 중요한 문제였다. 따라서 구술채록 대상자 선정작업은 참여자 개인의 판단이 아니라 모든 참여자들의 의견을 모으고, 여러 차례 회의를 거치면서 신중하게 접근하고 결정했다. 구술채록팀은 구술채록집 발간을 위한 회의를 2008년 10월 24일까지 10여 차례에 걸쳐 열었다. 1차 회의에서부터 3차 회의까

지 채록자 선정과 구술자 선정, 조사방법 등에 대한 토론을 벌였다. 증언자 선정과 조사방법 등은 모두 회의를 거쳐 결정했다.

이를 위해 제1차 회의에서 후유장애인 불인정자 29명 가운데 (1) 지역별 안배 (2) 구술자 성향 (3) 기억력 (4) 구술 능력 등의 원칙을 정해 선정하기로 하고, 발간 일정을 결정했다. 일정은 증언자 선정(2007. 10. 10) — 녹취 풀기 및 1차 원고 정리, 평가(2007. 11. 20) — 2차 정리 및 평가(2007. 12. 10) — 3차 정리 및 평가(2007. 12. 30) — 4차 교열 및 최종 마감(2008. 1. 20) 등의 순이었다. 하지만 발간 일정은 구술채록 작업의 진척상황 등을 고려해 여러 차례에 걸쳐 수정되는 과정을 거쳤다. 제2차 회의(2007. 10. 16)에서 14명을 선정했다. 활동가와 관련한 증언도 조사키로 했다. 이는 더 이상 늦어질 경우 활동가들에 대한 구술채록은 불가능할 것으로 보였기 때문이었다.

제2차 회의는 구술채록집의 성격을 규정짓는 회의로, '4 · 3에서 소외된 사람들'을 핵심어로 선정해 '후유장애인'에 신청했다가 인정받지 못한 경험자만이 아니라 보다 포괄적인 방향으로 자료집을 내자는 데 의견을 모았다. 예를 들어, (1) 후유장애 불인정자 (2) 희생자 불인정자 (3) 희생자 신고 철회자 가족 이야기 (4) 호적문제로 고통을 겪은 자 (5) 활동가 관련 증언 기피자 (6) 가족 공동체에서 소외된 자(4 · 3로 인한 이산가족, 고아 등) (7) 대가 끊겨 신고를 못하고 잊혀져 가는 사람들 (8) 희생자 신고를 하지 않는 사람들 (9) 기타 등이었다.

이를 통해 3차 회의(2007. 11. 2)에서 (1) 희생자 불인정 및 신고 철회자 가족 7명 (2) 활동가 관련 증언 9명 (3) 후유장애 불인정자 14명 (4) 기타 소외된 사람들 8명 등 모두 38명으로 확정했으며, 그 뒤 여러 차례의 회의를 통해 구술채록 작업의 진행 속도와 경과를 보면서 세 차례로 나눠 구술채록집을 발간하기로 결정했고, 구술자들의 기억력과 건강상태, 증언 기피 등의 이유로 일부 구술자들을 변경했다. 제9차 회의(2008. 7. 2)를 통해 그동안의 작업 진행 과정을 점검하고, 채록자 16명이 23명을 맡는 것으로 결정했으며, 제10차 회의(2008. 10. 24)에서 1차로 2008년 12월까지 발간하기로 하고 10명이 구술자를 최종 확정했다. 이 회의에서는 이미 채록정리가 끝난 부분도 있었으나, 2차 자료집 발간을 위해 제외하였다.

3. 구술자들의 특성

역사는 일반적으로 역사가에 의해서 객관성, 과학성 등 학문의 권위를 인정받는 분야이며, 구술사는 기록에 남아 있지 않은 과거를 구술에 의존하여 진실을 규명하는 분야이다. 이러한 기억과 역사는 상호 보완적인 관계에 있고, 기억은 구술사의 핵심이라는 공통점이 있다.[10] 기억은 한 개인의 고유한 경험이기도 하지만, 사회 속에서 이루어지기 때문에 '개인적 기억'도 사회적 현상으로 볼 수 있다.[11]

구술채록집에 등장하는 개개인은 4·3 진실의 한 켠에 있는 역사적 산 증인들로서, 활동가들의 활동과 그 유족들이 겪은 평생의 고통은 지금도 현재진행형으로 계속되고 있으며, 후유장애인으로 인정받지 못한 4·3 경험자들은 다시 한번 4·3의 희생자가 되고 있다.

강양자 씨는 1942년경 일본 오사카에서 태어나 해방 직후 부모와 함께

---

10) 권귀숙, 『기억의 정치』(서울: 문학과 지성사, 2006), p.14.
11) 권귀숙, 위의 책, p.35.

제주로 귀향했지만, 강씨만 남겨둔 채 부모는 다시 일본으로 돌아갔다. 강씨는 광령리 외가에 맡겨진 뒤 4·3을 겪었으며, 그 과정에서 외할아버지 부부와 외삼촌이 희생됐고, 강씨는 언덕에서 굴러 떨어져 부상을 당했다. 4·3위원회는 강양자를 제외한 가족 모두를 4·3희생자로 인정했지만, 강씨에게는 "제주4·3사건에 의한 질병이라고 인정할 수 없다"며 희생자로 인정하지 않았다. 호적에 기재된 출생 연도가 잘못됐다는 증빙자료까지 제출했으나 재심의와 행정소송마저도 모두 불인정당했다.

고성화 씨는 한국현대사의 산증인이다. 1916년생으로 일제 강점기의 한복판에 있었고, 일본 유학 당시 독립운동에 관여하다 쫓겨 고향으로 들어와 교편을 잡다가 다시 고향을 떠나 해방 뒤 돌아왔다. 귀향 직후 조선공산당 우도책임자를 맡아 활동하다 1947년 3·1사건 직후 미군정의 탄압에 밀려 다시 제주도를 떠나야 했다. 이후 부산에서 남로당 활동을 했고, 당 활동을 하다 검거돼 무기징역형을 선고받아 비전향 장기수로 21년 복역 후 출소했다.

김낭규 씨는 4·3 당시 신촌국민학교 교사로 재직했던 활동가 김대진의 딸이다. 그의 말에 따르면, 피신생활이 일상이었을 만큼 아버지가 경찰의 극심한 감시를 받았으며, 가족 희생도 컸다. 할아버지와 할머니는 경찰에 희생됐고, 유아였던 막내 동생은 기아로 숨졌으며, 아버지 김대진은 1949년 6월 10일 신촌 진드르 보리밭에서 경찰에 포위돼 총에 맞아 숨졌다. 그녀는 외가에서 자랐고, 동생들은 일본으로 밀항해야 했다. 그에게 아버지는 "방안 가득 태극기를 만들었던 훌륭한 사람"으로 기억된다.

김명원 씨는 중산간마을에 살다 4·3 때 가족과 함께 해안마을로 도피한 뒤 숱하게 죽을 고비를 넘겼다. 어머니는 도피한 마을의 한 창고에서 출산했고, 아버지와 가족들은 나중에 '살기 위해' 산속에 숨어살다가 발각됐다. 아버지는 주변에서 토벌대의 총에 맞아 숨진 것으로 추정될 뿐 시체를 찾지 못했고, 어머니는 의귀교 학살사건 때 희생됐으며, 친척집에 맡겨졌던 갓난아기 또한 먹을 것이 없어 숨졌다. 김명원은 동생을 살리기 위해 남의 집에 맡겼으나 '성'을 바꿔버려 지금도 호적문제로 인해 가슴앓이를 하고 있다.

김○○ 씨는 1947년 한림중학원에 입학해 학내 민주애국청년동맹에 가입하여 활동하면서 4·3 전후로 한림 중학원 선생님들과 동료들이 사태에 휩쓸려 희생당하는 것을 목격했다. 또 부친이 희생당하면서 신변의 위협을 느낀 나머지 1948년 겨울, 도피 입산했다. 산에서 활동하던 김씨는 토벌대의 토벌이 강화되고, 귀순 공작이 이어지자 입산 4개월 만에 귀순했다. 한국전쟁이 발발하자 군 입대를 자원했지만, 사상범 취급을 받아 4차례나 입대하지 못하다가 1951년에 입대했다. 연좌제의 영향은 자식에게까지 미쳤다.

양일화 씨는 4·3 때 소개돼 제주읍내로 왔다가 우익청년들에게 붙잡혀 고문을 받았다. 그 뒤 5년형을 선고받고 인천형무소에 수감됐으나 한국전쟁으로 형무소 문이 열리면서 북한군에 이끌려 인민군이 됐다. 황해도 개성에서 인민군이 된 그는 내무서원으로 전라도까지 내려왔다가 지리산에서 한국군에 붙잡혀 거제도 포로수용소에서 수용생활을 했다. 이후 포로수용소를 전전하다가 석방되어 고향에 돌아왔다. 하지만 한국군 징집영장이 나와 육군에 입대하면서 4·3 — 인민군 — 한국군의 경험을 했다. 그는 4·3 당시 우익청년들에게 가혹하게 폭행당한 후유증을 앓고 있으나 후유장애자로 인정받지 못했다.

오술생 씨는 4·3 당시 어린 두 딸을 잃었으며, 자신도 심하게 구타당해 평생을 병원과 약에 의존해 살아가는 '인정받지 못한' 후유장애인이다.

　오용수 씨는 활동하던 큰 형님의 일본 도피로, 좌익 집안으로 손가락질을 받았으며 고통스런 4 · 3 시기를 보내야만 했다. 1965년 일본에 있는 형님을 찾아가면서 더욱 큰시련의 나날들을 보내야만 했다. 형님으로부터 받은 만년필은 공안기관에 의해 국가보안법상의 금품수수로 둔갑됐다. 그와 그의 가족들은 포기하지 않고 대법원까지 가는 법정싸움을 벌인 끝에 무죄판결을 받았으나, 연좌제의 올가미는 평생 벗을 수가 없었다.

　이복숙 씨는 4 · 3 당시 유격대 사령관을 지낸 이덕구의 조카다. 부친 이호구는 북제주군 조천읍 신촌리에 국민학교와 중학교를 지었으나, 작은아버지 이덕구의 활동으로 온 집안이 희생을 당했다. 1956년경 일본으로 밀항해 지금까지 오사카 이쿠노쿠에 살면서 찻집을 운영하고 있다. 2007년에 처음으로 고향을 찾아 가족묘지를 만들었고, 2008년 '재일동포 4 · 3고향방문단' 일행으로 다녀갔다.

　추순선 씨는 1945년 활동가 이종우를 만나 결혼했다. 1947년 3 · 1절 기념식 이후 남편 이종우가 도피생활을 하면서 그녀 또한 견뎌내기 힘든 시련의 날들을 보냈다. 남편은 1948년 경찰에 붙잡혀 희생됐고, 남편의 전력으로 인해 도피생활을 해야 했으며, 예비검속 때도 목숨이 위태로운 처지에 있었다. 지금은 남편과 결혼할 당시 살았던 집에서 혼자 생활하고 있다.

4. 나오며

　이 구술채록집은 10명의 구술자를 10명의 채록자가 참여하여 그들의 삶의 이야기를 듣고 텍스트로 만든 것이다. 구술자가 처한 환경이나 여건, 장소와 일시 등에 따라 구술내용이 다르고, 채록자들의 텍스트 또한 다르다.

　구술채록팀은 구술자의 선정에서부터 구술채록과 녹취문 작성, 구술정리 등 모든 과정에서 어떠한 방법이 구술자의 삶의 경험을 가장 잘 나타낼 수 있는지, 어떠한 방법으로 텍스트를 만드는 것이 이들의 삶을 재현하고 가독성을 높일 수 있는지에 대해 공식·비공식 회의를 통해 심도있는 토론을 벌였다. 더욱이 이 구술의 발간 목적이 제주어 연구가 아닌 이상 가독성을 높이기 위해 구술자들이 사용한 제주어를 표준어로 바꾸는 작업을 했다. 다만, 구술자들의 이야기 속에 등장하는 인용문이나, 명사 어휘 등은 그대로 제주어를 사용했다.

　활동가들의 기억과 활동가로 인한 가족의 상처, 희생자 불인정과 연좌제, 호적문제에 따른 기억의 상처를 이 구술집을 통해 조금이나마 알릴 수 있기를 바란다. 그러나 여전히 '그늘' 속의 기억을 갖고 있는 구술자들 가운데는 모든 얘기를 풀어낸 뒤 '혹시나' 하는 마음에서 익명을 요구하기도 했다. 우리는 이러한 구술자들의 뜻을 받아들여 일부 구술자에 대해서는 익명으로 처리했다. 그렇다고 이 구술채록집의 의의가 훼손된다고 보지 않는다. 이들의 문제는 단지 개개인의 문제만이 아니라 4·3 진상규명과 명예회복 차원에서 밝히고, 풀어야 할 과제들이다. 이러한 활동의 기억과 상처의 기억을 드러냄으로써 '그늘 속의 삶'을 온전히 드러내기는 어렵다. 함한희의 지적대로 "기억을 단순히 개인의 심리적인 결과물로 취급한다면 사회나 문화연구의 자료로서의 가치는 크게 줄어"들기 때문에,[12] 이러한 작업을 통해 이들의 맺힌 상처를 조금이라도 치유할 수 있다면, 이는 구술채록팀의 애초 지향했던 의도일 것이다. 또한 이번 구술채록집 발간은 4·3 명예회복과 관련한 이들 경험자들에 대한 과제도 남겨놓고 있다.

---

12) 함한희, 앞의 글, p.5.

강양자

내 몸한테 어떻게 비위를 맞춰야 할지 모르겠어요

강양자 씨는 1942년경 일본 오사카에서 태어났다. 1945년 종전 직후 부모와 함께 제주로 귀향했지만, 딸을 남겨두고 부모는 다시 일본으로 밀항했다. 그 후, 광령리의 외가에 맡겨져 4·3을 경험했다. 그 과정에서 부모를 대신했던 외할아버지(박신둘)와 외할머니(신화순), 외삼촌(박재익)이 희생됐고, 강양자 씨는 언덕에서 굴러 떨어져 부상을 당했다. 4·3위원회는 가족 모두를 4·3 희생자로 인정했으나, 강씨에게는 '진단된 병명은 3세의 어린 나이에서는 발생하지 않는 질병으로 판단되므로 제주4·3사건에 의한 질병이라고 인정할 수 없음'을 이유로 '희생자(후유장애자) 불인정'을 통보했다. 호적에 기재된 출생 연도가 잘못됐다는 증빙자료까지 제출했지만, 재심의와 행정소송마저도 모두 불인정당했다.

요시코, 이마무라 요시코

┃내 일본 이름은┃ 요시코, 이마무라 요시코. 내가 태어나긴 일본에서 태어
났어요. 일본에서 살다가 한 세네 살 때 왔나? 1945년도에 왔으니까. 어
머니, 아버지, 저 셋이 같이 왔지요. 해방되니까. 근데 아버지라는 분은
안 올려고, 안 올려고 했었어요. 그런데 '조센징'이라는 이유 때문에….
아버지도 고철장사 하면서 한동안 정말 갑부다시피 살았던 적도 있었는
데, 어떻게 그게 전라도 사람하고 같이 하다가 잘못돼 가지고 사업이 망
해버렸어요.

우리 아버지 일본에선 정말 한량끼…. 나 어렴풋이 생각나요. 나 네 살
때였나? 기생집에 갈 때도 유모차에 병아리 고운 거 싣고 같이 데려가고,
첫 딸이라고 해서 너무 이뻐해 줬었는데. 아버지라는 사람, 술도 잘 마시
고, 술로 돌아가시고. 나 원망 소리에 충격받고 쓰러져 가지고 병원에 한
5, 6년…. ┃투병하다┃ 돌아가시고.

아버지나 어머니나 동생들이나 다 귀화해 가지고, 한국인 아니예요. 실
지로 아버지, 어머니나 동생네나 다 일본에서 태어났어요. 외할머니 쪽이
나 친할머니 쪽이나 다 일본에서 살았어요. 아버지는 ┃해방 后에 제주에서┃ 운
전기사 해났어요. 지금 같으면 아무것도 아니지만, 옛날엔 운전기사라고
하면 알아주었죠. 운전하면 집에 붙어 있는 시간이 없잖아요. 아버지는
할아버지가 저기 애월면 유수암 금덕리니까 거기 있어야 되잖아요. 거기
서 운전하고…. 어느 날은 아버지가 밖에 나가서 들어오질 안 했어요. 근
데 어머니는 아버지가 안 들어오니까 여기저기 찾으러 다녔대요. 나중에
안 애기지만 아버지가 안 들어왔던 거는 도저히 한국에서는 못 사니까 어
떡하든 일본으로 가겠다는 생각 하나였대요. 그런데 그때는 거기를(일본

을) 마음대로 갈 수가 없으니까, 밀항을 하든지 아니면 배를 직접 구입해서, 나랑 엄마랑 셋이 갈려고 배를 알아보러 몇 날 며칠을 동네 주변에 알아보러 다녔대요.

배를 멈출 시간이 없었대요. 그게 끝이래요, 나 놓고 간 거

아버지는 옛날 일본이 패망해서 제주에 돌아올 적에, 돈만 없었으면 다시 일본으로 안 가려고 했을지 몰라요. 일본 패망하고서도 채권이다 뭐다 그런 거를 갖고 다녔었나봐요. 나중에 어떤 일이 있을지 모른다 하고서는. 그정도 돈이 있으니까 배를 산 거예요. 4·3이 48년도에 일어났잖아요. 48년도에 아버지는 제주에서 아마 한 6개월 정도 사나마나 했을 거예요. 어떡허든지 일본으로 갈 교통 알아보고….

엄마한테도 말 안 했던 모양이예요. 배 만드는 사람이라던가 그런 걸 알아보려고 자꾸 바깥 나다니니까, 엄마는 '또 어디 여자 만나러 다니는 게 아닌가?' 해서 아버지 찾으러 다니고 했대요. 내가 한 네 살 때. 나중에 안 얘긴데, 어머니가 아버지 찾아온다고 집에 있으라고 해서 나를 할머니한테 맡겨 놓고 나가서 어떻게 어떻게 수소문해서 아버지를 만났대요. 아버지는 포구 바닷가에 앉아서 술 마시고 있다가 어머니 보고, "집에 가서 요시코 데리고, 보따리 꾸려그네 오라"고 했대요. 어머니가 그때 눈치를 챘는지 뭐했는지. 그때 시간이 어둑어둑하고 주변에 경찰이 총 메서 해안가에 보초서고 굉장히 삼엄했었대요. 엄마 생각으로는 집에 가서 짐 싸고 나 데리고 오려면 시간이 걸릴 거 같아가지고 집으러 오는 도중,

나 데리러 오는 도중에, 바로 아버지 있는 데로 되돌아가 버렸다고 해요.

나를 빨리 데리고 오는 줄 알고 기다리고 있던 아버지는 막 총소리 나고 하니까, 겁이 나서, 묶여 있던 배 닻줄을 끊고 그냥 가려고 했대요. 엄마는 그 닻줄 끊긴 거 보니깐, 엄마마저 그 바닷물에 뛰어들어서 겨우 허우적 거리면서 배에 올라타서 떠났대요. 배를 더 이상 멈출 시간이 없었대요. 그게 끝이래요. 나 놓고 간 거.

아버지가 미리 엄마한테 이렇게 이렇게 말하지 않은 거예요. 여자들은 입이 싸 가지고 딴 사람한테 말해 버릴까봐 그런 건지는 모르지만…. 할머니한테나 누구한테나 일본으로 갈 때 나를 놓고 간다는 이유를 말하고 갈 상태가 아니었거든요. 할머니 역시 나중에야, 그렇게 떠난 다음에도 몇 년을 소식 몰랐잖아요. 정말 어떤 이유라도 있어서 나를 놓고 간 건지…. 정말 생이별 아닌 생이별이었어요. 전 이유도 모르죠. 어머니라는 사람도 할머니, 할아버지한테라도 '이러 이러 해서 강서방 안 들어오니까 좀 찾으러 나갔다 오겠습니다' 고, 그런 얘기라도 하고 갔으면 할머니도 알 거잖아요. 그런데 느닷없이…. 할머니는 그냥 짐작으로 '아 남편 찾으러 갔구나, 들어오겠지, 오늘은 들어오겠지, 내일은 들어오겠지' 하면서…. 할머니, 할아버지 쪽에서 오히려 기다린 거예요.

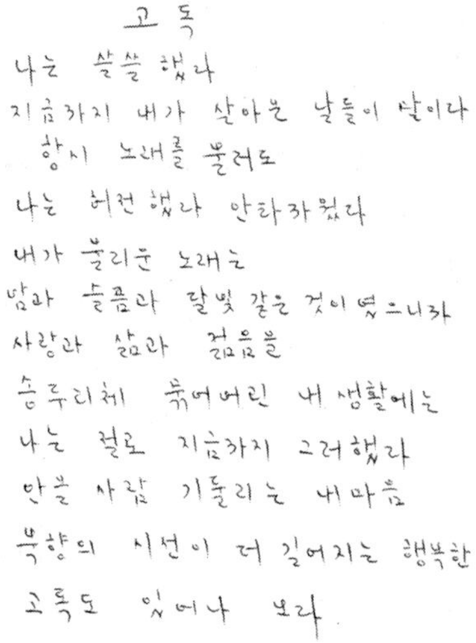

고 독

나는 쓸쓸했다
지금까지 내가 살아온 날들이 말이다
항시 노래를 불러도
나는 허전했다 안타까웠다
내가 부르는 노래는
밤과 슬픔과 달빛 같은 것이었으니까
사랑과 삶과 젊음을
송두리째 묶어버린 내 생활에는
나는 절로 지금까지 그러했다
안올 사람 기둘리는 내마음
북향의 시선이 더 길어지는 행복한
고독도 있어나 보다

중학교 시절에 쓴 시.

4 · 3 나기 전에는 정말 평화로웠어요

외할머니, 외할아버지 돌아가시기 전에, 4 · 3 나기 전인 내가 여섯, 일곱 살 때는 정말 평화로웠어요. 외할머니, 외할아버지 따라 밭에 가서 커다란 산딸기도 따 먹으면서 할머니 일하는 거 보기도 했었고요. 집 앞에는 붓꽃이 예쁘게 피고, 담장 밖에는 키 큰 칸나꽃 심고, 정말 아름답고 평화롭게 잘 살던 그 광령리 집은 초가집이라도 막 넓었어요. 너무 아름다웠어요.

나는 이렇게 되기 전까지는…. 옛날에는 솔개가 왜 그렇게 많은지. 솔개가 병아리를 채어 갈라고 하면 어미 닭이 쫓아가는데, 그러면 나도, 그것도 일본말로 병아리 채어 가지 말라고 "히요꼬 내노라" 하고 소리치고.

친할아버지는 저기 금덕리 유수암이라고, 거기도 잠깐 있었어요. 거기 물이 얼마나 좋았어요? 유수암 물, 그 깨끗한 물. 유수암 그 금덕에서는 한 달도 못 지내 봤지만요. 외할아버지 댁이나 친할아버지 댁이나 커다란 집에, 밭이며 소나무, 마소 그런 거 금덕리 일대나 광령리 일대에서 그렇게 부자는 아니었어도 남에게 뒤지지 않았어요. 남들이 와서 일도 도와주고 그렇게 괜찮게 살 정도였는데, 4 · 3이 일어나서 할머니, 할아버지, 외삼촌까지 돌아가시니까, 지금은 광령리 밭도 다 길로 잘려나가고 재산들도…. 지금 외할아버지 자손이 없으니까 사촌을 양자로 들였는데 기일 제사를 하는지 안 하는지 몰라요.

집에 혼자 있는 게 너무너무 무서워

할머니, 할아버지랑 살면서, 4 · 3 나기 직전부터 사실 분위기가 뒤숭숭했습니다. 무슨 폭도들이다 뭐다 해가지고 산에…. 함부로 바깥에 다니면 의심받게 되니까는 돌아다니지도 못했다고 하고요. 그래서 어린 마음에 혼자 있기가 너무너무 무서웠어요. 집에 혼자 있을 때 낯선 사람들이 집에 와서 조사한다고 하면서 "군인이 있나", "순경이 있나" 그런 거 자꾸 물어보고.

어릴 때, 충격적인 것만큼은 지금도 뚜렷이 기억하고 있는데, 어느 날은 할머니, 할아버지는 들에 나가서 없는데, 이상한 사람들이 총 이렇게 메고 와서 무섭게 물으니까, 무서워서 그 다음부터는 일절 혼자 집에 있는 게 싫어졌어요. 새벽부터 할아버지, 할머니 밭에 나가면 무조건 쫓아가고 싶었어요. 그러면 할머니는 "너 혼자 집에 있어라. 나쁜 사람 다녀도 너 잡아가거나 그렇지 않는다"고. 그래도 나는 정말 혼자 집에 있기는 싫었어요.

4 · 3사건 나기 전에는 이웃한테, 남한테 아쉬운 소리는 안 하고 조용하게 지냈잖아요. 외양간에 황소나 닭도 키우고요. 닭을 키우면 달걀 낳지 않습니까? 그런데 어떤 날은 그걸 모아 놔두니까, 낯선 사람이 와가지고 달걀도 가져가 버리고 닭까지도 다 가져가 버려요. 그러면 나는 어린 마음에, 난 일본에서 태어난 기질이 있어서 그런지, 솔직한 거 하고 남한테 폐 끼치지 말라는 거, 그런 걸 일본에서는 중요한 걸로 교육받았기 때문에 그 사람들한테 말 했어요. "왜 남의 걸 가져가느냐?"고 그렇게.

그때는 어릴 때여서 말도 잘 못했는데, 그러면 그 사람들은 "어른 있냐, 없냐?"고 느닷없이 큰 소리를 질러댔어요. 그래서 지금도 가끔 어떤 환청 같은 게 자꾸 들리기도 해요. 그 모르는 사람들 와서 하는 거…. 그거 때문에….

어른들 말로는 산에 연락하는 폭도라는 거예요. 폭도. 난 그거밖에 몰라요. 그때 여섯 살, 일곱 살 그런 나이에. 나중에 할머니한테 "폭도가 어떤 사람이냐" 물어보면 저기 "산에서 사는 사람이다"고만 얘기하니까 '아, 그런가 보다' 했어요. 그때는 낯선 사람 집에 오면 '아 폭도로구나. 산에서 사는 사람인가 보다', '이 사람들이 오늘은 또 뭣을 가져가려고 왔는가?' 라고 그렇게 생각했죠. 그 사람들이 물으면, "할머니, 할아버지 저 근처에 밭 메러 가서 이제 금방 점심 먹으러 올 거라"고 했어요.

하여튼 낯선 사람이 막 와서 저희 집 물건 가져간 간 거 많았어요. 닭이며 돼지며, 어느 날은 커다란 소까지도 가져갔다고 하고. 그 후엔 그 폭도들이 우리 살던 집을 전부 불 질렀대요. 전체를 다. 흔적도 없어요. 음, 2006년도에 옛날 살았던 광령리 집엘 가봤어요. 가니까, 살았던 땅은 그대로 있는데, 집이 불탄 후에는 제가 살았던 방향이라던가 그런 것들이 달라져 있었어요.

저희 외할아버지네가 아들들이 없었어요. 막내아들 그 외삼촌은 4 · 3 사건에서 열 몇 살 때, 광령리에서 죽은 게 아니고요. 하귀리인지 외도리인지 소개(疏開) 내려갔다가 경찰들에게 죽었어요. 할머니도 한 달 차이인가로 죽었고요.

친할머니네가 있는 납읍리에도 4 · 3 때에는 굉장했다고 해요. 4 · 3 바로 전에는 전염병도 '호열자' 라고 해서, 지금 말로 하면 콜레란지 뭔지, 친할머니도 그걸 앓아가지고 막 머리카락도 빠지고. 친할머니한테 들은 얘긴데, 거기서도 폭도 잔당이라고 해서 내려오면 자기네 죽으니까, 얼마 동안 산에서 숨어 살던 사람들이 있었다고 해요. 산에서. 그러면 밤에 몰래 내려와 가지고 닭 같은 거 먹을 거 가져가버리기도 했고요.

등이 너무너무 아프고 온몸에 열이 펄펄 끓고

어느 날은 할아버지가 일 나가서 돌아오지 않으니까, 할머니가 "할아버지 좀 찾으러 가야겠다"고 했어요. 나도 깜깜한 밤에 혼자 집에 있을 수가 없어서 할머니한테 "나도 혼자 있기 싫으니까 할머니랑 같이 가겠다"고 했습니다. 생각해 보니까 오늘처럼 막 비가 쏟아지고, 그 비 맞으면서 깜깜한 밤에 찾으러 다니다 보니까 배도 고프고 너무 다리가 아프고 해서 오는 길에 할머니 등에 업혔는데, 그때 돌무더기에 걸려서 넘어졌어요. 그런데 그 돌 무더기가 제 등으로….

할머니는 '양자'라는 이름을 모르고, 일본에서 불러난 "요시코~ 요시코~" 그 "요시코~ 요시코~" 하면서 저를 불렀대요. 넘어진 다음엔 집에 와서 정신 잃어 가지고 한 일주일 이상 깨나지를 못했다고 그래요. 할머니는 내가 등 이렇게 다치고 했지만…. 그때는 경황이 없었겠죠. 손녀딸 보다는, 우선은 할머니한테는 남편이잖아요. 남편 찾는 게 우선이니까는 내가 아파서 의식 잃은 것도 걱정은 되면서도 나를 방에 뉘여 놓고 할아버지를 찾으러 나갔겠지요. 나는 등이 너무너무 아프고 온몸에 열이 펄펄 끓고 해도, 의원이나 뭐 이런 거는 형편이 안되니까…. 그때 바로 집 옆으로 연못이 하나 있었거든요. 칡넝쿨 생버들 널어진 거, 그거를 뜯어다가 온몸에 찜질을 한 열흘 이상 계속했대요. 그래서 조금씩 의식을 찾기 시작했다고 했어요. 밤에 껌껌할 때에는 함부로 바깥 출입을 못했어요. 산에 뭐 연락허러 다니는 사람이다 뭐 오해받을 짓을 하면 안 된다고 해서…. 그렇게 버드나무 뜯어다가 찜질을 한 달 이상 하면서 살다 보니까 여름까지 된 거 같아요.

그때까지도 할머닌 할아버지 찾지 못하니까 아는 사람이건 모르는 사

▌ 강양자 씨의 국민학교 생활 기록부. '체능급수 - 초급', '요양호', '척추 결핵', '신병으로 인하여 놀기에
많은 곤란을 느낀다' 등의 내용이 기록돼 있다.

람이건 ▌할아버지 소식을 ▌물어보고 다녔대요. 그때 누군가가 "저기 소나무
밭에서 누구한테 끌려가는 거 봤다"고 그래서 할머니가 "끌려간 그 장소
만 가르쳐 달라"고 해서 장소를 겨우 찾았대요. 그 장소를 겨우겨우 찾아
가니까는…. 뭐 언제 돌아가서 언제 당했는지도 모르죠. 나는 나중에, 아
주 나중에, 그 4·3 몇 개월 지난 다음에야 할아버지 소식을 듣고, 들었
어도 내 몸이 아프니까…. 어린 마음에 그때는 할아버지 탓, 부모 탓밖에
없었죠.

요시코 등에서 콩알만큼씩 뼈가 튀어 나오고 있다

이 등뼈가 하루아침에 '쑥쑥' 나타난 게 아니고 서서히 튀어나왔어요. 큰 이모도 4·3 당시에 장전이라는 데 살았어요. 어렸을 적에 이모가 가끔 집에 와서 목욕도 시켜주고 옷 입혀 주면서, "요시코 등을 보면 콩알만씩 등뼈가 튀어나오고 있다"고 했어요. 나는 '잘 일어나지도 못하고 해서 힘줄이 끊겨서 그런가 보다'라고만 생각했어요. 할머니도 그렇게만 말했으니까.

할머니가 소개내려갈 때, 그때는 제가 같이 못 따라 가고, 조금 안전한 이웃에 맡겨졌어요. 이웃에서도 몸까지 다쳐서 걸어 다니지도 못하는 남의 집 아이를 봐 줄 수가 없어서, 수소문 해가지고 납읍리에 있는 친할머니에게 연락해서 데려가라고 했었어요. 그때가 여덟 살 될 때였어요. 외할머니 소개 내려간 후 가서 얼마 안 돼서 친할머니를 통해서 외할머니가 죽었다는 소식을 들었어요. 외할머니는 지서에 끌려가서 총 맞아 죽었다고 해요. 외삼촌도 한 달 차이로 그렇게 죽었대요. 외할머니만 안 돌아가셨어도 내가….

저는 납읍리에 간 후로는 아예 걷질 못해서 친할머니, 친할아버지 따라서 다니질 못했어요. 하루 종일 혼자 내내 집에 있어야 했어요. 어느 날은 낯선 사람이 와 가지고, "배고프니 뭐 먹을 거 없냐"고 그래요. "저기 부엌에 큰 가마솥, 커다란 거 있잖아요. 전 힘 없어서 그거(가마솥 뚜껑) 움직일 수도 없어요" 하니까, 그 사람도 불안했는지 집에서 먹지 않고 보자기에 다 퍼서 가져가더라고. 너무너무 놀라서 어느 날은, "나도 혼자 집에 있기 싫으니까 할머니 따라서 밭일 하러 쫓아가겠다"고 했어요. "업어서 데려 갈 수 없냐?"고 하니까, 할머니는 "남 사서 밭일 하니까 점심 짊어

지고 가야 해서 너 데리고 못 가니까는 집에 있어!"라고 하잖아요. 외양
간의 소 풀도 주고 돼지 꾸정물 밥도 주고 해야 되니까 집에 있으라고. 그
때 그랬어요.

열 살 때까지도 밖에 나다니지 못했어요. 학교 다니기 시작하니까 조금
씩 밖에 나간 거지. 또 옛날에는 제주도만 그런 건가? 집에 장애자나 병
신이 있으면 '집안의 수치다' 해서 밖에 데리고 다니지도 않았잖아요?
열 살 넘어서 학교 다니기 시작해서 할머니 따라서 오일장도 가보고 싶었
지만, 오일장도 뭐 열 번도 가보지 못했어요. 삼촌들한테는 그래도 내가
조칸데 잘 좀 돌봐주지 못할 거면 차라리 내 부모한테라도 사실대로 연락
해줬더라면 조금 낫지 안 했을까…. 원망이죠.

이 척추 튀어나온 거 때문에

정말 여덟 살 이후로 친할머니랑 있을 때부터는, 열 살 되서 스무 살,
서른 살까지는 도저히… ▎사는 게 사는 게 아니었어요.▎ 친할머니도 납읍리에서
살 수 없어가지고, 밭 하나 팔아서 성안(제주시)으로 내려왔어요. 처음에
성안 내려온 것이 지금의 제주대학교 병원 옆에, '상천굴'이라고 하는 데
에 방 빌어서 살았어요. 그때는 물이 어떻게나 귀했는지, ▎물 때문에▎ 남문
통에서 이사를 한 열 번도 더했어요.

그러다가 용담동 '비렁못' 근처로 이사 왔는데, 집 뒤컨에 우물이 있었
어요. 그때가 한 서른 전후였는데, 그때는 각 가정마다 수도가 없을 때였
어요. 집에 있는 내 키보다 높은 커다란 항아리에 물은 채워야겠는데, 그

물을 길어야 되는데, 너무 팔이 아파서 안 되겠는 거예요. 지금 제 키가 일
곱 여덟 살 때 자란 키 그대로예요. 등뼈가 딱 가운데라서, 이 곱추 때문에
위도 아래도 자라지 못하고. 제 키보다는 아마 이게 ▌팔을 좌우로 벌리며 ▌더 길
지 모르겠어요.

어느 날은 할머니가 허벅(물을 길어나르는 옹기)을 좀 작은 거로 장만해줬어
요. 그걸로 집에 있는 항아리에 물을 붓다가 허벅이 항아리에 빠져 들어
가버린 거예요. 항아리도 깨지고 물허벅도 깨지고 부엌엔 물난리지, 나는
허벅 깨진 것보다도 물이 아까워 가지고 너무너무 발버둥치며 울었던 기
억도 있고요. 어느 날은 할머니가 항아리 깨고 해서 안되겠다 해서 함석
으로 허벅 식으로 물통을 만들어 준 거예요. 그걸로 물 깃기를 한 2, 3년
동안 했어요. 아이고, 정말 집 옆에 물이 있어서 다행이었지….

▌중학교 재학 당시의 모습(앞줄 왼쪽).

손 놀면 입도 놀아야 한다고 해서

그땐 뭐 밥이라고 해야 좁쌀에 보리쌀에 고구마 넣고 찐 거. 어릴 때부터 그걸 먹기 싫어서 안 먹으려고 하면 "먹기 싫으면 먹지 마라. 안 먹으면 너 죽는다. 죽기 싫으면 먹어라!" 해서 마지못해 조금씩 먹었어요. 아프니까 조금씩은 먹어야 했지요. 친할머니랑 살면서 정뜨르비행장(제주공항) 옆에 '다끄네'에 있는 밭에 일 하러 가는데, 할머니 말이 "손 놀면 입도 놀아야 된다"고 그래요. 그때는 몰랐어요. 그때는 그게 무슨 뜻인지. '아 일하지 않으면 밥도 먹지 말라는 뜻이구나!' 나중에 알았지요.

하지만 저는, 잘 걷지도 못하고 해서 밭일 하러 가는 게 너무 싫었어요. 삼촌네나 고모네나 다 결혼해서 나가 살고, 저 혼자만 한 40년을 친할머니랑 같이 살았잖아요. 할머니 혼자 밭 메러 일하러 가는 데 안 따라 갈수도 없고…. 옛날에 제주도는 왜 그리 돌멩이가 많은지, 밭에 일하러 가면 흙은 조금뿐이고, 호미질 조금 하면은 자갈돌 나오는 게 너무 많아요. 손에 피 흘리고 손 부르튼 게…. 참, 말도 못해요.

그 정뜨르 밭에서 밭일하기 싫어서 저 솔직히 꾀 부린 적도 있어요. "할머니, 나 검질(김) 메는 거 싫어!"라고 하면 할머니는 "일 안혀커들랑(안 하려거든) 밥도 굶으라. 밥 먹지 말라!"고 해요. 그리고 "말 안들으면 여기서 귀신 나와 잡아간다!"고도 했어요. 할머니한테도 지금 생각하면 미안해요. 어느 날은 다리가 막 아프고 생각하면 화도 나고 해서, 할머니 혼자 밭 메러 일찍 나가셨는데 점심을 안 가지고 갔어요. 이 '비령못'에서 저 '다끄네'까지 가려면 한 시간이 뭐예요? 두 시간 이상 걸어야 점심 갔다 드릴 수 있는데, 점심 안 갔다 드릴 때도 한두 번 있었고. 지금 생각하면 참…. 하여튼 할머니한테 원망 많이 했어요. 외할머니는 총 맞아서 돌아

가셔 버렸지, 여기 와서 이렇게 살면서, 부모한테서 소식이 있으면 어떡
허든 나를 부모한테 데려가도록을 해야 하는데 어떻게…. 먹고 살기가 어
려워서 병원 같은 데는 뭐….

체육시간 있는 날은 학교를 안 갔어요

남들보다 학교를 훨씬 늦게 들어 갔어요. 그래서 사춘기를 더 어렵게
겪었던 거 같아요. 학교 다니면서 아이들한테 따돌림 받고 그런 것이 너
무 서러워서 학교 다니지 않겠다고도 했어요. 애들한테 놀림받는 것도 싫
었고, 참 오해도 많이 받았어요. 체육시간 같은 때는 다들 운동장에 나가
고 난 움직이기 어려우니까 혼자 교실에 남아 있잖아요. 체육 끝나고 애
들이 교실에 들어오면 애들이 자꾸 물건이 없어졌다고 그래요. 돈도 없어
졌다 뭐도 없어졌다 그러면서. 그럼 우선은 나한테…. 교실에 남아 있는
건 나뿐이니까 내가 다 도둑으로 몰리죠.

다 조사했죠. 그런데 선생님은 내가 가지지 않았다는 걸 알죠. 내가 정
직한 학생이라는 걸 아는데, 다른 학생들이 일부러 그렇게 없어졌다고 얘
기한 적도 있어요. 다른 학생이 몰래 가져간 걸 나중에는 다 오해가 풀리
고…. 물건이 없어졌다고 한 다음부터는 제가 학교를 안 갔죠. 체육시간
든 날은 특히. 오해받기 싫어서요. 체육 시간 있는데 학교 간 날은 아예
교실에 있지 않고 밖에 애들 뛰어 노는 거 구경하고.

조회 시간에는 키 작으니까는 제일 앞에 서요. 저 어릴 때부터 정말 영
양가 있는 거 잘 먹지도 못해서 그런지 여름 같은 때는 툭 하면 빈혈로 쓰

러졌었어요. 그때 정말 담임선생님한테 너무 폐 많이 끼쳤어요. '툭' 하면은 도립병원 응급실에 실려가서…. 뭐 제대로 수업은 받았나요? 지금 생각하면 다 추억이다 싶기도 하지만.

국민학교 2학년 땐가 소풍을 갈 때였어요. 저는 "걸을 수가 없으니까 갈 수 없다"고 담임선생님한테 솔직히 얘기했는데, 선생님은 "업어서 가 줄테니까 가자"고 했어요. 그래도 "집에 할머니 다 밭일 나가고 도시락 챙기지도 못하니까 못 가겠다"고 하니까 담임선생님이, 고〇〇 선생님이라고 집에 가정방문을 와서 "소풍 가는데 바깥바람도 쐬이고 제가 업고 가겠습니다"라고 했어요. 하니까 할머니가 부끄러워서 그랬는지 "소풍 안 가도 괜찮지 않겠느냐" 했는데 선생님이 막 우겨 가지고 "9시까지만 학교로 그냥 보내십시오"라고 얘기하고 갔어요.

선생님한테 약속한 거라서 할머니도 저를 소풍 안 보내진 못하고, 다음 날 아침에는 할머니가 노란 사각 벤또(도시락)에 밥 챙겨주니까 겨우 9시까지 학교에 갔어요. 남문통서 학교까지 갈 때도, 다른 애들은 한 3분이나 5분 거린데, 저는 한 10분에서 15분 그렇게 걸려요. 아무튼 선생님 등에 업혀서 소풍가서 소나무 밭 공기 좋은 데 가서 점심 도시락도 먹고 했어요.

어린 마음에 '이것이 정말 소풍이고 바깥공기구나. 나도 어머니, 아버지가 있다면 오늘 같은 날 다른 아이들과 같이 했을 텐데….' 이런 생각을 했어요. 다른 아이들 보면 맛있는 것들도 챙겨가고, 솔직히 부러운 것도 없지는 않았죠. 그렇지만 '내 삶이 이런가 보구나' 하면서…. 사춘기 때 설움 많이 받았어요. 학교는 오래 못 다녔어요. 신중(제주신성여자중학교)까지만. 그것도 겨우. 공부도 하나 못 하고. 학교 다니기도 싫었고. 사춘기 때 받은 충격 때문에, '제발 학교 나가면 누가 나 건들지 말아라' 생각만 들고. 나 학교 오래 다니지 못했어요.

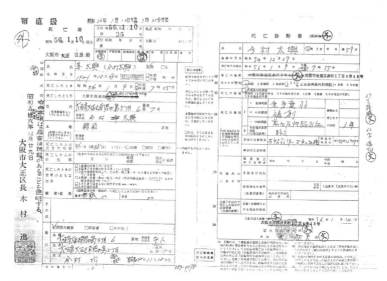

▌친지로부터 전해 받은 사망통지서(1981년)를 통해 아버지의 죽음을 확인했다.

나이 드니까 좀 뻔뻔해진 거예요. 이런 말도 해지고. 생각하면은 살아온 과거가 너무너무…. 이 척추 튀어나온 거 때문에. 학교에서 늦게 오면은 '사촌동생들 돌봐주기 싫어가지고 일부러 늦게 온 거 아니냐'고 삼촌네한테 야단도 많이 맞고. 국민학교 4학년 땐가 5학년 때는 집에 안 가고 학교에서 잠 잔 적도 있어요. 학교도 싫고, 집도 싫고 그랬어요 그때는.

부모님네도 나를 찾았다고 했지만

일본에서 부모님 따라 제주에 왔다가 부모님네만 또 일본으로 돌아가버리고, 고아 아닌 고아로 외할머니 밑에서 살다가, 외할머니마저 총 맞

아 돌아가시고….

나이 들어 거의 20년 만에 처음으로 부모라고 해서 만났어요. 일본에 가서. 내 모습 보고, 아버지는 솔직히 충격으로 일찍 돌아가신 거나 다름 없습니다. 솔직히 제 부모님네는 4·3사건이라는 것조차도 모르는 어른들입니다. 알 수가 있나요. 그전에 이미 일본으로 도망쳐 버렸는데. "몸도 다치게 만들고, 이거 치료 해주라!"고, 부모님 만자나마자 너무 원망을 쏟았어요.

일본 사는 부모님들은 그때 여기 왕래하기도 힘들었잖아요. 그래도 부모님네는 내가 이렇게 다친 것도 모르고…. 그리고 이건 나중에 안 얘긴데, 우리 아버지는 일본 '나고야(名古屋)'라고 하는 데서 고철장사 하면서, 제주에 있는 친구 분한테 "우리 딸 나이가 이렇게 되는데, 학교나 잘 다니고 있나 좀 알아봐 줄 수 없냐"고 했었대요. 학교 다니고 있다면 생활비라도 어떻게 좀 보내주려고요.

하지만 그때는 고모나 삼촌네나 다 자기네 딸린 식솔이 우선이지 조카딸 학교 같은 거 관심 있겠어요? 그분들이 저를 좀 돌봐줘야 하는데, 책임 없이 방치하다시피해서…. 그때 치료라도 좀 제대로 했더라면 몸이 이렇게까지 되지 않을 수도 있잖아요. 삼촌네는 먹고 살기가 바빠서 일 하러 가는 게 먼저지 제가 학교를 가든 병원을 가든 관심이 덜했던 거죠. 그렇지만 그 즉시만이라도, 그때 삼촌네가 "4·3이라는 정말 좋지 않은 정변이 일어나 가지고 이렇게 당신 딸이 다쳤으니까 당신네가 어떻게 해야 될 거 아니냐?"고 솔직히 부모님한테 얘기해 줬다면 제가 또 이렇게 오늘처럼은 안 됐을지도 모르잖아요. 그때는 일본 부모님한테 보내달라고 따져 울며 불며 애원도 몇 번 했었지요.

제가 스무 살이 되어서야 처음, 저희 어머니 되는 사람이 나에 대해 너무 궁금해 가지고 몰래 제주에 사람을 보냈던 모양이에요. 저는 나중에야 안 얘기지만은, "등에 이렇게 뼈가 나오고 잘 걷지도 못하지만 학교는 다니고 있는 것 같더라"고 얘기를 전해들은 다음부터는 어머니도 너무 충격을 받았는지 몰라요. 그래서 삼촌한테 "내 딸이 어떻게 된 건지 자세하게 편지로라도 써 보내주면 좋겠다"고 편지했대요. 삼촌네가 "산에서 굴러 떨어져서 된 것 같은데 그때 당시는 병원도 없고 해서 치료받을 형편도 못됐다"고 그렇게 간단하게 얘기했대요. 그거밖에.

난 그때 참…. 우물가의 실버들 이파리에 배 띄워서 '아, 요런 배 타서 엄마, 아빠한테 가면 얼마나 좋겠나….' 심지어는 아이들한테 따돌림받을 때는 '내 엄마가 정말 거지고 도둑이어도 좋다. 부모하고 같이 한 일년만 살아봤으면 좋겠다' 그런 생각해 본 적도 있고. 마음을 진정시키면서 살려고 해도 이 4·3 얘기만 나오면 막~ 옛날 생각이…. 최근에 들어서는 더 그래요.

아버지 되는 사람, 어머니 되는 사람, 부모 원망 수없이 했어요

부모님 원망은…. 아이고, 말도 못했어요. 나 일본 갔을 때 부모 처음 만나는 자리에서 "우선 이 등부터 고쳐내라. 이 등뼈부터. 태어날 때도 자식이 부모를 선택해서 나은 건 아니지만은…. 이거, 이 등부터 고쳐내라!"고 막 소리를 쳤었죠. 그때 일본 병원에서는 이미 스무 살이 넘어버려서 안된다고 했어요. "고치면 이까지 ┃ 무릎을 가리키며 ┃ 마비되고 ┃ 신경이 ┃

죽어버려서 휠체어도 제대로 탈 수 없고 걸어 다닐 수가 없겠다"고. 그러
니까 더 부모 원망 수없이 했어요. 그러니까 어머니라는 사람은 '정말 냉
정한 사람이다' 고 지금도 생각해요. 하지만, 이제 나도 나이 들어서 같이
늙어가는 처지에 더 이상 얘기할 필요도 없고. 일본에 내 밑으로 형제들
많아도 직접 같이 살면서 정 느끼고 뭐 이런 걸 해보지 못했어요. 이젠 다
일본 사람 되버렸어요. 말만 동기간이고 부모지…. 좀 더 솔직히 말하면
인연이 다 끝난 거죠.

　아버지라는 사람 만났을 때는, 그때 아버지 나이가 한 오십 될까 말까 할
땐데 많이 충격받았어요. 나 때문에. 아버지가 하는 말은, 그때 엄마랑 많
이 다퉜대요. 자기가 난 딸자식을 그렇게 무심하게 팽개쳐두고 올 수 있느
냐고요. 그때 엄마가 나 데려올 동안은 아버지가 그 배에서, 바다 중간에
서라도 누가 총을 쏘더라도 기다릴 작정이었대요. 그랬는데 엄마는 그것
도 모르고 나 데리러 오다가 다시 배 타러 돌아가 버린 거래요. 그러니까
우리 어머니라는 사람은 자식보다는 남편이 우선인 사람이라는 거예요.

▌ 일본에서 보내온 사진 한 장으로 남동생의 결혼 소식을 접했다. 강양자 씨를 제외한 모든 가족이 참석했다.

하지만 내가 지금은 그 당시 어머니 입장이 되어서 마음을 비우고 다 이해하려 해요. 아무리 말로는 용서 못 한다고 했어도, 지금은 다 용서해요. '제가 복이 없어서, 어렸을 때 시대를 잘못 태어난 거고 전생에 죄가 많아 이렇구나' 저 혼자 이렇게 생각하고 위로하고 있어요. 부모님네는 완전 일본 사람 돼 버려서 한국말 잘 알아들을 수도, 할 줄도 몰라요. 아버지는 오래 전에 돌아가시고, 어머니도 치매 때문에 고생을 하니까…. 원망을 해본댔자 이젠….

누나 운명이라 생각하고

저 밑으로 동생들이 남자 넷, 여자 둘이 있었어요. 일본사는 부모님네 한테 갔어도 말도 잘 모르고, 형제 간들 있다고 나이 든 후에 갔으니까 동생들이 오히려 남인가 생각되지 친동기간인가 하는 어떤 정이 들 수가 없었어요. 그래도 큰 동생 하나는 아버지 성격 꼭 닮아가지고 말은 안 통해도 나한테 잘해줬어요. "누나, 그래도 운명이라고 생각하고…." 큰 동생은 일본에서 운수업체 대표로 있었는데, 너무 많이 고생했어요. 그런데 정말 누구보다도 나를 생각해주고 생활비도 보내주던 그 남동생인데, 간경화로 십 몇 년 앓다가 지난 해 세상을 떠나버렸어요. 그러니 영 마음이 안 좋아요.

동생 살았을 때는 매해 신정 때마다 엽서를 보내줘요. 그런데 이젠 죽어버리니까는 올해부터는…. 지난 2007년도 신정 때 받은 게 끝이고요. 이제는 어디 기대고 의지할 데가 하나도 없어요. 큰 동생은 옛날, 하도 내가 엄마 원망을 하니까, "이 지구상에 엄마들이 많아도 자기를 낳아준 엄마는 딱 한 사람밖에 없다. 아무리 엄마가 큰 죄인이라 해도 원망하지 말고 시대를 잘못 만난 것으로 체념해야 되지 않겠느냐"고 저를 위로해주었어요.

일본 갔을 때 거기서 정 붙이고 살아보려고도 했었어요. 근데 말도 통하지 않고, 동생들이라고 해도 너무 낯설어 가지고 도저히 제가 거기서 살 수가 없었어요. 아버지는 내 꼴을 보니까 맨날 술만 먹고 엄마랑 싸움박질만 하지. 또 엄마는 아버지가 어디 일 갔다가 늦게 들어오면 '어디 여자 만나서 들어온 거 아닌가' 해서 문 잠궈서 안 열어 준 적도 있고. 그런 거 저런 거 보니까는 나 하나 있는 걸로 해서 더 나빠진다는 생각으로 다시 제주로 와버렸어요. 좋든 싫든 지금까지 같이 살았으니까 할머니 죽을 때까지 같이 있자 해서 여기 다시 오게 된 거예요.

일본에 저와 연관된 사람들, 지금은 살아있는지 죽었는지 몰라요. 더구나 큰 동생이 죽은 다음엔. 동생들도 다 일본인으로 귀화했고, 올케들이 다 전형적인 일본 사람들이에요.

지금은 후회되는 것도 많고, 어른들한테 원망했던 거 반성도 해지고요. 원망을 해본댔자 이미 지난 일. 지금 생각하면 후회되는 일도 많고. 지금부터 살면 얼마나 살까, 죽는 날까지 하루하루 그저 아픈 거 견디며 조금 덜어내며 지내보자 하고 있어요.

내 몸한테 어떻게 비위를 맞춰야 할지 모르겠어요

4·3사건 후유장애다 뭐다, 하지도 않은 걸 왜 거짓으로 신고하면서

이렇게 구차하게시리 하겠습니까? 이렇게 다 신고하라고 하고서 뭐 불인정이다 뭐다 하니까는 저도 정말 야속하다는 생각도 들고. (바닥에 펼쳐 놓았던 진단서 정리하며 이런 거) 다 해봤자 말만이고. 정말 솔직히, 이런 말 하면 뭐하지만. 부탁하러 다녀도 "안 될겁니다" 거절하는 말부터 먼저 나오니까는. '국가가 의심하는구나' 그런 생각부터 앞서고. 나 이거 분명 4·3으로 인해 얻어진 장애인데도 불구하고, 지난 연말에는 그걸 증명해야 한다고 인감증명까지도 끊어가고. 이젠 뭐 더 이상 뭐 보여드릴 것도 없는데…. 현실은 뭐 ‖ 후유장애자 ‖ '불인정' 이라고 하니까…. 하여튼 제재나 규제가 너무 많네요. 이걸 증명하려니까. 제가 4·3 당시에 다쳤다고 해도 국가에서 그분들이 직접 눈으로 본 것도 아니고. 말로써만 이렇게 들으면 솔직히 나 역시 그렇게 단번에 믿어주고 신뢰할 수는 없지 않겠느냐는 그런 생각도 듭니다. 솔직히 지금에 와서 국가에 이런저런 폐 끼치려고 변명 아닌 변명으로 듣는 사람도 있을지는 모르겠습니다.

하지만 분명한 건 내가 부모 복 없어 태어난 것이 잘못된 거지, 태어나지만 않았더라면 나까지 국가에 폐 끼치고 동정받는 일은 없었을 거라고 생각하며 최근에는 마음을 비우고 있어요.

4·3후유장애로 열세 명 불인정받았다고 하지만, 솔직히 정말 이거 솔

직히 말씀드리는데 다 저보다
는 나아요. 그때 기자들 앞에
나갔을 때도, 저는 누구 다른
사람 앞에서 얘기라도 좀 하려
면 가슴부터, 지금도 이거 심장
이 '따따따따' 뛰고 있어요. 그
때 기자님들이나 많은 사람들
한테 한 마디 얘기하고 싶었는
데, 말은 목까지 나왔는데 참았
어요. '에이, 얘기 해봤자 그거
인정받기 위해서 정말 초라한
거 뭐한 거 보이지 말자!'고 생
각했어요. 정말 나 이제 마음을
비웠어요. 인정을 해주든, 불인
정을 해주든.

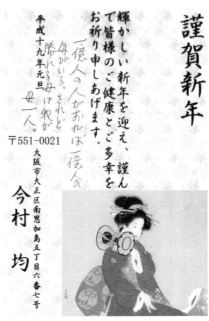

남동생에게서 받은 엽서. "1억 명의 사람이 있다면 1억 명의 어머니가 있다. 그렇지만 뛰어난 어머니는 우리 어머니 한 명뿐이다"라는 글귀가 적혀 있다.

지금 이 혈압약도 오늘은 의사한테 가서 "안 먹으면 안 되겠느냐"고 떼써보려고 하는데…. 내 몸한테 어떻게 비위를 맞춰야 할지 모르겠어요. 이 등뼈 때문에 엑스레이를 한두 번 찍은 게 아니에요. 의사들이 바로 누우라고 하는데 이렇게 판자에 똑바로 눕지 못해서 엑스레이 찍을 때도 얼마나 고역인지…. 나이 탓으로 오는 노화 영향도 크겠지마는, 척추뼈에 쪼끔만 충격가면 깨질까봐 지금도 조심하고…. 이 무릎은 이거 시려서 보호대 했어요. 혈압약도 한 달 치씩 하다가 제주대학병원 의사가 아예 두 달 치씩 하라고 해서 먹고 있어요. 특히 밤에 잠을 못 자니까 머리가 천근만근 무거워요. 자리에 누우면 등이 베겨서 못 살아요. 살이 없어서 그런

지, 뼈가 눌려 가지고. 잠도 겨우 몇 십분 깜빡하고…. 옛날 어릴 땐 할머
니가 "아이고 야인 잠 자는 것도 죽은 사람인지 산 사람인지 모르겠다"고
할 정도로 잘 잤었는데.

일부러 죽을 수는 없고

　지금 당장 병원 신세지는 건, 지금 이제 두 시간 뒤에 한국병원에 혈압
약 받으러 가야 되요. 안그래도 평소에 문소리만 '덜컥' 나도 잠을 못자
요. 지금 혈압약 계속 먹으니까 불면증, 잠을 더 못 자는 거 같아요. 제 생
각에는 혈압을 내리는 강화제가 잠을 더 못 자게 하는 거 같아요. 그렇지
만 "혈압약은 먹었다 안 먹었다 하면 안된다"고 하고, 또 "죽을 때까지 먹
어야 된다"고 그러니까 안 먹을 수도 없고 먹을 수도 없고, 그래서 지금
망설이고 있어요.
　혈압약도 그렇고, 평소에 운동도 못 해서 콜레스테롤 수치도 있고 해
서…. 지난 이맘때 한방병원에 침 맞으러 다닐 때 뇌졸중 증세로로 쓰러
졌었어요. 뭐라도 조금만 하면 막 머리가 아프고, 식도염이라서 그런지
자꾸 신물이 올라왔다 내려갔다, 참 여러 가지로 많이 아프고 힘드네요.
사는 것이.
　어제부터 궂은비가 질척질척 오니까 천정에서 여기저기서 빗물이 '뚝
뚝' 떨어지고…. 지난 여름 '나리' 태풍 때는 천정 쓰레트(슬레이트)가 금
가가지고 저쪽 방에서 물을 양동이로 받아내다시피했었어요. 태풍 지나
서 방수포 덮어도 소용없는 거 같아요. 지금 이 집을 팔려고 해도 여기가

길가가 아니니까 선뜻 사겠다는 사람도 없고, 걱정이에요.

지붕이라도 이거 좀 고치려면 당장 돈이 있어야 할 것 같고…. 요즘엔 자다가 안 깼으면 해요. 솔직히 사는 게 힘들고…. 살면서 하루에 한두 끼는 묽은 죽이라도 먹어야 되고, 할머니 말마따나 손이 놀면 입도 놀아야 할건데…. 그렇다고 일부러 자살해서 죽기는 뭣하고. 자살하는 사람 보면 대단해요. 아버지 돌아가신 다음에 일본에 있는 아버지 묘소에 갔을 때 "요시코도 빨리 데려가라"고 그렇게 얘기했었어요.

어렸을 때 그 상처받은 거

이거 정말, 난생 처음이에요. 이렇게 부끄럽고, 쓸데 없는 얘기, 남한테 하는 거. 4·3이나 뭐나 남한테 내 얘기를 안 하는데. 부모한테도 이러고, 세상한테도…. 그렇게 좋게 산 기억이 없어요. 너무나 속상하게 살아온 세월이 많으니까는 나만 모자라서 이런가 보다 생각도 들고요.

주위에 친구나 아는 사람들은 처음부터 부모네를 통해서 잘 사는데…. 내가 어렸을 때 그 상처받은 거, 나이 들어 보니깐 그런지 그것이 한이 되어서 죽어서 영혼으로 떠돌 것 같은 그런 느낌이 들어요. 정말 그때 노무현 대통령이 와서 사과한 거로 영혼들이 그런 걸 다 알아서 편안히 다 눈 감고 다 계실 건가? 할아버지, 할머니, 외삼촌까지 다 돌아가시게 한 4·3이, 난 아직도 4·3이 왜 일어났는지 납득이 안가요. 왜 일어났는지.

구술 채록·정리 고성만

강양자 씨를 처음 만난 것은 2006년 9월이었다. 그때, 같이 간 조사자를 밖으로 내보내고 나서야 겨우 사진 몇 장 찍을 수 있었던 기억이 있다.

그 뒤로도 몇 번의 만남이 있었다. 4·3위원회의 후유장애자 불인정 결정에 대해 재심의를 신청할 때, 다시 4·3위원회를 상대로 행정 소송을 신청할 때. 그러나 번번이 안 좋은 소식만 전해드려야 했다. 이번 작업 역시 수월치 않았다. "다른 사람들에게 이런 구차한 얘기 알리고 싶지 않다"며 자신의 이야기가 공개되어지는 것에 한사코 반대하셨지만, 딸의 설득으로 겨우 마음을 돌릴 수 있었다.

누군가는 사건 경험자들의 '증언하기'가 부정적인 기억으로부터 스스로를 해방시키는 자가 치료의 긍정적 기능이 있다고 했다. 그러나 그건 당사자들에게 아주 힘든 일임을 다시 한 번 느꼈다. 강양자 씨는 증언 내내 "이제는 마음을 비웠습니다"라고 몇 번이나 얘기했지만, 그녀에게 있어 그렇게 쉽지 않은 일임을 나는 안다. 이 책이 강양자 씨를 비롯하여 4·3 당사자들에게 세상과 소통할 수 있는 길을 조금이나마 터 드릴 수 있는 기회가 됐으면 한다.

지난 3월, 몇 년 간 일본으로 공부를 하러 가게 됐다는 얘기를 했을 때, 강양자 씨는 조심스럽게 내 손에 천엔짜리 두 장을 쥐어주셨다. 오래 묵은 것 같았던 꾸깃한 감촉은 지금까지도 나를 바로잡아 주는 힘이 되고 있다. 그 모든 것들을 나지막한 목소리로 말씀해 주셨던 강양자 씨에게 존경과 고마움을 표한다.

고성화

반쪽짜리 나라 반대한 건 통일운동이야

고성화 선생은 한국현대사의 산 증인이다. 1916년생으로 일제강점기 한복판에 있었고,
일본 유학 당시 독립운동에 관여하다 쫓기어 고향으로 들어왔다. 이후 교편생활을 하다가
변절자의 모습에 염증을 느껴 다시 고향을 떠나 해방 이후 들어왔다. 귀향 직후 조선공산당
우도책임자를 맡아 활동하다 1947년 3·1사건 직후 미군정의 탄압에 떠밀려 또 한번 제주
도를 떠나야 했다. 이후 부산에서 남로당 활동을 하다 피검되어 무기징역을 선고받고 비전
향장기수로 21년을 복역 출소했다.

우도의 야학 — 국민학교 3학년부터 해녀들 교육시켜

일제 때 우도에도 야학이 있었지. 우도에 열 개 마을이 있었는데 각 부
락마다 야학을 했었지. 남자들은 없고 모두 해녀들이었어. 나는 하우목동
에서 3학년 때부터 해녀들 모아 놔가지고 교육시켰어. 교육내용은 조선
어교육이 기본이야. 우선 해녀들한테 글자를 깨우쳐야 하니까 그거 없으
면 안되지. 조선어교육이 그땐 가능했어. 『조선어독본』이란 것이 있었어.
일본 말은 『국어독본』이라 했었고 우리말은 『조선어독본』이라 했어. 또
사상교육으로 계급문제도 했고, 식민지에서 일본사람들이 착취하고 있는
내용을 교육했어. "바다는 우리 거다. 그런데 일본 놈들이 어업조합을 조
직해서 여러분들을 착취하고 있는 것이다." 이러한 내용으로. 이런 내용
은 일본 놈들 모르게 해야지. 야학할 때도 빗개(보초) 세워가지고 일본순
사나 관리 나부랭이, 칼 찬 놈들이 온다고 하면 내용을 바꿨지.

그것은 내가 한 것이 아니고 결국은 우도에 야체이카, 강창보 선생네가
조직한 그 조직이 각 부락마다 없는 데가 없으니까 거기서 했다고 봐야
지. 우도 야체이카는 신재홍 선생이 담당이야. 결국 야체이카가 계획적이
라는 게 무엇인고 하니, 물론 야학을 통해 해녀들을 눈뜨게 하는 목적이
있었지만 진짜 목적은 앞으로 투쟁을 조직하기 위한 거였어. 해녀 자신이
어떤 위치에 있다는 걸 알아야 투쟁을 할 수 있거든.

‖ 회고록 『통일의 한 길에서』를 펼쳐보이는 고성화 선생.

국민학교 선생님들로부터 민족의식 배워

내가 아는 사람들이 일본에 많이도 갔지만 항일운동이나 노동운동을 많이 했어. 왜냐면 그 당시 우리를 가르친 선생들이 좋은 분들이야. 선각 자였었기 때문에. 그때 6학년 담임이 문무현 선생님, 5학년 담임이 김태 륜 선생님이었고 4학년 담임이 강위점 선생님, 3학년 담임이 일본 도상 종합 곧 졸업해서 여기 들어온 부대현 선생님, 2학년 담임이 우도 사람 김남석 선생님, 1학년 담임이 오문규 선생이었거든. 그 성분을 조사해 보 면 4학년 담임하고 2학년 담임만 빼놓으면 네 사람은 다 공통성이 있던 사람들이야.

선생님들이 토요일 날 같은 때 회의, 모임을 조직해서 세화주재소에서 순경들 오는 걸 직접 감시해주고, 또 회의진행방법 같은 걸 지도해주고 그랬어요. 회의를 진행하는 방법이라고 한 게 지금 국회나 마찬가지지. 민주주의적으로 회의하는 순서하고 토론방법 같은 거를 가르쳤지. 이럴 땐 어떻게 한다. 이런 걸. 또 자기는 나가서 감시 해 주고. 좋은 선생님들 이었어요.

이 선생님들이 민족의식 고취를 위해서 많은 얘기해 줬지. 우리 역사관 에서도 애국자들, 뭐 안중근 선생도 자주 나왔고. 진리에 관한 건 굽히지 말아야 한다는 건 그분들이 일상 말하는 바고.

소년단

그때 샛별소년단이란 게 있었어. 이론교육도 있었을 거요. 우도에는 없어서 샛별소년단의 영향을 받지 않았는데, 내가 친구한테 교육을 받은 적이 있어. 부호로 해서 길에 뭔가 표시 해 놓으면 어디로 가라고 한 표시다, 요건 어떻게 한 표시다, 그걸 내 자신이 강의받은 적이 있어. 그 표시는 백묵, 분필로 표시하고 하는데, 그 순사들이 배회할 수 있는 조건에서는 그걸 안 했어. 어디서 집합한다 하는 데까지 가는 그 어간에만 그런 표실했었지. 거기서 이론적인 문제는 교육을 받지는 않았어. 소년단도 일제 순사들한테 감시당했지.

우도의 개척자 신재홍 선생

내가 보통학교 1학년 들어갈 때는 20살, 21살 먹은 사람들하고 같이 공부했어요. 그 사람들 담배 피우고, 담배 피우다가 사무실에 가서 담배꽁초 가져오라고 하면 사무실에 가서 선생이 피다 남은 꽁초 같은 거 주워다 주고 했지. 그때는 결혼한 학생들이 많았어. 그런 학생하고 신재홍 선생하고 만나가지고 배웠으니까.

신재홍 선생이 지금 살았으면 나이가…. 까마득하구나. 나이 아주 많아요. 우도를 개척한 제1인자요. 학교도 세웠고 학생들 가르쳐주고, 그러니까 우도 사람치고 신재홍 선생 거치지 않은 사람이 없을 거예요. 즉, 당시 우도 사람한테는 그분 영향이 다 미쳤다는 거지.

그분 딸이 한 분 계신데 지금 대구에 있어요. 신재홍 선생이 결혼을 두 번 했거든. 처음의 부모가 결정한 처하고는 이혼을 했고, 그 다음에 장영애라고 조선공산당 제주도당 관계, 야체이카 관계로 다니다가 장영애라고 하는 분하고 야학에 침투해가지고, 그분이 서울 제2상업학교, 여자상업학교 졸업한 분인데 그분하고 결혼해서 우도 가서 보통학교에서 교편 잡았어요. 애국자로 보훈처에 등기되었어요. 신재홍 선생은 해방되자 얼마 없어 북으로 갔어요. 내가 부산 나가보니까 한참 북으로 갈려고 계획하고 있더라고.

일본에서의 활동 — 반제동맹

열네 살에 내가 일본에 갔어. 중학교 공부하러 간 거지. 하도국민학교 졸업하고 바로 갔으니까 열네 살이야. 그때 자형이 일본에 있었어. 그분이 날 데려 다녔고 나도 따라 다녔지. 지금 보훈처에 애국자로 등록된 분인데 제주도 해녀사건 관련자야. 김태권이라고 작은 매부야. 그분이 여기서 활동하다가 일본으로 건너가서 일본에서도 활동했지. 나는 그분 영향이 아주 컸어요.

일본에서 활동 많이 했지. 그때 대동아전쟁 초기 때였는데, 일본사람들도 전쟁은 할 필요가 없다는 이론에는 동의했어. 그러니까 '대동아전쟁은 침략전쟁이란 걸 상대편에 고취시키고, 그렇게 함으로써 일본에 있는 근로대중들이 피해를 당하고 동시에 결국은 그 피해는 가족에게 있다, 그 가족들이 결국 전선에서 죽게 되면 사람을 잃게 되는 것 아니냐' 이런 식으로 상대편을 설득시키는 일들을 했어요. 우리들끼리 모이면 당시 대동 아전쟁 때니까 정세토론 위주로 했지. "전쟁 그 자체는 서로가 다 죽고, 근로대중들한테 돌아올 건 뭐냐?", "아무것도 없다"는 토론을 주로 했지. 삐라를 붙인다거나 시위를 한다는 건 없었어. 내가 반제동맹 집회로 하마 데라(浜寺) 해수욕장에 갔을 때 제주도 출신이 많이 참가했더구만. 일일이 열거할 수는 없는데 많이 참가했고 또 인사도 했어. 제주도 출신 중에 항 일운동가나 노동운동가가 많아.

당시 일본에서도 공산주의 활동은 엄격히 규제했어요. 내가 낌새를 채 고 일본에서 제주로 도망쳤으니까 반제동맹 건으로 처벌받지 않았지, 그 때 잡혔으면 형편없었을 거요. 보나마나. 그 당시는 아주 준엄한 때니까 학교는 학교대로 못 다녔을 거고. 자형은 나중에 징역 살다가 제주도에서 살다가 돌아가셨지.

항일운동가 김명식 · 김문준 선생

김명식 선생은 일본에서 한 번 봤어요. 그분은 취조받으면서 고막이 터 져버렸어. 또 이 손도 자유롭지 못했고. 그러니까 서로 필답을 했어. 이쪽 에서 말하는 걸 알아먹지 못하니까, 이쪽에서 하고 싶은 말이 있을 때 글 로 써가지고 필답을 했어. 글로 쓴 걸 보고 상대편에 얘기를 해주고. 조선 공산당 초기 당원으로서 한학자면서 견고한 공산주의자야, 그분은.

자형 때문에 한 번 만났지. 내가 일본 오사카에 가보니까 자형이 상당 히 발이 넓어요. 그래서 그분을 늘 쫓아다녔으니까. 어디 갈 때도 같이 가자고 해서 데리고 다니고.

김명식 선생이 쓴 글을 그때는 못 읽어봤어. 내가 알기로는 『개벽』이라는 잡지가 있었는데, 그 잡지에 글을 썼다고 해. 거기 글 쓴 사람이 제주도 사람으로선 선생뿐이 없었고.

김문준 선생도 명식이 선생 있는 데서 만나봤어. 그분도 화려한 분이야. 아주 고급신사야. 노동운동에만 쭉 있으면서 당시 일본에서도 잘 알려져 있었어. 지금 대판성(城)에 명단을 더듬어 보면 조선 사람으로선 김문준 선생 한 사람 들어있어. 여기서 멀지 않은 곳에 김문준 선생 묘가 있다던데.

오문규 선생

오문규 선생도 북에 갔어. 그렇지. 오문규 선생은 어떻게 된고 하니 남
로당 부산시당에 있다가 일본으로 갔어요. 모풀이라고 해서 소위 당 자금
지원 책임을 지고 갔다가, 내가 일본 다닐 때 일본에 있었어. 그런데 니가
타에서 59년도 조·일관계가 원만하게 풀려서 '일본에 있는 조선인 중
조국으로 오겠다는 사람 보내달라' 그게 합의가 돼서 그때 귀국선 타고
북으로 갔어요.

일본에서 귀국 후 우도심상소학교 교원으로

일본에서 귀국해서 우도심상소학교 교사로 들어갔어. 그때 교사 한 분
이 결원됐어. 원래 심상소학교는 일본 놈들만 교육하던 학교였거든. 우리
말로 보통학교 정도되는데 조선 사람은 들어갈 수가 없어요. 근데 나중엔
저놈들도 교육정책을 바꿔서 '황국신민의 서사(誓詞)'가 나온 후에는 그냥
일률적으로 심상소학을 만들어버린 거야. 그니까 사립우도심상소학교,
그때 봉급 30원짜리 교원 노릇 한 3년 했나?

야체이카 성원으로서 김정로가 있었어. 그분이 한번 강의를 하기 위해
우도심상소학교에 왔는데, 보니까 제주경찰서, 도경에 있는 간부들이랑
왔어. 내가 교원으로 있을 때 그분한테 실망을 했어. 반역적인 발언을 한
것이 뭐냐면 대동아전쟁을 지지하는 연설을 했어요. 내 그거 듣고 얼마 없
어 사표를 제출한 거야. '야, 이런 사람들도 있구나!' 이렇게 해가지고.

청진 생활

청진에 누가 갔느냐면 2년 반씩 징역을 산 일명 강철이라 불리는 강관순 선생, 김성오라는 분이 조선총독부에서 시행하는 선장 시험 합격해서 청진에 가서 배를 탔어요. 그분들은 훌륭하게 교원 노릇도 할 수 있는 사람들이었어. 그래서 나도 그분들 따라서 청진엘 간 거예요. 당시 청진에는 정어리가 많이 났어. 1935년에서 40년까지 아주 많이 났어요. 제주도 사람들 많이 갔어요.

거기서는 구체적인 조직 활동은 없었어. 개별적으로 모이면 앉아서 얘기하는 정도였지. 구체적인 조직 지휘계통은 없었고. 그러니까 대중적인 조직으로 발전은 못하고 아는 친구끼리 모이면 정세분석 하는 정도였어. 거기서도 일제의 감시가 심해요. 대동아전쟁 말까지는 감시가 심했어요.

조선공산당 우도 책임자를 맡고

해방 당시에 전라도 순천에 있었는데 거기서 큰 사건이 있었어요. 당 관계로 한 사람이 경찰에 타살당했거든. 어차피 그렇게 되면 앞으로 조직에 가담하지 않으면 안될 날이 올거라는 인식을 하고 있었어요. 그 후에 결국 여러 가지 조건으로 순천에 있을 수 없어서 제주에 들어왔어.

내가 들어온 이틀인가 3일쯤되니 오문규 선생이 와가지고, 이런저런 얘길 하다가 당 관계 말 끝에 "우도 조직은 자네가 좀 맡아줘야겠네" 이렇게 해가지고 맡게 됐어. 오문규 선생이 소학교 때 우리 선생이었거든.

 그때야 해방 직후니까 크게 조심하진 않았던 것 같아. 지서장이 와서 서북청년단이 잡으러 온다고 말해 줄 정도였어. 뭐 연락도 해주고 했는데. 그때 당원들도 많았어요. 지금 가만히 생각하니까 살아있는 사람이 없어요. 내가 부산 탈출하기까지 한 2년 했나?

 당에는 선전부, 조직부가 있었는데 선전부가 교육을 같이 했어. 그 당시는 당원 확보가 수월했어요. 그리고 그때 청년들이 내가 심상소학교 교원으로 있을 때 제자들이야. 그러니까 나에 대한 성분도 알고 있어서 그런 말을 하니까 자연적으로 조직이 된 거지. 청년들한테 뭐라고 특별히 설득하지도 않았어. 그런데 당에서 내려온 문건들이 있긴 있었는데, 그 내용을 해설하면서 교육을 시켰지. 모스크바3상회의, 유엔총회 성격, 남조선에 있어서 가능한 지역의 선거…. 그런 정도야. 물론 지향하는 사회는 사회주의 사회였지. 당시 당에 입당하려면 일정 정도의 자격기준이 있었는데, 지금 일일이 기억이 나지 않아. 당시 당의 규율이 엄격하고 조건이 까다롭긴 했지만, 그 당시엔 사람이 필요하고 당에서 조직 확장문제가 제기되면서 되도록이면 사소한 흠은 그냥 덮어. 그렇게 했어.

 당시 우도는 연평리였어. 내가 맡았던 일이 지역세포가 되는 거야. 공식적으로는 구좌면당 우도 세포가 되는 거지. 면당은 각 리의 위원장, 다시 말하면 세포를 하나씩 맡아보는 책임자. 이 사람들이 모여서 토의하고 결정을 하는 거야. 김녕은 김○○, 월정도 사람은 좀 아는데 이름은 잊어버렸어. 행원, 세화는 누가 했는지 모르고. 하도는 잘 알지. 종달리하고 하도는 가까운 부락이었으니까 잘 알아. 상도리는 정○○가 있긴 있었는데 그 후 소식을 전혀 몰라. 송당이나 덕천은 지역적으로 멀어서 몰라. 그 사람들이 모이면 남로당제주도위원회 구좌면당 상임위원회가 되지. 거기서 세포 책임자가 가서 세포에서 일어난 일, 이걸 보고하고. 거기서 종합

해가지고 도에 그 사실을 보고하고 그런 것이지. 도당 지시도 거기에서 받았지. 도당에서는 각 면에 내려보낼 지시가 벌써 작성되어 있고, 그걸 부분적으로 좀 다르겠지만, 특수한 조건에 있는 마을도 있을테고, 그런 면에 차이가 있지만 대체적으로 동일한 거야.

자발적으로 당에 가입 의사를 밝히는 것은 있을 수 없어. 당은 그러한 자본주의 사회에서 만드는 모양으로 안 했으니까. 아주 세밀하게 조사해 가지고 하기 때문에 안 되지. 탈당도 자유롭지 못했어. 만일 탈당을 한다든지 당을 배신하게 되면, 제주도는 더구나 좁은 지역이고 안면이 있고 해놓으니까 참 자유롭지 못하지.

대중조직

부녀동맹, 민청 등 대중조직이 있었어. 청년조직은 민주주의 청년동맹이 나중에 민애청으로 바뀌지. 우도에도 다 있었어. 농민조직은 기억이 안 나. 당에서 그런 대중조직에 누굴 파견하거나 그런 건 없었어. 그건 당 세포책임자가 알아서 하게 돼있어. 가령 부녀동맹이라면 책임자한테 지시만 내리면 그 지시대로 움직이는 거야.

그때 민청에서 부르는 노래가 있어났는데 지금 생각이 잘 안나네. 누가 첫 자만 얘기하면 기억이 나겠는데. 아, 그때 "높이 들어라 붉은 깃빌을 그 밑에시 진사하리라…" 하는 노래가 있었어.

인민위원회

　제주도가 비교적 다른 지역에 비해 미군정 탄압을 덜 받았어. 그러니까 여긴 인민위원회를 등장시켜가지고 인민위원회가 당의 역할을 할 수 있도록, 초기에는 그렇게 하도록 했는데, 그게 미군정에서 알아노니까 탄압을 해야 된다고 나온 거지. 실제로 인민위원회를 당에서 장악했지. 당에서 추천한 사람이 구장, 이장 노릇하고 그랬지. 인민위원회 위원장하고 그랬지. 결국 그 사람들이 희생됐어. 각 부락마다.

　우도 인민위원장도 4·3 때 죽었어. ○○○이라고. 인민위원회는 부서가 별로 없었던 것 같아. 다만 이름만 구장이라는 것을 없애버리고 인민위원장이라고 명칭만 바꾼 거지. 그 때문에 ○○○ 씨가 피살당했지.

　인민위원회에서가 해방 이후에 야학도 하고 봉사활동도 했어. 일제 때 야학에서 하던 것과 마찬가지로 "바다는 바다에서 직업을 가진 사람들의 소유다. 건 어느 개인이 가질 수 있는 게 아니다"는 등의 교육도 했어. 실질적으로 대중들의 호응이 나쁠 리가 없지. 특히 문맹자한테 글을 읽게 만들어주는데 나쁘다 할 수 없지. 이때까지도 지서에서 감시하거나 조사하거나 하는 게 전혀 없었어. 어느 정도 합법적이었지.

　그러니까 인민위원회는 인민들이 편리하게 살기 위한 환경의 조직, 다시 말해서 모든 문제를 서로 의논하면서 해결하는 조직이야. 그러니까 "거기에 특별한 사람이 있다든지, 특별한 의견이 있다든지 하는 것은 있을 수 없는 것이다, 서로 평화적으로 살려고 하는 건데 그게 어디 나쁜 것이냐?"고 설득했지. 그건 조선공산당이나 남로당의 정책도 마찬가지야.

모스크바3상회의

그때 내가 순천에 있었는데, 서울에서 있었던 일은 시시각각 알 수가 있었어. 송진우가 그때 암살당했지. 왜냐하면 '소련군이 서울에 들어왔다' 이런 말을 이승만 계통에서 퍼뜨렸어. 또 모스크바3상회의 결정은

'후견' 이란 말을 일절 내지도 않고, 다만 '신탁통치다' 란 말만 해서 민중을 현혹시키겠다는 게 미군정의 정책이었지. 그런데 나중에는 3상회의 결정은 '후견제' 라는 말이 나왔어. 3상회의 결정은 신탁통치가 아니고 일제 지배 아래 있던 민족이 민주주의적으로 정부를 세울 수 있도록 돕자, 다시 말하자면 개방해서 나가도록 하자고 결정되었는데 그걸 와전시킨 거야. 어디서 했냐면 이승만하고 미군정이 짜가지고 그렇게 했지.

그런데 '후견제' 란 것을 제주도에서는 올바로 인식한 거지. 그러니까 다른 지역보다 제주도는 단합하기도 쉽고, 또 다른 지역처럼 늦게 조직이 된 게 아니라 도당이 일찍 조직되고 각 부락마다 일제 때부터 양심적인 인물들이 살아있었기 때문에 신속하게 조직할 수 있었고, 그래서 결국은 모스크바3상회의 결정을 올바로 인식시킨 거지.

송진우가 1945년 12월달에 죽었거든. 그 사람이 "모스크바3상회의에서 결정된 것은 후견제다" 이렇게 했거든. 다시 말하자면 "그 나라가 민주주의적으로 나아가지 못할 때 이것을 지원해가지고 민주주의적으로 나갈 수 있도록 만든 것이 3상회의의 결정이다." 신탁통치가 아니라고 한 것을 송진우가 대중한테 올바로 인식시킨 거야. 근데 얼마 없어서 쏘아 죽여버렸어. 거 억울한 죽음을 당한 거지, 송진우는.

서북청년단

서북청년단이라는 게 일제 때 지주 노릇하던 사람들의 자제들이야. 북에 김일성 부대가 들어온 후에 사회주의 국가를 만들었어. 그 과정에 소위 친일파를 민족반역자라고 결정했어. 또 그 가족들이라든지, 반성의 여지가 없다고 해서 결국 처벌하게 되니까 그놈들이 계속해서 내려온 거야. 미군정에선 마침 잘 됐다고 해서 서북청년단을 보내가지고 결국 남한에 있는 모든 사회주의 단체, 공산주의 단체에 대한 탄압이 이루어졌고.

우도 1947년 3·1대회

3·1대회 그때 지시가 어떻게 내려왔냐면, 각 부락별로, 리 단위로 치르기로 했거든. 그러니까 우도도 그렇게 했어요. 우도는 우뭇개라고 하우목동, 내가 있던 부락에서 했는데, 그때 다 모여서 우도를 일주했어. 일주하면서 평소에 일본 놈들한테 아부하고 아첨한 사람네 집에 가서 때려 부수려고 하는 걸 간신히 막았다고. 그때까지도 그런 게 있었어. 각 부락마다 다 있었어. 우도에서 3·1대회를 할 때는 경찰하고 사전협의를 했어. 숫자를 정확히 알 수는 없지만 굉장히 많이 모였어요. 구호도 외치고 노래도 불렀는데 생각이 안나. 그런데 관덕정 앞에서 그 사건이 터져가지고….

1947년 3·1사건 직후 제주도를 떠나다

그래 나는 우도 당을 책임 맡아서 있었는데, 하루는 주임, 지서주임이 와서 "서북청년단이 내려와서 빨갱이를 잡는다고 하니 주의하시오!" 날

보고 경고를 주고 갔어요. 그게 1947년 3월 4일인데, "내일은 우도에도 들어올는지 모른다"고 했어. 가만히 생각해보니까 '이거 안되겠다. 일단 피해보자'고 5일날 종달리로 나왔어요. 종달리로 나와서 약 1개월 동안 하도, 종달리 두 부락을 오고가면서 생활했어. 그 어간에 서북청년단은 우도에 가서 청년들 붙잡아 가려고 했어. 그런데 우도가 조그만 섬이라고 는 하지만 서북청년단이 사람을 잡을 수 있는 그런 지대가 아니야. 더러 는 부산으로 탈출한 청년들도 있었고, 거기서 견딘 청년들도 있었고, 그 때 잡힌 사람은 없어.

하도 하고 종달리 사이를 오고 가면서 가만히 생각해보니까 이거 안되 겠어. 도저히 합법적인 운동은 할 수가 없고. 그래서 면당위원회 소집을 요구했어. 그때 면당위원장한테 말해서 면당위원들 소집해달라고 했어. 면당위원장이 또 내가 피해 다니는 것도 알고 있으니까 각 부락마다 조직 된 당 책임자들을 전부 소집했어요. 그 장소가 김녕사굴이야. 그때는 서 청이 감시하고 있어서 일반도로, 자동차 다니는 도로론 다니지 못해. 그 래서 산간지대 사이 길로 해서 사굴까지 도착했어. 소집을 하고 보니까 몇 명이 안되요. 종달리, 하도, 나, 월정, 그런 정도야. 내가 말했어. "합법운동 이라는 게 우리가 자유롭게 활동할 수 있을 때 성립될 수 있는 것이고, 지 금 비합법 태세로 들어가야 되는데, 지금 비합법 태세로 들어가면 지금 다 이탈해서 나갈 거다. 대중 속에 살아야 조직이 사는 거고 대중을 멀리하면 조직은 죽음이나 마찬가지다. 우리가 자연에 빗대어 규정하면 대중은 물이 나 마찬가지고 우리는 고기나 마찬가진데, 물 속을 떠나서 우리가 어떻게 조직을 할 수가 있느냐? 때문에 활동할 수 있는 지역으로 나갈 수 있는 조 건이 되면 그쪽으로 나가는 건 어떠냐?" 내가 그렇게 제기를 한 거예요. 그 랬더니 나갈 수 있는 조건이 되는 동지들은 나가도 좋다고 했어. 도당에서

결정한 게 아니고 면당에서 그렇게 결정했어요. 그날 종달리까지 돌아오고
그다음 날 우뭇가사리 싣고 가는 배 타고 부산으로 갔어요.

4 · 3 당시 우도 주민희생

해방 후에 인민위원회 위원장했던 ○○○이란 분이 4 · 3사건에 희생
됐어. 이분은 총살당한 게 아니라 경찰이 때려 패서 죽였어요. 타살이야
타살. 그분보다 일을 많이 한 사람들, ○봉○이 있었지, ○원○, ○덕○
도 있었지. 또 그 외 몇몇 있었을 거요. 모두 우도지서에 가둬 담았는데,
인민위원회 위원장이라고 그분 불러가지고, "고성화가 탈출했는데 어디
있는 줄 아느냐?" 모르니까 모른다고 할 수밖에 더 있어요? 모른다니까
"이 자식이 그런 것도 몰라!" 하면서 그영저영(그럭저럭) 해서 패 죽인 거
야. 그 매 독에 못 이겨서 억울한 죽음을 당했지.

4 · 3은 통일운동

5 · 10선거를 구체적으로 얘기할 것 같으면 "민보단, 향보단 같은 걸 조
직해가지고 선거 가능한 지역에서 선거를 한다. 정부 수립한다." 이렇게
했어. 이게 미국의 발상인데 육지에서는 민보단, 향보단, 청년단체들이
전부 동원돼서 각 집마다 돌아다니면서 투표하라고 했어. 하지만 제주도

에서는 못하지 않았어요? 그러니까 제주도에서 5·10선거를 거부한 것은 통일운동이다 이거지. 내 말은 4·3은 통일운동과 결부되어야 한다는 거야. 왜냐면 제주도민은 어디까지나 그 선거에 반대한 거다. 선거에 왜 반대했느냐? 그건 단독정부 수립한다는 게 말이 안된다. 남북이 합작해 가지고 정부를 세워야지 그거 되느냐? 그걸 거부한 것이기 때문에 제주도에서는 정당하게 역사적으로도 아주 높게 평가받아야 돼. 지금 그러한 조건에 있어요. 그러니까 4·3하고도 연관이 있느냐? 그건 있어요. 4·3이 결국은 단독정부를 반대한 투쟁이었고 제주도에서는 선거를 못했으니까. 단독선거를 반대한 투쟁이었거든. 그러니까 4·3을 통일운동하고 떼놓고 얘기한다는 건 말이 안돼.

구술 채록·정리 장윤식

고성화 선생은 이미 회상기 『통일의 한 길에서』(창미디어, 2005)를 출간한 바 있다. 혹시 회고록에 담지 못한 말이 있었는지 확인하려고 했지만 대부분 그 틀을 벗어나지 않았다. 사실 요즘 안색이 좋지 않아 걱정했는데, 그만큼 아직도 정정하다는 안도감을 위안으로 삼고 싶다.

구순을 넘긴 고령의 나이로 이렇듯 자기 얘기를 또렷이 할 수 있는 분도 드문데, 많은 얘기를 나누지 못한 것이 못내 아쉽다. 선생이 말 수가 적어지고 드문드문 잊어버린 기억도 있을 터이나, 이는 모두 채록자의 책임이다. 아무튼 오래오래 건강하시길 빌며 채록을 마친다.

명예회복 안 된
영혼들은 지금도 숨어 살아

김낭규

    김낭규 씨는 1940년생으로, 신촌국민학교 교사로 재직하다가 4·3 당시 무상대 활동을
했던 김대진의 2남 2녀 중 맏딸이다.

    피신 생활이 일상이었을 만큼 경찰의 극심한 감시를 받았으며, 가족 희생도 컸다. 할아버
지(김봉문)와 할머니(이영문)는 1949년 1월 5일 신촌국민학교 앞 밭에서, 어머니(김양순)는
닷새 후인 1월 10일 조천 지서 앞 밭에서 총살당했다. 유아였던 막내동생은 굶주림 끝에 숨
졌고, 아버지 김대진은 1949년 6월 10일 신촌 진드르 보리밭에서 경찰에 포위돼 총에 맞아
사망했다.

    이후 김낭규는 외가에서 자랐으며, 일본으로 밀항한 동생들은 현재까지 일본에서 살고 있다.

사진 / 강희만

아버지는 신촌국민학교 선생님

우리 아버지는 함덕국민학교, 이제 같으면 교련 선생님으로 있다가 1945년에 신촌국민학교 세우면서 거기 책임자 선생님으로 왔어. 선생님들도 다 신촌분들로 해서 그 학교를 처음 창설 해가지고. 그땐 신촌에 청년들이 굉장히 싱싱했는데 그때 분들이 다 돌아가셔버렸어, 4·3에. 나가 기억나는 건 김창녕 선생님. 또 용주 선생님도 있었고, 고달문 선생님, 김종수 선생님도 계셨고, 또 신○○ 선생네 아버지 거기도 선생이라나고. 또 이름은 모르는데 야마무라 선생님. 그 딸하고도 나 막 친했지. 그 딸 하나만 낳고 그분도 돌아가셔버리고.

나는 아버지가 학교에 가니까 여섯 살에 학교만 가고 싶었어. 아버지 따라서 가려고 하면 아버지가 "내년 나면 학교 갈 거"라고 못 가게 하고. 우리집 골목으로 나오면 그때 몰フ랑(말고랑)이라고 하는 옛날 방애(방아)가 있었어. 아버지가 식사하는 동안 거기 가서 숨었다가 아버지가 어느 만이(정도) 가면 조름(뒤)에 따라가고…. 그렇게 방청생으로 1년을 다녔어.

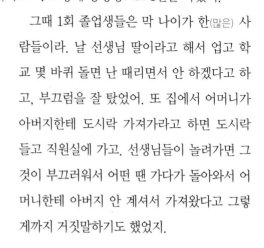

그때 1회 졸업생들은 막 나이가 한(많은) 사람들이라. 날 선생님 딸이라고 해서 업고 학교 몇 바퀴 돌면 난 때리면서 안 하겠다고 하고, 부끄럼을 잘 탔어. 또 집에서 어머니가 아버지한테 도시락 가져가라고 하면 도시락 들고 직원실에 가고. 선생님들이 놀려가면 그것이 부끄러워서 어떤 땐 가다가 돌아와서 어머니한테 아버지 안 계셔서 가져왔다고 그렇게까지 거짓말하기도 했었지.

방으로 하나 가득 태극기 인쇄

학교 할 당시에 우리집에 학교 선생님들이 와서 등사판으로 태극기를 만들어서 작은 방 하나 천장에 꽉 찰 정도였지. ┃손으로┃ 들게끔 만든 걸(태극기를) 감아서 작은 방 하나 천장에 꽉 차게 해났어. 그러면 나는 "우리집에 태극기 있다!"고 나가서 아이들한테 자랑하고, 갖다주기도 했어.

소리 빠릿빠릿 나는 그 종이 ┃태극기┃ 만들다가 남은 걸로 내가 2학년 때 교과서 만들어서 공부하고 했었지. 아버지가 그 종이 두 장씩 접어서 교과서 그대로 좀질게(작고 촘촘하게) 붓글로 써서 교과서 만들어줬었어. 교과서가 막 귀할 때니까.

그 다음에는 '신탁 권리(통치) 절대 반대' 하고. 우리 이모가 나 손 잡고 큰물 가름에까지 뛰어갔다가 뛰어오고. 새벽에 만세 부르면서 해난 뒤에 우리 아버지가 며칠 동안을 없어진 거라. "아버지 어디 갔냐?"고 하니까 우리 어머니한테 "'신탁 권리 절대 반대' 한 것 때문에 잡아가서 시 유치장에 수감됐는데 동네사람들하고 해결하려고 노력하고 있다"는 그런 얘기도 들었었는데. 오래 살진 않고 며칠 살고 나왔어.

신탁통치하면서 4·3사건이 일어난 거라. 그 만세 부르면서 그렇게 하다가 4·3사건이 이어진 거라. 방청생으로 붙어서 1년 다니고 2학년 되니까. 그러니까 3년째 되는 거지, 학교 다닌지는. 4·3사건이 나니까 학교 선생님들도 그만두고, 학교도 문 닫아버리고. 그때 아버지네도 숨으러 다니기 시작을 했지.

아버지의 밀항 실패

항상 숨어야만. 호끔(조금) 마을에서 말이라도 할 수 있는 사람들은 경찰에서 적어놓고 매일 조사 오는 거 아니? 견디다 못 견뎌서 동네 할머니 사는 족은(작은) 방에도 가서 살아보고. 매일 경찰이 와서 답도리(닦달) 해놓으니 무서워서 우리도 막 못사는 할머니네 방 빌려서 동생들하고 어머니하고 살았어. 누가 오면 그 할머니 딸이라고 하면서 거기서 숨어 살고, 아버지는 아버지대로 따로 사는 생활을 했지.

집에 있으면 경찰이 자꾸 아버지 잡으러 와. 내가 그것에 막 단련이 돼서 지금도 그런 뭐가 있어. 사복형사가 와서 "나 아버지 친군데, 아버지 곱은(숨은) 디가(곳이) 어디냐?"고 얘기하라는 거야. 어머니가 밥 가져가는 걸 봐났으니까 나는 알고 있었지. '아, 아버지 친구라도 내가 말하면 안 되지' 하는 생각에 그 집을 가리키지 못하는 거라. 나중엔 보면 사복형사야.

경찰들이 오면 집이 아수라장 되고. 아버지 좋은 책들 뭐 진열해 놓은 거 있으면 그거 몬딱(전부) 자기네 보고싶은 거 골라 보면서 가져가버리지.

우리 아버지도 매일 경찰들이 들락거리니 "도저히 이렇게는 못 살겠다" 해서 외삼촌하고 이○○ 조카 이○○하고 밀항할 생각을 했어. 그때 배를 타는 친척 할아버지가 있었어. 산지에서 배를 타서 오다가 삼양하고 신촌 사이에 '옷 벗은 여'라는 여가 있어. 거기 와서 '빵' 하면 배를 타기로 약속을 했어. 숨어서 기다리는데 그놈의 배가 고장이 나서 노시(좀처럼) 오지 않으니 3일 동안 그 바다에서 막 굶주리다가 우리 외삼촌이 아프고 굶고 하니까 올라와버린 거라. 그렇게 안 했으면 일본이라도 갔을 텐데. 배는 올라온 다음에야 와서 '빵빵' 하니 사람은 없고 돌아가버린 거지.

이제는 물 막아진 섬에서 오도 가도 못하니까 사람들이 산에도 더러 올라가 있었던 모양이라. 그러니까 산에서도 잡으러 오지, 경찰에서도 잡으러 다니지, 이건 도저히 숨을 곳이 없는거야. 우리 마을에선 숨을 곳이 없고, 또 잡아다가 죽이겠다고 협박하면 다 고발을 할 때라. 옆집 사람이라도 이 사람은 어디 숨었다, 그냥 안 한 말도 했다 하면서. 자기 목숨들 살려고 그렇게 할 때니까. 우리 아버지는 일본도 못 가고 더 이상 숨을 곳이 없으니까 산에 올라간 걸로 난 생각해.

내가 그때 2학년 때니까 구구단도 외워야 될 때였는데. 아버지를 마지막으로 본 날은, 아버지가 막 바쁜 와중에도 나를 무릎에 앉혀서 구구단을 5단까지 가르쳐줬어. 구구단 5단까지 외우니까 "우리딸 잘 외완(외워서) 착허다" 하면서 어머니 밥하는 동안 가르쳐주고는, 그 밥을 먹고 나갔어. 그땐 떠나는 줄도 모르고. 그때부터 아버지가 없어져서 안 보이기 시작하니까 어머니도 그때부턴 여기저기 숨으러 다닌 거라.

목숨 건 피신

집에 있으면 매날(매일) 경찰들이 들이닥쳐. 아버지를 어디 숨겨놓은 걸로만 생각을 해서 밤에 자고 있으면 후라시(손전등) 들고 와서 집을 몬딱(전부) 뒤지고. 궤 놓는 구들장까지 다 보면서 경찰들이 자꾸 조사를 해가니까 "도저히 살 길이 없다. 이젠 우리도 어디 가서 숨어야 살로구나(살 수 있겠구나)" 해서…. 우리 친척 중에 나이 먹도록 혼자 사는 할아버지가 계셨어. 그 할아버지한테 우리 집에 와서 살라고 맡겨두고, 바깥으로만 숨어

다니면서 방랑생활을 한 거야.

경찰들이 와서 탁탁 차에서 내려가면 어머니는 나하고 동생들 데리고 숨으러 뛰는데, 가다가 어디 갈 데가 없어. 오촌 고모님네 집 감낭(감나무) 아래에 숨어서 떨곤 했지. 우리를 숨겼다고 해코지 할까봐 고모들도 우리 가는 걸 그렇게 무서워했어. 한번은 더 어디로 나가서 숨을 데가 없어. 그 때 애기들도 뭐 아는 거라. 작은 방에 이불 씌워서, 작은 방은 좀 뒤쪽으로 난 방이었어. 문들은 다 닫아두고 그 방에 가서 이불 씌워서 "소리 내면 우리 죽는다" 하니까 애기들이 숨 하나 꼬딱 안 해. 그땐 경찰 습격 왔다 하면 집에 있는 사람이고, 밭에 가는 사람이고, 말 몰아서 가는 사람이고, 지나가는 사람도 총 '팡팡' 할 때였으니까. 경찰들 간 뒤에 보면 "이 집이도 사람 죽었져, 저 집이도 사람 죽었져" 그렇게 할 때였어. 그러니 다 죽는 줄 알고…. 몇 번, 몇 번 죽을 고비를 넘겼지.

할아버지, 할머니의 연행과 총살

우린 삼남매가 있었는데, 할아버지네하고 같이 살았어. 할머니는 학교 마당에 회의 보러 안 나오면 죽이겠다고 해서 나갔는데, 눈 감으라고 해서 눈 감으니까 동네 사람이 이 집 아들도 뭐하는 사람이라고 손가락으로 가리킨 거라. 그래서 시에 유치장에서 할머니가 막 매 맞으면서 한 보름쯤 살아서 나왔는데 얼굴이고 몸뚱아리고 검은 피멍이 들어서 나왔어. 온 전신이 새까맣게 돼서 나왔는데 목숨만 살아 있었어. 할머니가 누워 있으면 우리 할아버지가 항상 뜨거운 수건으로 찜질해주고 했지. 그때 누가 오

면 울고불고 하면서 눈물 잘잘 하는 걸 우리가 어린 때 봤었지.

할머니가 조금 나아가니까 부엌에 와서 밥하려고 검질(김) 불 때고, 나도 같이 앉아서 불을 땠어. 그때가 나 여덟 살쯤[13]이야. 또 우리 남동생 둘인 두 살에, 다섯 살이었지. 할아버지는 방에서 동생들 모아놓고 놀고. 할머니가 고팡(곳간, 작은 창고)에 쌀 가지러 가면서 "감시메(나가니까) 불 잘 숨으라(때라)" 하니까 나는 부지깽이 잡고 불 때고 있었는데, 마당에서 '발착발착' 소리가 나고 확 문들 젖히는 소리도 나는 거라. 부엌문도 '탁' 열어서 철창 들이밀면서 나오라고 해. 마당에 눈이 허옇게 묻은 때였지. 그때 여섯 사람이 왔던 것 같아. 그 사람들도 신촌 사람들인데 '한청'이라고 했어. 한청 사람들 시켜서 잡아오라고 했던 모양이라. 복종 안 하면 그 사람들도 죽을 거니까. 할아버지가 그 사람들 앞세우고 나가면서 애기들 성제(형제)가 울어가니까, 나 일본 이름으로 "하루히, 하루히" 해. '하루히' 세 번을 불러두고 가는 거라. 애기들 보라고 부르는 거 같애. 난 겁나서 부엌문 열어서 마당으로 뛰었는데 어려서인지 잡지 않고 내버리더라. 나도 살젠(살려고) 뛰어진 거 같애. 옆집에 큰아버지 부인이 아들들하고 살았는데, 나가 더 갈 데 없으니까 거기로 뛰어간 거 아니? 거기서는 담고망(담구멍)으로 할아버지네 집을 다 볼 수 있어. 거기 가서 난 담고망으로 다 보는 거라. 나가 울면서 가니까 구들(방) 구석에 탁 밀려두고 방석으로 입 딱 막고 "우리까지 다 죽을 거난 여기 이시라(있으라)"고 해. 그러니 울지도 못하고 큰아버지네 문에 창호지 찢어진 데로 보니까 눈 와가는데 철창으로 몰아서 할머니, 할아버지가 졸락졸락 걸어서 가. 우리 할아버지는

하얀 한복에 검은 조끼 깨끗하게 입고 있었어. 간 게 금방 총소리 나. 학교 앞에 지금 마을회관(신촌리사무소) 지은 그쪽에 조금 올라간 비스듬한 보리밭에 가서 그냥 총살시킨 거라이.

큰어머니 오빠는 경찰이라. 거기 아버지는 산에서(무장대가) 내려와서 죽여 버리고. 경찰가족이라고 해서 그렇게 되니까 큰어머니가 우릴 곱게 볼 수가 있어? 하지만 큰어머니 덕택에 우리집은 간신히 불을 안 태웠어.

할아버지, 할머니 시신 묻어준 은인

그렇게 그때 총살시켜버리니까 동네 사람들이 나중에 시신 가져다 닭모루(신촌리 서쪽 바닷가 기슭)라고 한곳에 묻었는데. 옛날 고민수 시장 아버지가 마차 갖고 가서 우리 할머니, 할아버지 시신을 싣고 와서 입은 옷 바랑에(그대로) 닭모루라고 한곳에 묻었어. 그 후에 좀 있으니 우리 큰아버지가 일본에서 와서 할머니, 할아버지 밭 있으니까 그 밭으로 모셔서 지금도 거기 있어. 처음은 우리 어머니하고 아버지도 닭모루에 모셨났어. 그렇게 했다가 새로 모셨지.

그러니 고민수 시장 아버지, 어머니 살아계실 때 그분들만 보면 너무 감사한 마음을 가졌어. 다른 사람은 뭐 안 해도 마차 가져가서 시신 옮겨다가 그 시국에 묻어줬다는 것이 너무 감사해. 우리 큰아버지네도 일본에서 올 때마다 옷도 사서 오고, 꼭 찾아뵙고 그렇게 해났어. "잊어불 수가 이수과(있겠습니까)" 하면서 말야. 고민수 시장네 어머니, 아버지를 은인으로 생각해.

어머니는 잘 키워달라는 말 한마디 남기고

외삼촌도 산에 올라가고 하니까 외할머니, 외할아버지하고 어머니는 애기 데리고 조천 수용소에 잡혀가서 살았어.

어머니는 조천 부두 쪽에 애기 기저귀 빨래하러 다니다가 아는 친구 어른 만나면 "나 남편 때문에 죽어지믄(죽게 되면) 어떵 허코(어떡하지)" 목숨 아까워하는 얘기를 했다고 해. "나가 죽어지믄 우리 애기덜이영 어떵 허코" 하면서 "바다라도 헤엄쳐서 도망갈 수 있으면 도망가고 싶다"고 애걸복걸 그렇게 그렇게 했는데….

경찰이 어머니한테 애기 놔두고 나오라고 하니까 외할아버지가 화장실에 가서 나오질 못했다고 해, 겁나서. 딸 데려가는 모습을 차마 못 본 거지. 어머니가 비석거리에서 외할머니한테 "어머니, 우리 애기들 잘 키와줍써(키워주세요). 잘 키와줍써" 당부했다고 해. 우리 외할머니가 우리 키울 때 말 안 들을 때 때리려고 하다가도 자기 딸 했던 생각하면 손 못 붙이고 키웠다고 항상 그 얘기를 했었지.

조천리 동양극장 있었던 그 앞밭에 잡아다가 한 번에도 안 죽였어. 젊으니까 한 번 총 쏘면 이 밭에서 저 밭까지 막 굴러가고, 그러면 또 한 번 쏘고 막 잔인하게 어머니를 죽였던 모양이라. 그때 시신 가져온 동네 사람들도 막 뭐한 사람이나 아니면 어머니 시신도 안 봐줄 정도로. 그 손톱이 다 떼어져서, 하도 심하게 땅을 긁어서 손톱이 다 빠졌던 거라. 손 본 어른 말이 흙으로 몬(전부) 난장판이 됐었다고 해. 그런 어머니만 생각해도 너무 그냥 가슴 아프고…. 우리 살아온 것도 살아온 거지만, 어머니가 스물여섯이라는 나이에 그렇게 당한 걸 생각하면 막 가슴이 정말 너무 아파.

우리 할머니는 초엿샛날 제사고, 우리 어머니는 열하룻날 제사라, 음력

으로. 닷새 만에 그렇게 돌아가신 거지.

가족들 그리워 내려왔던 아버지는 경찰 총에 맞아

학교집 태울 때도 동네 사람들 입에서 우리 아버지가 내려와서 연설했다고 모략을 하는 거라. 그런데 그때 산에 같이 있었던 분 얘기로는 우리 아버지는 남군(구남제주군)에 가서 있었지, 북군(구북제주군) 쪽에는 전혀 와 보질 않았다고 해. 그러니 가족들이 죽고 산 거를 모르니까 그 소식이라도 들어보려고 내려온 거지.

그해 우리 어머니가 진드르 보리밭에 갈아놓은 보리가 있었어. 아버지가 보리 익어가니까 그 보리왓(보리밭)에 와서 있으면 아무라도 보리 베러 오지 않을까 싶어서, 밑(마을)에 소식이라도 듣고 싶어서 온 거지. 누가 오면 집안 소식이라도 들어질 건가 해서. 그렇지 않아도 그날 우리 외할아버지는 놉(일손) 빌어서 다른 밭에 보리 베어두고, 오후엔 그 밭으로 넘어가려고 하는데 오전에 그 사고가 난 거라. 그때 외할아버지가 만났으면 자수하게 하거나, 어떻게라도 조치를 취했을 텐데. 그렇게 와서 기다리는 도중에….

우리가 지금 과수원 하고 있지만 그 밭 송악낭(송악 덩굴) 아래만 가면 난 항상 아버지가 누웠던 생각이…. 송악낭 아래 누워서 이렇게 앉은 것이 졸리니까 누웠던 모양이라. 그러다가 코 골면서 자버린거지. 옆 밭에서 일하던 누가 고발해버리니까 경찰들이 막 포위해서 온 거야. 도망가다가 총 쏘아버리니까 돌아가셨지. 누구 말이 "니네 아버지 죽언 거기(지서 앞에

서) | 시신 | 전시햄져(전시한다), 전시햄져" 하는 거야. 그 다음에도 제주시 관덕정에서 3일 동안인가 전시됐다고 하는 거라. 우리 외할아버지가 그 후에 보리밭에 가서 보니 아버지 누워난 자리에 보리 코구리(이삭)도 뽑아서 한 점씩 묶어서 옆에 놔뒀고, 거기 앉아 있으니까 심심해서 했겠지. 배고프니까 보리도 비벼서 먹어난 거 닮더라고. 그때 제주시에서 | 시신을 | 화장했지. 그땐 화장터도 없었으니까. 그런데 우리 5촌이 신촌 이장으로 있었을 때야. 그 5촌이 어디서 화장한 걸 알아내서 우리 외할아버지하고 몰래 가서 재 한 줌 모아서 어머니 산소 앞에 뒀다가 어머니하고 합장해서 산소를 만들어서 지금 있주게.

이모도 수용소 나온 뒤 숨져

우리 외삼촌도 산에 올라갔었고, 우리 아버지도 그렇게 되니 이모까지도…. 우리 이모도 아주 똑똑했어. 스무 살이니까. 이모도 눈 감으라고 해서 누군가가 가리켜버리니까. 동네 사람이 밀서 해버려서… 우리 이모도 주정공장에 잡아가서 거기서 살다가 막 맞고 늦게 나왔어. 그러다가 집에 오니까 그냥 쓰러져 누운 것이 외할머니, 외할아버진 수용소 살고 해버리니까 누가 돌봐주지도 못하고 해서 돌아가셨어. 그때 막 맞아서 나왔지. 살아있었으면 잘도 똑똑한 이모인데.

우리 외삼촌은 자수해서 내려와서 동척회사 가서 살다가 마포형무소에 갔다가 행방불명됐어. 그땐 육지 가서 볼 수도 없으니까 누구 높은 사람 아는 사람 있으니까 잘 봐달라고 얘기했었는데. 같이 있었던 사람 말이

6·25 일주일 전에 누가 불러서 나간 다음에 안 들어왔대. 그때 행방불명되니까. 거기도 제사는 생일로 하주게. 4·3에 신고도 안 했어. 사촌동생한테 신고하라고 해도 고집을 부려서 안 해. "하면 뭘 합니까"라고 말하면서 안 해.

외할아버지, 배 팔아 조천중학교 지어

우리 외할아버지가 옛날 운반선을 3척 부렸다고 해. 산 올라갔던 아들

▌왼쪽 첫 번째가 아버지 김대진이다.

(외삼촌)을 ▎육지▎ 상업학교 시키려고 배를 타고 가다가 풍랑 만나 고생을 했어. 목숨만 간신히 살 정도로. 목포를 데리고 가서 그 학교 입학을 하니까 '이러면 안 되겠다. 우리 고장에도 학교가 있어야 이런 어려움이 어실로구나(없겠구나)' 해서 배를 팔아서 조천중학교를 짓기 시작한 거라. ▎학교를▎ 지어갈 때 4·3사건이 터지니까 할아버지 돈으로 목수들 ▎임금▎ 주고 보내고. 그러니까 4·3사건 끝나서 우리 외할머니가 외할아버지를 많이 원망했지. "그 배를 안 팔았으면 애기들 싱경(태워) 배껏더레(제주도 밖으로) 나갔으면 살았지 않나요"라고.

동생들은 일본으로

4·3 전에는 정말 우리 가정도 남부럽지 않게 살았는데, 4·3이 생겨서 집이 정말 풍비박산이 났어. 우리도 고아나 다름없이 자랐고.

막내 동생은 어디 유모한테 맡겼어. 한 달에 쌀 3말인가 가져가기로 했는데 그걸 못 가져가니까 큰아버지 부인이 데려와서 키우다가 배고파서 죽어불고. 그 옛날에 배고파서 죽어불고.

외가에 살았는데, 그땐 동생들이 어렸지. 외삼촌도 돌아가셔버리니까 외삼촌 아들도 있고, 우리 오래비도 있고, 한 살 모지(차이) 둘이 있으니…. ▎나는▎ 학교 가지 말고 애기들 돌보라고 해서 학교도 그만두고 그 애기들 키우고. 그렇게 고아로 살아왔어.

동생들은 일본에 큰아버지하고 고모들이 있어서 일본으로 갔는데 거기 가서 고생 많이 했지. 작은 동생은 여기서 조천중학교 나와서 일본에 밀항으로 갔어. 길에서 자고 고생 고생하면서 살고.

그런 시국 오면 차라리 죽는 게 나아

우리 외할머니가 밭에 가서 검질 맬 때나, 집에 앉아 있을 때나, 항상 누구 없을 때, 조용할 땐 나한테 울면서 옛말 하듯이 하소연을 했었어. 애기들 사위까지 4남매를 바쳐서, 4·3사건 때. 그러니 머리에 다 박혀서 잊어버릴 수가 없어.

그때 경찰관이라고 하면 무서워서, 경찰관만 봐가면 무서워. '경찰관은 사람 죽이는 거로구나' 해서 나 결혼할 때까지도…. 그때 물 길어서 먹지 않아게? 물 길러 가다가도 경찰관 보면은 무서워서 집에 들어와버렸어. 그 후에도 우리 외가 쪽으로 친척 남편이 경찰관 할 때도 경찰관이라고 하면 무서워서 경찰관 옆엔 가보질 못했어.

다시 그런 시국이 돌아온다고 하면 남편도 있고 자식도 있어도 어디 가서 빨리 앞서 죽는 게 낫지, 그 고통을 어떻게 당해.

연좌제의 그늘

작은 아들 장교 시험 봐서 합격했는데 신원조회에서 떨어졌어. 장학생이니까 떨어질 이유가 없는데. 아들 친구가 와서 "저는 됐는데 왜 안 됐

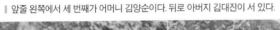

을까요? 이상하죠?"라고 해도 내가 신원조회 때문에 떨어졌다는 말 부끄
러워서 하지 못했어. 자식들한테도 진짜로 떳떳하지 못하게 살아진 거 같
아. 그럴 때는 진짜 '내가 없었으면 그렇지 않을 걸, 자식들이라도 성공
했을 걸.' 그런 죄책감도 가졌었어. 항상 자식들에게 미안해서. 그 신원
조회에 대해서 얘길 할 때는 가슴이 아프고 쥐구멍이라도 있으면 들어가
고 싶은 그런 심정이 한두 번이 아니지. 장교 시험 봐서 떨어진 때도 식구
들 모르게 마음속으로 얼마나 울었는지. 차라리 내가 이혼을 해서 이 아
이들이 그런 누명을 벗으면 이혼이라도 하고 싶은 그런 심정까지 가지면
서 살아왔지, 항상.

　일본에서 큰아버지네 결혼식 있어서 가려고 할 때도 신원조회 걸려서
동네사람 신원보증 앉아달라고 해도 안 앉아줄 때였지. 그때 참 이루 말
할 수 없이, 정말 마음이 너무너무 아팠고….

‖ 앞줄 왼쪽에서 세 번째가 어머니 김양순이다. 뒤로 아버지 김대진이 서 있다.

다른 사람 다 오는데 무사 너는 안 왐시니?

4·3 피해자 신고하라고 해도 나는 신고하고 싶지 않았는데, 일본에서 동생이 "일본에서도 4·3에 대한 거 올리라고 햄수다. 누님이 거기서 신청헙써" 하는 거라. 가이가(동생이) 그렇게 하니…. 4·3에 대한 건 말도 하고 싶지 않고, 무섭고 해서 하지 않으려고 했는데 동생이 연락 오니까 남편에게 신청하자고 해서 신청했어.

4·3 위령제 날도 처음 한 2년쯤은 안 다녔어. 그런데 한 번 가보니까 그냥 생각에 영혼이 있다면 "다른 사람 다 오는데 무사(왜) 너는 안 왐시니(오니)? 너는 무사 못 봠시니(안 보이니)?" 하는 기분이 막 머릿속에 드는 거야. "정말 그 많은 영혼들이 다 찾아가는데 무사 나만, 우리만 무사 안 왐시니?" 할까봐 그런 생각 때문에 4·3공원에 갈 때도 열 일을 제쳐놓고 그날은 꼭 갔었지. 항상 명예회복이다, 뭐다 해가니까 우선은 돌아가신 아버지가 정말 얼마나 흐뭇해하고 있는가 생각해서 마음이 기뻤어. 우리 동생도 일본에서 와서 평화공원에 가서 뵙고. 작년 이맘때 우리 고모님 왔을 때도 평화공원에 가보니 ▌아버지▌ 이름이 있어. 고모하고 통곡하고 했는데…. 정말 그것만으로도 만족하고 기뻐했어.

아버지 위패 내려지리라고는 생각도 안 해

4·3사업소 직원이 와서 ▌아버지▌ 명예회복이 안 될 것 같다고 하길래 나가 "잘 얘기해보라"고 하니까 "이렇게 뭐해도(희생자 신고 철회해도) 이름(위

패)은 그냥 있을 거우다. 맺(몇) 사람이 반대하는 사람이 이수다. 경찰관 해
난 회(모임, 조직)에 사람들이 반대를 해부난 영 햄수다(이렇게 하고 있습니다)"
하는 거라. 나는 "실지로 우리 말들은 하나도 듣지 않고 옛날 4·3사건 가
담했던 경찰관 말 들어서 그렇게 한다는 건 너무 뭐하지 않느냐"고 말했
어. "난 우리 아버지가 명예회복되든, 안 되든 자랑스럽게 생각하고, 조금
도 우리 아버지가 나쁘다고 생각 안 한다"고, "우리 어렸을 때 태극기 집 방
으로 가득 하나 데명(쟁여서) 그거 나눠주고. 어떻게 해서 4·3사건에 정말
뭐가 됐느냐. 북한하고도 화해하는 시대에 그런 걸 용서 못 한다고 하면 우
리나라도 정말 어떤 것이 평화고, 어떤 것이 화해라. 난 그거를 정말 모르
겠다"고 했어.

　4·3사업소 직원이 와서 얘기한 후에도 ┃위패는┃ 뗄 거라는 생각은 안
했었지. 올해 4·3날은 가서 보니까 이름이 없어져버린 거라. 떼어버린
거야! 그래서 기념식이고 뭐고 막 소리쳐서 와버렸는데, 구경하는 사람들

나한테 미쳤다고 했을 거라. 정말 돌아가신 것보다 더 대성통곡할 수밖에 없었어. 아버지 어릴 때 돌아가시고 해도 눈물이 안 났는데 아버지 이름을 보면 막 목이 막혀서 울었어. 제사들도 동생들이 해도 난 혼자 여기 사니까 4·3 때는 ▎평화공원에▎ 꼭 가는데, 꽃이라도 사들고 가는데 올해엔 가보니까 이름을 내려버려서. 울지 않으려고 했는데 '나가 무사(왜) 여기 와져신고(왔는고)' 하는 생각에 눈물범벅 돼서 나오다가 4·3사업소 직원을 봐지니까 막 화냈어. "이제도 회복 안 시킨 영혼들은 곱앙으네(숨어서) 어디 구들(방) 구석에서 곱앙 살지 않겠느냐"고 하면서.

▎아버지 사진을 꺼내 보여주는 김낭규 씨.

다시는 평화공원 안 가

"'평화공원' 이라고 해도 평화의 공원이 아니야. '평화공원' 이라고 말고 다른 말을 붙여야지. 4·3사건은 우리 아버지로 인해서 일어난 것도 아니고. 우리 아버지가 산에서 폭도 대장이었다고 하는데, 누가 대장하는 것 봐온 사람 있냐"고. "대장 하고 싶어 한거냐, 가고 싶어서 간거냐"고. 거기서 목청 막 외어두고 아버지 산소에 가서 꿇어앉아서 울

면서 "아버지, 이젠 면목이 정말… | 없습니다 |. 지금도 이런 뭐가 있습니
다" 막 울고 집에 와서 누웠어. 남편한테 "다신 4·3공원에도 안 가겠어
요. 갈 필요가 없지 않아요?" 그렇게 말했어.

　한 3일 동안 울어서 얼굴도 이만큼 붓고. 너무 힘겨워서 똑 미칠 것 같
았어. 다녀온 뒷날쯤엔가 방송에 4·3에 대한 거 얘기할 사람은 전화 몇
번으로 하라고 자꾸 자막으로 나와. 잠도 한 며칠 못 자고 막 울고 나니
몸도 뭐하고 해서 누웠는데, 또 그거 나오니까 내가 방송국에 전화했어.
오죽해사 내가 방송에까지 다 전화 걸면서…. 너무 속상해서 이 원통함을
어디 가서 풀까 해서. "'평화의 공원', '평화의 섬'이라고 하지 마세요.
지금도 용서 안 하면 그 영혼을 어떻게 할 겁니까?" 하니까 방송국에서
이제 시간도 없고 다음 조용한 때 찾아뵙겠다고 하고는 그거 뿐. '방송이
라는 게 말만 뽐내서 하는 데로구나' 해서 그걸로 말았어.

누가 뭐래도 아버지는 훌륭하신 분

　우리 아버지가 민족주의자라고 생각하지 4·3사건을 만들었다고 생각
은 안 해. 4·3사건을 혼자 만들 수는 없는 거 아니야? '이덕구는 사령관
이고, 우리 아버지는 부사령관이다.'라고들 해. 나는 민족주의자라고 생
각하지. 아버지가 정말 우리나라를 너무 생각하고 민족을 너무 생각하기
때문에 그런 일을 당했다고 생각하고 있어. 그런 거에 대해서는 지금도
정말 훌륭했다고 생각해. 조금이라도 아버지가 정말 나쁜 일을 해서 우리
가 고아로 자랐다고 생각하지 않고, 항상 마음에 자부심이 있어. '우리

아버진 훌륭하신 분이니까 남에게 욕된 거라도 하지 말자' 해서. 동생도 일본에서 목욕탕에라도 가서 교포들을 만나면은 "누게(김대진) 아들 아니냐?" 물으면 "예" 하고 대답해. 그러면 "훌륭한 선생님 밑에서 났다. 너희 아버지는 아주 훌륭한 선생님이다" 하니까 우리 동생들도 고생하면서도 자부심으로 성공해서 사노라고 얘기하지. 자기넨 그때 어려서 아버지 뭐를 모르지만은 아는 사람 만나면 "김대진 선생님이 신촌에 살아있더라면 신촌이 확 바뀌었을 걸" 하는 얘기를 들어. 자꾸 만나는 사람마다 그런 얘기를 해서 자부심이 생겨서 아무렇게나 못 산다고 얘기를 해. "나도 그렇게 한다"고 말이야. 옛날 사람들 만나면 '어느(김대진) 선생님 딸' 그렇게 얘기해주니까, 나는 못 배웠지만은 "그 선생님 딸이라는 자부심에서 남에게 흉 되거나 막된 그런 행동을 하지 않고 살아왔다"고 그렇게 얘기하지.

우리 친척들도 아버지는 알고 보면 민족주의자라고 해. 그거를 누가 알아주질 않으니까 "이런 원통함이 어디 있냐"고 친척들이 그렇게 얘기를 하지. 육지 사는 언니쯤은 책 쓰는 사람 찾아갔다고 하면서…. 완전히 삼촌 해난 일은 민족주의자의 일인데 정말 잘못 생각한다고 하면서. "내가 서툰 글이라도 써서 한번 4·3위원회에라도 내고 싶다"고 그렇게 얘기하면서 했었어.

막 속상해서 어떤 땐 내가 정말 조금만 배웠더라면 책이라도 쓰고 싶어. 살아온 역사를 아무도 몰라. 바른말 할 사람은 신촌에서도 다 죽어버리니까 아무도 모르지. 그때 그 시절에 일어난 일에 대해서 바른말 해줄 사람이 없어, 동네에. 저번에 우리 외삼촌 말이 동네 가서 몇 사람한테 묻는데 상당히 우리 생각하고 다른 말을 막 하더라고. 별로 좋지 않게 얘기하더라고 해. 그 사람들은 동네는 살았지만, 그때 그 현실은 우리같이 부모가 있어서 당했으면 알지만은 그런 부모들 밑에서 안 살았기 때문에 전혀 그 고통을 모르지. 이 사람들은 "산에 올라가니까 폭도다", "산에서 조금 잘났으니까 폭도 대장이다." 그렇게 얘기하지, 어떻게 해서 어떻게 올라간 것도 모르고, 어떻게 해서 4·3사건이 일어났다는 것도 몰라. 그저 입에서 소리만 하는 거지. 지금 그런 사람들만 증언하는 거지. 그때 사람들은 다 죽어버려서 말할 사람도 없어. 우리도 실지 고통 겪은 것만 생각하는 거지. 그때 정말 고통 겪은 사람은 알지만, 그 집안에 우환이 없는 사람은 알 수가 없는거야.

한번 허기랑 허여 봅써

'아이고, 이왕 이렇게 된 거 이제까지도 이렇게 살아왔는데. 어린 때 고아 돼서 이제까지도 갖은 고생 다하면서 살아왔는데, 하든 안 하든 무슨 필요가 있으랴' 생각해. 막 마음을 비워서 살고 있어. 요번엔 또 신청(희생자 추가신고) 하라고 하니까 남편이 또 한 번 했어. 한 번 또 신청하겠다고 하길래 "한번 허기랑(하려거든) 허여 봅써(해보세요)" 했어. 나도 ∥명예∥회복 안 된 사람들, 그 가족들을 모르기 때문에 지금 어떻게 하고 있는지를 몰라. 나도 이제 생각은 하고 있어. '어떤 뭐를 써서 어디 바쳐보카(제출해 볼까), 어떻게 할까.' 이제 그런 생각은 하고 있어.

구술 채록 · 정리 김명주

■ 면담 후기 ■

김낭규 씨에게 4·3은 가족을 잃은 아픈 기억이고, 생활고와 연좌제의 고통이 그림자처럼 삶을 쫓는 아물지 않은 상처이다. 김씨는 위패가 철거된 아버지의 희생자 신고서를 2007년 추가 신고 때 다시 제출했다. 그리고 제주4·3사건지원사업소 직원으로부터 신고를 철회하라는 내용의 전화를 받았다.

겨울, 봄, 가을, 만남을 거듭하면서 그녀의 이야기가 출발하고 다다르는 지점에는 늘 아버지에 대한 기억과 믿음이 자리함을 알 수 있었다. 산에서 폭도 대장질을 했다던 김대진은 동료들과 함께 태극기를 만들어 신탁 통치 반대 시위를 했던 자랑스러운 아버지였고, 태극기를 만들다 남은 종이로 딸의 교과서를 손수 만들어줬던 자상한 아버지였다. 산에 오르던 날, 아버지가 자신을 무릎에 앉혀놓고 구구단을 가르쳐줬다는 말이 왜 그렇게 가슴을 먹먹하게 하던지, 말을 하는 사람이나 듣는 사람이나 눈가가 젖어 잠시 말을 잇지 못했던 순간이 오롯하다.

귤밭이 노랗게 물들던 10월의 마지막 주말, 김낭규 씨와 함께 신촌리를 찾아 4·3 당시의 집터와 김대진의 묘, 그리고 그의 마지막 행적지였던 보리밭 자리를 둘러봤다. 칠순의 딸은 두 손을 모아 아버지의 흔적을 더듬고, 또 더듬으며 낮은 울음을 삼켰다.

이름을 잃은 빈 위패들이 군데군데 자리잡고 있는 4·3 평화공원 희생자 위패 봉안소에 '김대진'이라는 이름이 다시 새겨지는 날에는 그녀와 함께 '평화공원'을 찾아 남은 이야기를 듣고 싶다.

▌신촌리 진드르 보리밭 터에서.

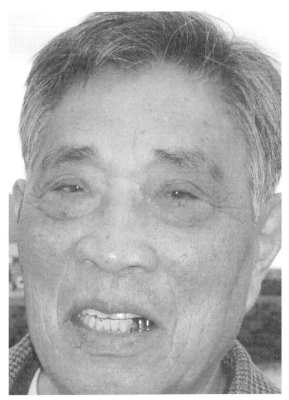

부모 시신 못찾은 한에 뒤틀린 호적 기막힙니다

김명원

김명원 씨는 1933년 남원읍 수망리에서 출생했다. 일제강점기, 여덟 살에 남원국민학교에 입학하고 3학년 때 해방을 맞았다. 이때 우리말을 다시 배우라는 아버지 뜻에 따라 다시 의귀 국민학교에 입학, 4년을 다녔다. 4학년이던 1948년 4·3이 발발, 집에 있다가 느닷없이 경찰에 끌려가 다리에 총상을 입고 살아났다. 이 4·3의 와중에 부모님이 학살되고 갓난쟁이 여동생이 죽었다. 의귀교 학살사건에서 학살당한 어머니는 시신도 못 찾아 헌의합장묘에 안장되었고, 산에서 학살당한 아버지의 시신 또한 찾지 못했다. 또한 세 여동생들과는 어린시절부터 뿔뿔이 흩어진 채 살아야 했으며, 막내 여동생은 호적마저 뒤틀린 채삶을 살아야 했다. 군에 지원입대 4년 6개월. 대한통운 10여 년 근무. 70세에 의귀교에서명예졸업장을 받았다.

일제 강점기

아버지가 '병' 자 '하' 잡니다. 어머니는 진주 강씨. 매화 '매' 자에 밭 '전' 자, 강매전. 아버지는 33세. 어머니는 35세. 아버지가 1913년생쯤되겠구나. 두 분 다 수망리 출신입니다. 그때야 다 농사지었죠. 그땐 산디(밭벼) 나룩(벼)이라고 해서 했고, 모멀(메밀), 조, 깨, 콩 이런 잡곡 했어요. 그리고 잡곡 수확하고 나면 보리 갈고, 봄 나서 뽕 나오면 누에 치고 이렇게 살았어요.

열세 살에 해방이 됐는데, 해방 되기 전까진 참말 나도 남부럽지 않게 먹고 살고 했어요. 집집마다 해방되기 전에 농사지어 놓으면 일본 놈들이 공출로 다 뺏아가 버립니다. 그러면 근근이 자기 먹을 거 좁쌀도 숨겨놨다가 고구마에 섞어 밥해서 먹고 했어요. 일본놈들이 공출로 안 받아간 건 고구마라요. 절간고구마는 했지만 그냥 고구마는 안 했지요. 놋그릇도 공출하고, 피마자 같은 것은 비행기 기름으로 쓴다고 하면서 다 따서 공출하라고 해서. 집집마다 심어서 공출했어요. 집에 있는 건, 돈 될 만한 건 다 가져갔으니까. 사기그릇 같은 것도.

누에도 약간씩 눈요기만 시켜놓을 정도로 남겨 놓고. 지금 10만 원 줄 것 같으면 2~3만 원 정도로 전부 빼앗다시피 가져가서 일본놈들이 기모노 같은 것을 만들어 입죠. 그때 우리 아버지는 정말로 왜놈들에게 앙심을 품어서 "이놈들, 언제면 왜놈 세상에서 벗어날 수 있나" 하고 생각했을 겁니다. 그땐 아버지가 왜놈 얘기만 나오면 성질을 팍팍 냈으니까. 예를 들어, 어머니가 왜놈들 칭찬하는 얘기를 하면 아버진 막 성질내는 걸 봤었으니까요. 증조부님은 직함까지 다 가져있었지요. 장의. 옛날 하루방 시절은 한문도 하고. 한문에 대해서는 유명한 분이에요. 할아버지네가 한문을 공부했어요.

해방된 마을, 강제징용 갔던 마을 청년 둘 귀향

해방 전 일본앞잡이도 있었지만 그런 것까지 말할 필요는 없고. "일본 놈 족치라"는 소리까지 있었어요. 우린 어리니까 그렇게 말하는 것만 들 었지요. 우리 외삼촌이 그때 수망리에 살았고 결혼한 다음에는 신흥리에 가서 살았는데, 4·3사건 때 돌아가셨거든요.

그분이 수망리에 와서 만세 부르다시피 돌아다녔는데, 해방되고 난 후

부터는 딱 한 해 농사된 거고. 그 다음부터는 곡식이 쌓이고, 소들도 그때 자라고. 딱 한 해, 우리가 편하게 산 겁니다. 해방된 뒷 해에. 콜레라 들 적에. 여기가 남원하고 표선 경계입니다. 남원사람은 일절 표선 경계 못 넘어가고. 표선사람도 남원 경계를 넘어오지 못했어요. 수망리엔 호열자 걸린 사람이 없었습니다.

일본 갔던 청년들도 그땐 우리 마을엔 없었고, 징용 갔던 사람들이 있었어요. 우리 외가에서 징용갔던 분이 한 분 계신데 강○○이라고, 그분이 해방되어가지고 얼마 없어서 귀국했더라구요. 일본 군복 입고 고향에 왔는데. 그 사람 얘기하는 것 들으니까, 딴 것 없고 탄약 같은 거, 실탄 같은 거 등에 져서 군인들 따라다니던 것, 질(길) 닦는 일, 철도 까는 일 했었는데, 돌아와서 눈물흘리면서 그런 얘길 하는데 우리도 어릴 때라도 눈물이 저절로 났었지요. 그땐 강제징용, 젊은 사람들 보이면 오라고 해서 징용보내버렸지요. 한○○이란 사람도 있었는데 결국 두 분이 귀향해서 처남 매부간이 되었어요. 강씨 동생이 한씨 처로 가는 거지. 4·3사건 때 정봉이 허고 처도 죽고.

해방되었지만 우리 동네엔 인민위원회니 뭐니 그런 건 거의 없었어요. 여튼 서로 합심 해가지고 일도 왜정시대에 트멍(틈) 보면서 일했는데 해방 딱 되고 나니까 그땐 수눌음(품앗이)이 되는거라. 수눌음이 되어서 "오늘은 너네 밭에 강 하루 영 일허곡, 내일은 너네 밭에 가자(오늘은 너의 밭에 가서 하루 이렇게 일하고, 내일은 너의 밭에 가자)" 이렇게 하면서 단체셈(상부상조하는 정신), 공동체가 좋았어요. 그땐 마을에서 옆집 음식도 나눠먹고, 맛있는 거 하면 같이 먹으라고 해서 같이 가서 먹고…. 그 당시엔 호집(한집)에 식구들 같이 살았지요.

부모님에 대한 기억

아버지는 성질이 불같았어요. 완전히 불이라! 우리 어머니는 혼자 농사 짓기 힘들면 아버지는 어떻게 하느냐 하면 그때 밭 잘 갈고, 낫 질을 잘해서 도와줬어요. 아버지는 노래를 참 잘 불렀어요. 노는 날이 없었지요. 우리 할아버지대에는 잘 못 살았는데 우리 아버지가 스무 살 때부터 소를 키워서 온 재산을 다 이루었어요. 그래서 난 어려운 것 없이 살았지요. 아버지가 늘 "나 공부 못헌 대신 넌 언제까지라도 내 힘 닿는 대로 힘을 내서 잘 키우겠다"고 해서 난 기대에 부풀었었어요.

의귀교 다닐 때도 머리도 다른 학생들에게 떨어지지 않았습니다. 똑똑하다고 소릴 들었어요. 그렇게 아버지는 졸(새)베러 마을에 다니고, 어머니는 아이들이 작고 하니까 날 학교에 못가게 했어요. 어머니가 "검질이라도 매 달라"고 하면서 못가게 한 것이지요. 그러면 난 보자기에 책을 싸서 어머니가 안보는 곳에 갖다났다가 뒷날 어머니가 "오늘은 밥 먹엉 검질메레 가게 이(오늘은 밥 먹고 김 메러 가자)"하면 "네" 대답 해 놓고, 아침 먹으면 학교 갔어요. 그러면 어머니가 "이놈의 새끼, 지 에미 거들어주민 어떵허영, 학교에만 가지못행 정 헴시니(이놈의 새끼, 자기 어머니 거들어주민 어디가 덧난다고, 학교만 가지 못해서 저렇게 하나)" 하곤 했어요. 우리 아버지는 다른 건 아무것도 모르고 순전히 농사 하고 우마 기르는 것밖에 모르는 사람이에요. 그때 열다섯 살까지는 아이들이라고 했는데, 그때 우리 아버지가 한 말이 있습니다. "열다섯 살까지는 아양 부려도 좋고, 못된 짓을 해도 좋고 그런디, 열다섯 살 이상 되면 너 앞가림 해야 한다. 너가 알아서 해야 헌다"고 말입니다.

나 지금 생각에는, "열다섯 살까지는 우리가 키워줄테니까 이후에는 너가 알아서 자립해야 한다"고 하는 말이 아닌가 생각해요. 아동시절은 부모가 보호해야 하고 그 후엔 너가 알아서 너 행동을 해야 한다는, 자립을 해야 한다는 이런 식으로 얘기를 한 겁니다. 우리 아이들한테도 솔직히 이런 얘기를 해주고 싶어요. 아버지 얘기한 말, 그런 생각이 납니다. 나도 열다섯 살까지 어머니, 아버지 밑에서 커십주게. 열여섯 살부턴 솔직히 나대로 산 거나 마찬가지니까. 이젠 '아버지 살아 계실 때 얘기가 틀림없는 말이로구나' 이렇게 생각합니다.

일제 때 일본교사들 군대식 교육, 남원교 1년 유급

해방 때, 일본군들은 마을주변에 별로 없었지만. 지서 같은 데 순사들이 칼 차고 군화 무릎까지 오는 거 신고. 어떤 때는 선생들도 군복 입고 교단에 서가지고 연설합니다. 또 우린 그때 학교에 가면 일본말만 썼습니다. 알든 모르든 일본말만 써야지 우리 한국말 쓰다가 일본 선생에게 걸리면 혼납니다. 교무실에 불러다가 "앞으로 절대로 그런 말 쓰면 안된다. 이번 한번은 봐주지만 다음부턴 안봐준다"고 했었지요. 모두 앉아서 우리말로 이야기하다가 "선생 왐져(온다)"하면 알든 모르든 일본말을 써야 했으니까. 그때 당시 한 3년 동안 일본말로 이야기했으니까. 우리도 어느 정도 일본말도 했었어요. 정각에서 1분이라도 넘으면 교문을 딱 닫아서 지각이라고. 수십 명이 지각생으로 교문 밖에 서는 거라. 들어오라고 해서 전부 호명하면서 세 번 지각하면 하루 결석. 그런 식으로 학생들 가르치는 것도 군대식이었어요. 그땐 낙제 제도가 있어서 공부 못하면 유급시

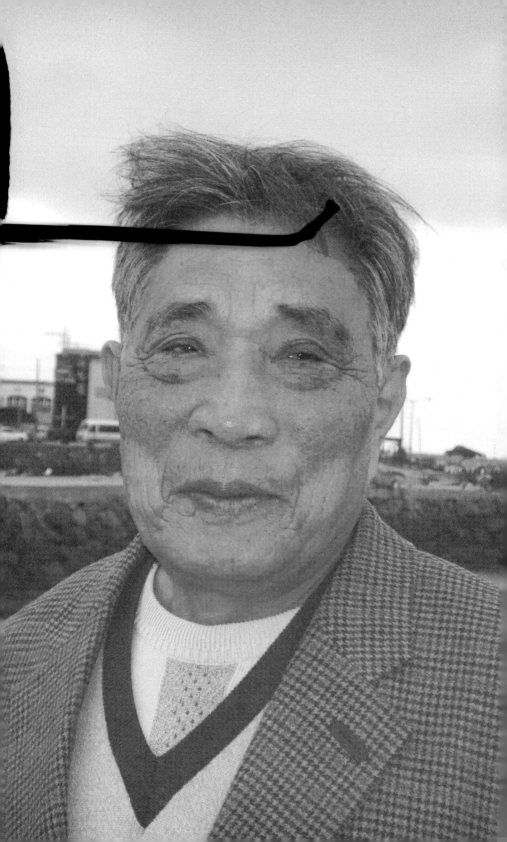

키기도 했어요.

처음 내가 1학년 들어가 가지고 뭘 잘 모르니까 유급되어 가지고 1학년을 두 번 다녔어요. 산수는 그런대로 했는데, 미술을 잘 못그려서 한 학년 더 다니게 하더라고. 남원국민학교에서 일본놈 글 한 해 더 배워서 해방되는 해에 바로 의귀국민학교에 전학간 겁니다.

"이제껏 헛 배웠다. 다시 한글 배워라" 신설 의귀교로

왜정시대 때, 여덟 살에 남원국민학교에 입학을 해서 3학년 때였어요. 그때 한국선생들이 서너 분밖에 없었지요. 나머진 전부 왜놈들이었습니다. 그러다가 갑자기 "해방이다!" 하니까 왜놈 선생들이 나오질 않는 겁니다. 그러니 우리나라 선생들이 와가지고 "우리나라 해방됐다" 이래가지고 집에 딱 들어오니까, 아버지가 "너는 이제까지 배운 건 헛 배왔다. 앞으로 니가 살아나갈려면 우리나라 문화, 우리나라 역사를 배와야 헌다. 의귀국민학교가 신설되었으니까 너는 이제부터 거기로 전학을 해가지고 우리나라 글을 새로 배워라" 해서 다시 들어간 거지요.

그때 우리가 의귀교 1회로, 1학년에 입학한 거예요. 그러니까 그때는 벌써 열 살이 된겁니다. 아이고, 국민학교를 3학년까지 다닌 다음에 4학년 올라가면서 의귀국민학교 와서 4년을 다녔으니 7년을 국민학교만 다닌 것 아닙니까!

국민학교만 10년 다녔다는 것도 거짓말이 아닙니다. 그때 머리 돌아가는 부모들은 일본글 배웠다고 해서 다시 새로 한글을 배우라고 해서 배웠

어요. 남원리 국민학교 다닐 적에는 솔직히 초신(짚신) 신고 반바지, 미녕(무명) 물들인 쓰봉(바지) 입고 학교 왔다갔다했어요. 의귀리에서 남원까지 꼭 6km입니다. 걸어올 때는 걸어오는데 올레(마을에서 집으로 연결된 길) 안에 들어오면 울음이 나는 겁니다. 그렇게 하면서 살았어요. 긴바지라도 입게 했으면 좋았을텐데, 그때 무슨 고운 옷이 있었습니까. 지금 아이들은 그렇게 얘기하면 거짓말이라고 할 거예요. 우리 아버지 진정 저렇게 살았는가 그렇게 할 겁니다.

우리가 의귀국민학교에서는 '미국은 대통령제다. 일본은 천황폐하가 있지만 제국주의다' 그런 것을 배웠어요. 그때 우리 1기생이 전부 62명인가 있어요. 내가 거기서 1~2등을 다퉜으니까. 오길춘이라는 아이가 1등을 하고, 내가 1등을 하면, 가이(그 사람)가 2등을 하고 할 때니까 학교에 못가면 꼭 죽을 것 같더라구요. 내가 꼭 이 사람을 이겨야지 하는 생각이 들어, 어머니가 밭일을 가자고 해도 몰래 학교에 갔지요.

1948년 4학년, 4·3의 파동을 느끼기 시작하다

의귀국민학교에서 공부를 하다가 4학년까지 공부를 했는데 벌써 열다섯 살이 된 거지요. 그때가 1948년도였는데, 우리 담임 선생님이 오○○이라고, 상당히 생각이 좋았어요. 20대 중반이었는데 이것저것 다 가르쳤어요.

한 번은 학교에 갔다가 집으로 오는데 건장한 청년 다섯 분이 앞에 나타나서 "너네 의귀국민학교 다니지?" 하는 거라예. 그래서 "네" 하고 대답했지요. 그러니까 "너, 오○○ 선생님 아느냐?"고 묻는 겁니다. "우리 담임 선생님입니다"고 하니까 "그러면 낼(내일) 선생님한테 가서 '남로당 아느냐'고 물어보라"고. 남로당이 뭔지 알 수가 있어야지. 그래서 "알앗 수다"고 했어요.

　이튿날 선생님한테 가서 "이만저만 집에 가는데 젊은 분들이 남로당 아느냐고 물어보렌 햄수다(물어보라고 합니다)"고 했는데, 선생님이 "학생들은 알 필요없다. 너넨 어리니까 알 필요 없다. 공부나 열심히 하라"고 해서 끝났어요. 스승을 뭐라고 하는 건 뭐한 일입니다만. 사상이 나쁜 건 아니

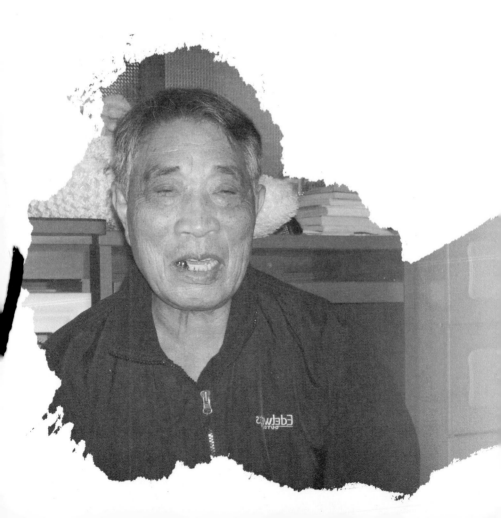

지 않습니까. 남북이 이리 분단되고 나니까 이런 사상을 얘기하는 것이
지. 그렇지 않으면 사상에 대해서, 아무것도 상관이 없는 것 아닙니까.

　그때 우리 학교에 선생님이 세 분 있었습니다. 1학년에서 3학년까지 서
이(셋)뿐이어서. 우리 학년이 62명이고, 의귀, 수망리, 한남리, 신흥 1, 2
리 다해서 1, 2, 3학년 학생이 120에서 130명 정도됐습니다. 왜냐하면 남
원국민학교 다니는 학생들이 많았거든요.

끌려가 총에 맞고 살아나다

　청년들이 학교에 갔다 오던 나에게 선생님 얘기를 물어보고, 그 후에 한
달 정도 학교 다니는데 집에 있으니까 한 번은 총소리가 '팡' 나는 거예
요. 가만보니까 여기서도 '팡', 저기서도 '팡' 소리가 들려요. 그러니까
아버지, 어머니가 "웬 총소리냐?"고 하면서, 집 뒤에 대왓(대나무밭)이 컸었
는데 거기 들어가면서 "넌 아이들이니까 그냥 이시라(있으라)"고 해요.

　그랬는데 그때 우리 집에 큰 개가 있었어요. 벌겅헌(붉그스름한) 개가 유
난히 짖더니만, 총에 맞아 대문 아래 누워서 '탁' 죽어버렸어요. 우리 집
올레가 길었는데, 먼 올레에서 쏘았는데 바로 우리 마루 아래 '탁' 드러
누워 죽었어요. 개가 죽기 전에 막 형편없이 크게 웁디다. 그 총소리 나고
하니까 완전히 난리가 나버린거예요. 개가 그걸로 보니까 명물은 명물이
라. 그러니까 빨리 피하라는 신호라. 나와서 보니까 경찰관이 "아버지 어
디갔냐?"고 물어서 "금방 나갔다"고 했어요. 그랬더니, 그 경찰관이 어머
니, 동생은 놔두고 나만 잡아 밖으로 나와요.

잡혀서 가다보니까 우리 동창인데, 남원국교 동창으로 있던 현○○이라는 아이가 길가에 죽어 있더라구요. 총 맞아가지고! 나는 나이도 있어 보이고, 죽일려고 데려갔는데 키도 작고 어려 보였던 거죠. 우리 집에서 한 500m쯤 떨어진 곳에서 가이(그 사람) 혼자 죽어 있었어요. 그때 가이만 죽었는데, 길가에 나왔다가 죽은거지요. 부모들도 그땐 몰랐어요.

나는 웃동네 살았고, 가녠(그 사람들은) 알동네(아랫동네) 살았는데, 나보다 한 10㎝ 이상 컸어요.

그러니까 날 잡아가지고 "몇 살이냐"고. 난 한 살 줄였어요. "열네 살"이라고. "나오렌(나오라)"고 해서, 가이 죽은 데 가니까 날 보고 테역밭(풀밭)에 무릎을 꿇으라는 거라.

경찰이 탁! 무릎 위에 발로 탁! 밟읍디다. 죽은 친구 옆에 꿇어앉으니까 경찰관이 군화 신은 발로 무릎 위를 딱 밟더라구요. 그러니까 아플 거 아닙니까? "아야!~" 하면서 드러누우니까 오발인지 '팡' 하게 소리나면서 총을 쏘니 여기가 나가버린 거예요. 여기 동맥 끊어지지 않은 게 다행이었죠.

그때 참아서 아야 소리만 안 하고, 뒹굴지만 안 했으면, 난 그때 총살당했을 겁니다. 밟아서 아프니까 막 아프다고 드러누웠죠. 그 다음엔, 일어서라고 해서 어딜 가느냐 하면, 우리 나이 여자들, 강○○이란 분하고, ○○이 하고, 박○○던가 해서 대여섯 명이 나하고 같이 경찰관이 주둔한 태흥리까지 갔어요. 피가 나니까 헝겊 같은 걸로 지혈해서 태흥리까지 갔어요. 그때 그놈들이 그렇게 총 쏘아서 안 죽일 바엔 잠깐 집에라도 가서 치료하게 하면 좋았을 텐데, 그 피나는 거 태흥리까지 데려갔어요. 천명으로 살았습니다! 그렇지 않았으면, 동창 죽은 그 자리에서 죽었을 겁니다. 그 뒷날은 태흥리에 주둔했던 1개 중대 5명이 나와서 불을 질렀어요. 의귀교에 주둔한건 2연대고 태흥리에는 서북청년단인데 잡혀가니까

"너네 이놈의 자식들, 너네 산에 연락 다니지!" 하고 윽박지르는 거예요. "거기 간 지시받고 너네 산에 올라간 이 있느냐 없느냐" 허니까 우린 "산에 연락 다니는 것은 모르고, 학교만 다닌다", "틀림없다. 우린 학교에 다니고 있다"고 말했어요. 그전 날까진 공부도 못하고, 학교에만 갔다 뿐이지 공부도 못하고 왔는데, 그래도 학교 간다고 한 거지요. 학교 가도 선생도 공부 안시키고 한 시간만 있다가 보내주곤 했어요. 집에 가라고.

불바다로 변한 마을

경찰에 연행됐다가 집에 오니까 어머니는 막 울고불고 야단이 났어요. 어머닌 단아들(외아들) 하나 있는 거 없어졌다고 대성통곡하면서 울고 있어요. 아침에 같이 있으니까 아버지가 총소리 나니까 없어졌다고. "단아덜 잡아당 죽였다!"(외아들 잡아다가 죽였다)고 막 난리가 났던 겁니다. 우리 어머니는 나가 죽은 걸로만 알고 대성통곡을 하고…. 나가 집에 가니까 어머닌 "어느 산천이 도왕 살았다"고 했어요. 그리고 그 밤 자고 그 이튿날 새벽에 총소리가 나는 거라. 토벌 나와서 소도 쏘아버렸지. 집도 다 불태워 버렸지. 옷귀(의귀)서 토벌대 1개 중대가 와서 불을 지른 거예요. 밖에 나와 보니 아버진 밖에 나가서 안 보이고, 부락엔 젊은 사람들은 보이질 않고…. 나가보니까 완전히 불바다라. 벌겅헌 불바다가 되었습니다. 우리 집에도 횃불 하나 가지고 와서 확 던지니까 불 붙어버렸어요. 그때는 우리 집이 산디(밭벼)를 상당히 많이 했었기 때문에 눌(가리)을 쌓아놓고 있었어요. 그리고 조, 산디, 모멀(모밀)도 전부 추수해서 눌을 쌓아놓았는

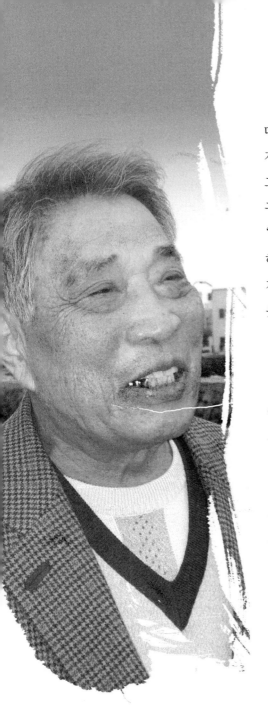

데, 그것마저도 전부 불 질러버린 거지요. 태산같이 쌓아가지고 있었는데 그걸 전부 불 붙여버리고, 괭이로 고구마 구뎅이(구덩이) 다 파헤쳐 불고…. "먹을 것 이시민 너넨 죽는다"고 협박하는 거예요. 먹을 게 없고 갈 곳도 없게 된 거죠. 늦가을이어서 춥긴 춥지, 옷도 잘 입지 못해서 추위가 더 했죠.

어둔 밤 가족들
신흥리로 내려가다

결국 남의 집 다 타다가 남은 데 들어가서 짚 같은 것 쌓아놓고 살다가, 아버지가 결국에는 "도저히 이래선 안 되겠다"고, 신흥리에 작은 외삼촌이 있었는데 "신흥리에 너네들 데려다줄 테니까 신흥리 가서 살 수밖에 없다. 그렇게 하라"고 해서 아무도 모른 밤, 한 새벽 2시나 되어서 누이 동생들 서이(셋)하고 만삭이 된 어머니하고 아버지하고 해서 여섯이 신흥리로 내려왔

어요. 그때 동생들 나이가 열두 살, 아홉 살, 여섯 살에 하난 세 살일 때였
지요. 중간에 남동생이 있다가 죽어버리니까 서이가(셋이) 된 거예요. 신
흥리 가서 보니까 사람들이 다 죽어버렸어요. 먹을 것도 하나도 없는 거
예요.

신흥리 사람들도 많이 죽었는데, 우리 외삼촌도 거기서 학살됐어요. 우
리 외숙모가 하는 말이 "여기도 와봐야 외삼촌도 돌아가셔부난 살기가
이만큼 어렵다"고 하소연하는 거라. "큰일 낫수다"고. 그러니까 아버지가
처남댁한테 "어떻게 해서라도 먹엉 살게 하겠으니까 같이 있어 달라"고
사정했어요. 그래서 그날 밤 아버지가 "내가 수망리가서 좁쌀이라도 조
금 파묻어 논 거, 그거라도 가지고 오겠다"고 해서 수망리로 가버렸어요.

그런데 날이 밝아도 아버지가 안 돌아오시는 거라. 아버진 그날 밤 돌아
오려고 했는데 산사람들이 밤만되면 중산간 부락으로 내려와 있었으니까.
그래서 아버지가 그날 밤 못 내려 온 겁니다. 아버지가 수망리 가니까, 그
땐 폭도라고 해서 산에 있는 사람들이 우리 아버지가 내려갔다는 걸 알아
서 아버지를 잡아버린 겁니다. 못오게! 그래서 연락이 두절된 거지요. 결
국 그때 내 생각 같아선 그 당시에 가지 않고 신흥리 출장소에 가서 자수
만 해버렸으면 우린 다 살아서 이렇게 허무하지 않았을지도 모르죠.

어머니, 신흥리 도피 중 고팡에서 출산

어머니는 "아버지가 죽었다"고 생각했어요. 거기서도 우리가 나타난줄
알면 틀림없이 이상한 사람으로 잡아다 죽이거나, 어떻게 될 거라는 생각

밖에 안나더라고요. 어머니나 내 어린 마음에 말입니다. 어머닌 만삭이 되어서 오늘낼 할 땐데 외삼촌 고팡(곳간) 안에 어머니하고 외숙모가 낮에는 못하고 밤에만 근근이 구멍을 파서 두 사람이 들어가 누워 잘 수 있을 만큼만 굴을 만들었어요. 고팡 안에다! 거기서 의지하면서 살았는데 한번은 ○○○이라는 사람이 동네 반장인데, 민보단이었어요.

그 사람이 우리가 거기 있는 걸 어떻게 알았는지 한 번은 찾아와서 죽창을 들이대고 "당장 살던 동네로 안 올라가면 고발해서 다 잡아가게 할 테니까 당장 떠나라"고 했어요. "당장 오늘밤 나가라"고! 우린 겁은 나는데, 오늘 밤 당장 나가라고 하니 "살려달라"고 빌었죠.

그런데 그날 밤 어머니가 순산한 거 아닙니까. 외숙모네 고팡에서 난거죠. 파 놓은 그 좁은 굴 안에서…. 어머니가 순산하니까 솔직히 우리가 어딜 갈 겁니까? 그 옆에 밭 두 개 서쪽으로 넘어가니까 새(띠)가 이만큼(사람 키 만큼) 긴 새왓(띠밭)이 있었어요. 거기 가서 삼일을 살았어요. 외숙모는 고구마라도 가져와서 먹으라고 했지요. 그런데 어머니가 "도저히 안되겠다"고 말했어요. 올케한테 "우리가 있으면 느(너)도 죽고 우리도 죽는다. 다 같이 죽는다. 그러니 할 수 없이 내가 기어서라도 수망리 가겠다. 죽어도 수망리 가서 죽겠다"고 말하고, 이틀 밤 자고 밤에 수망리 가버린 겁니다. 어린아일 업고…. 수망리 가니까 아버지가 바로 뒷날 나왔더라구요. 그 당시에 "너가 고발 할라면 고발해라"고 해서, 우리 식구들 모두 데려갔으면 아버지는 죽었는지 살았는지 모르지만 어머니는 살았단 말입니다. 지금 생각하는 건데, 그땐 죽창 들고 오니까 무섭기만 했지.

그때 우리가 어리석은 게, 신흥리 경찰관 주둔소에 장 경사란 사람이 주임으로 있었어요. 그분은 제주도 내에서도 상당히 사람을 많이 구조했어요. 온 가족이 오건, 반 가족이 오건, 단 한 사람이 오건 장 경사 그 사

람한테만 가면 다 살려주었는데 우린
그런 걸 몰랐어요. 차라리 거기 갔으면
어머니는 살았을 건데….

도피입산

수망리 올라가보니까 우리 할아버님
내외분하고, 아버님이 우리 가는 줄 아
니까 바로 마중 나왔더라구요. "잘 왔
다" 하면서 "여기 있다가 죽어도 같이
죽고, 살아도 같이 살자"고 해요. 수망
리 동쪽에 먼ㅁ루라는 돌로만된 오름
같은 게 있는데 그 근처에 가면 나에겐
큰 할아버지뻘이 되는 내외분이 살고
있었어요. 자식들은 없고. 아버지는 어
머니가 아이 난 것을 보고 할 수 없이
그분들하고 합세해 나무로 움막같이
집을 만들어 살았어요.

낮엔 아버지가 먼ㅁ루라는 동산에
올라가 가지고 망을 보는 거라. 토벌
대가 오느냐 안 오냐 망을 보면서. 오
면 숨고 안 오면 그 집에서 살고 하는

게 한 1개월을 더 살았어요. 하루는 토벌대가 올라오는데, 완전히 들을 포위하고 올라오는 거라. 그래서 먼ᄆ루 돌동산 돌틈에 한 사람 한 사람 숨어서 토벌대가 지나가도록 해서 면했어요. 그때가 음력 12월로, 49년 1월이었어요. 그날 저녁에 우리 아버지하고 의형제 맺은 분이 자기네 식구들하고 와서 여기 왔다간 언제 발견되도 발각되니까 산으로 올라가자고 했어요. 음력섣달되니 날은 춥지, 먹을 것은 없지, 그러니 조금 더 산속으로 들어가게 된 것이지요. 산으로 올라가 보니까 수망리 사람들이 다섯가정, 한 30명 정도됐어요. 우리 할머니, 할아버지는 연세가 80살 가까이 됐었어요. 나에게 할아버지는 할아버지 형님이라 큰 할아버지고, 할머니는 볼에 큰 혹이 달려있는 장애자였죠. "평화가 올 때까지 견뎌봐라" 하면서, 할아버지, 할머니는 안가겠다고 해서 우리만 올라간 겁니다. 그 겨울에 초신 신고 옷도 단벌에 말입니다.

그 겨울에 눈이 얼마나 많이 왔습니까! '팡, 팡' 민악산 위에 소 못 넘어가게 잣담 쌓은 곳이 있어요. 거린오름이라는 산인데, 거기 가서 굴을 팠어요. 겨울이니까 굴 속에 안들어가면 얼어죽을 판이라! 잣담까지 가서 바로 옆 내창 물 옆에 "딴 것 먹을 것 없어서 물은 먹어야 할 것 아니냐"고 해서 그곳에 땅굴을 팠어요. 남자 다섯 분이 동상 안 걸릴 정도로 다섯 군데를 팠어요.

토벌대

토벌대라 함은 그땐 먼ᄆ루는 높은 동산인데 곶자왈(원시림) 같은 덴데,

좌악 올라오는 게 경찰하고 군인은 틀립디다. 경찰은 까맣게 보이고, 군인은 푸른 옷을 입었으니까. 색깔로 봐가지고 "검은개, 노랑개 왐져" 소리만 나면 자기 위치라. 소낭밭(소나무밭) 쪽에 오면 총을 무조건 잡아 쏘는 거라. 총탄도 아까울 거 있겠습니까. 짐승이라고 하는 거는 쇠나 말이나 다 죽여. 그것들 다 먹고 살았어요. 소 같은 것 쏴서 죽여 버리면 가져가지도 못하고, 소 한 마리면 동네 사람들이 잔치를 했었죠. 그땐 육고기는 하도 질려서 먹기 싫어서 바닷고기만 먹고 싶었어요. 코생이(작은고기)라도 한 번 먹어봤으면 하는 생각을 했어요. 곶자왈 같은 곳에 숨어있을까 봐서 모두 불 태워버렸으니 먹을 게 없었던 것이지요.

하여튼 그 당시에 가만히 아버지 따라 나가보면 토벌대가 횡대로 일렬로 해서 토벌하러 올라오는데, 올라오는 게 완전히 새카맣게 올라와요. 한 사람만 발각되면 어디어디 있다는 걸 알아서 잡아서 그 자리에서 다 죽여요. 그럴 때 애기가 울고 기침해서 입을 틀어막아버리면 애기가 죽어부러. 지금 생각해보면 그렇게 해서 죽은 아이도 많이 있었을 겁니다. 토벌대는 옆에 와서 있지, 기침소리 한 번만 나도 달려들어서 쏘아버릴 판인데 입이라도 틀어막아야지 어떻게 합니까. 그러면, 숨 막혀서 죽기도 했어요. 그건 완전히 2연대가 자기네한테 습격했다고 해서 그런 짓을 저지른 거지요. 한 달만 버텼으면 우리 어머니, 아버지도 다 살아났을 거예요. 그땐 밀림지대니까 토벌대가 안 올라갔거든요. 밀림 아닌 데만 토벌했지. 밀림 안으로는 군인들도 겁이나서.

곶자왈이라는 건 이제야 나온 말이고, 그때는 곶이라고 했어요. 거린오름곶, 수망리 민악 서북쪽에 거린오름이 있어요. 완전히 깊은 곳이었지요. 어릴 때 누에 키울 적에 아버지 따라 뽕나무 잎따러 가봤는데 거긴 가보니까 안엔 하나도 안 보이고 밑으로는 완전히 뭐, 그런 곳이라. 지금도 가면 아예 들어가지 못할 겁니다. 그쪽으로 그 곳 아닌 곳도 곶자왈이 되어서 사람 들어가기가 힘들고, 형편없죠. 물영아리 오름 서쪽으로 보이는 것이 민악이고, 그 서북쪽으로 보이는 게 오름 두 개가 있는데 거린오름이라 했는데 거린오름 그쪽이 완전히 곶이었지요.

우리 동네 수망리서도 젊은 사람들 몇 사람 모여서 남로당 가입한 사람 있었어요. 봉화가 반짝반짝 하면, 물영아리 오름 같은 곳에서 봉화가 비치면 어디서 기적이 나요. "왓샤!" 소리가 나든지. "봉화 비첨져(비친다)!" 하면 "어디 습격든다" 생각하는 거지. 꼭 어디 습격들어요. 남군(남제주군) 쪽에 나면 반드시 남군쪽에 습격듭니다. 그 당시엔 그게 신호라. 그땐 횃불이었어요. 방앳불은 촐왓(띠밭) 불 붙여버리는 거고.

토벌, 아버지의 죽음

그땐 아이고 어른이고 그 사람들 앞에 나타나면 다 쏘아버렸어요. 옛날에 새왓(띠밭)에 왕할아버지(증조부)하고 갔는데 산담에 보니까 나중에라도 입으려고 의복 같은 걸 그 안에 파묻어 논 걸 산담 밖으로 내던졌더라고요. 우리는 입을거나 있나 해서 들춰보는데, 토벌대 총소리가 나서 바로 산담 앞에 새(띠)가 자라 그 속에 숨은 거예요. 그런 때는 숨도 쉬지 말아야 합니다. 토벌대들이 올라갔다가 내려오다가 보니 자기네가 파내어 놓은 게 틀리거든. "아, 이거 어떤 놈들이 왔구나" 해서 새왓을 향해 총을 쏜 거지. 총을 쏘면서 나오라고 해도 꿈쩍 안 하고 가만히 있었어요.

그러더니 한참 있다가 가버리더라구요. 나중에 나와서 먼ᄆ루 큰 낭(나무) 있는 덴데 우리 어머니하고 왕할머니(증조모)하고 물애기(갓난아기)하고 거기 있었고, 우리 왕할아버지하고 우리 네 오누이하고 숨었다가 와보니 다 무사했어요 그날 저녁에 우리 아버지 만나니까 "이렇게 있다간 안되 겠다. 남원리에 가든지 아니면 깊은 산에 들어가야 살지 그렇지 안허민 못산다"고 말씀하시는 거예요. 그런데 그때 귀순만 했으면 우리가 다 살 건데 우리 왕할아버지가 하는 말씀이 "우리가 모두 귀순하다가 산사람들에게 걸리면 다 죽는다"고 귀순하지 못하게 하는 겁니다. 귀순만 했으면 다 살았을 건데….

아버지가 그래가지고 사흘 만에 돌아가셨는데, 아버지가 그때 혼이 다나가난 모양입니다. 말하는 것도 "귀순하겠다 하고 산에 가서 굴이라도 찾아서 살아야 한다"고 하기도 하고, 사람이 죽으려고 하면 혼이 나간다 하는 게 맞아요. 그 똑똑한 머리를 가진 분이 판단을 하지 못하는 겁니다. 그러니, 살 사람은 산다는 말이 있지요. 아버진 돌아가실려고….

아버지, 눈 속에 식량 구하려고 갔다가 토벌대에 발각

그렇게 살다보니 겨울에 식량은 없고, 그날 밤에(아버지가 돌아가신 날) 눈이 많이 올 줄 알고 부락에 내려간 거지요. 그때 마을에 감저(고구마) 구뎅이(구덩이) 파서 묻었을 땝니다. 그 감저라도 파서 갖고 오겠다고 해서 갔는데…. 그때 열호(10가호)가 같이 한군데 굴을 팠어요. 눈은 오고 먹을 것은 없으니까 "이리 죽거나 저리 죽거나 마찬가지다" 해서 다섯 분이 "고구마라도 가져와야겠다"며 부락으로 내려왔어요. 그래서 그 묻어둔 고구마를 구해서 소에 싣고 출발하려는데 엄청 내린던 눈이 딱 그치더라 이거야! 사람이 죽으려고 하니까 그런지는 몰라도…. 뒷날 아침까지 눈이 계속 왔으면 발자취가 안 났을 건데, 눈이 오다가 딱 그쳐부렸단 말입니다.

의귀리에 주둔했던 토벌대가 수망리 토벌을 나와보니까 사람들 발자취가 있는 거야. 토벌대들이 그 발자취를 쫓아온 거지. 아버지가. 산에 도착해서 소에 고구마 싣고 온 것들을 내리고, 굴 안으로 들어와 우리한테 "고구마라도 삶으라"고 한 순간 총소리가 '탕' 나는 거라! 아버지가 다시 밖으로 나갔다가 굴 안에 들어와 앉더라구요. 굴 안으로 들어오더니만, "죽어도 같이 죽자"고 했어요. 아버진 확 나가겠다고 하다가 우리 생각하고 다시 들어와서 폭삭 앉더라고.

그러니까, 그때 어머니가 "우린 죽어도 좋으니까 아버지가 살아시민 나중에라도 우리 시신이라도 챙길 수 있지 않느냐"고 하는 거예요. 어머니가 하는 말이 "우린 죽어도 좋으니까 당신이라도 살라"고 하면서 아버질 쫓아내다시피 굴 밖으로 내보내더라구요. 아버지가 할 수 없이 밖으로 나가고 얼마 안돼서 군인들이 왈칵 모여들어 굴 속으로 총을 막 쏘아대는 거라요. '와자자자 와자자' 하면서 그때부턴 완전히 총소리가 콩 볶는 소리라.

어머니가 총을 맞았어요. 굴 밖에서 쏜 총이 옆구릴 관통한 거라. 그래도 아프단 소리 안 하고….(눈물) 15일 된 물애기 안고 의귀교에 왔어요. 의귀교로 끌려간. 어머닌 총을 맞은 게, 위에서 쏘니까 허벅지로 총알이 관통된 거라. 아버진 굴 밖으로 나갔는데 살았는지 죽었는지 모르고…. 어머니는 고통을 참으면서 그날 밤 의귀리에 잡혀왔어요. 막 고통하면서. 신음을 하면 아무리 원수지간이고, 적지간이라 해도 사람은 살려놓고 봐야 할 거 아닙니까! 그리고 물애기 젖 먹이는 걸 뿌리치게 해서 어머니를 데려가서 죽인다는 건 어느나라 법인지 몰라요. 솔직한 얘기로….

의귀교 학살사건

　의귀교로 가보니까, 내가 세어보니깐 창고엔 한 50~60명가량 있더라고요. 그 사람들하고 하룻밤 자고 뒷날 아침되니까, 전날 잡혀 온 사람들은 따로 앉으라고 하는 겁니다. 딱 보고 남자고 여자고 서른 미만, 마흔 살 미만 이런 사람은 나오라고 하더라구요. 나오라고 해서 우리 어머니가 애길 안고 갈려고 하니 애길 다른 사람에게 주고 오라고 하더라구요. 남자고 여자고 20대에서 40대 사이 사람들을 데리고 밖으로 나갑디다. 그러니까 애길 나한테 주더라구요. 애기가 한 달 열흘밖에 안됐죠. 그 애기를 내가 안고 있고, 어머니가 나간 지 15분 정도 지나니까 총소리가 막 나더라구요. 콩 볶듯이 총소리가 났어요. 그때 나간 사람이 한 15명쯤 됐는데, 나이 많은 분들이 "하이고 저 사람들 다 죽었댄!", "죽여부럼젠!(죽여버린다고 한다)" 하면서 울먹이는데 참 기가막히더라구요. 아무리 어린 마음이라지만…. 김○○이라는 동창도 있었는데 가이도 의귀교에 갇혀 있었고, 양○○이네, 우리 동창들 여럿이 남아 있었어요. 양○○이는 우리하고 같이 있었는데 우린 빠지고, 가이는 거기 있다 죽고…. 의귀리에 양칩(양씨), 오칩(오씨) 아이들이 많이 있었어요. 하룻밤 사이에 일어

난 일이죠. 수망리 아이 하나는 거기서 어머니가 돌아가셨는데, 거기서 습격드니까 한 구덩이에 몰아넣고 쏘아 죽여 버렸어요. 솔직히 그 자리에 내가 보기에도 우리보단 어린 아이들도 많이 있었고. ○○이, ○○넨 우리 동창들이고, ○○이넨 산에서 숨어서 살았었어요. 가이네 아버지가 운 좋게 귀순해서 살았고. 그때 날짜가 48년 12월, 그러니까 13일이지. 그땐 음력으로 제사를 지내니까. 13일날 저녁 습격 들고 우린 14일날 남원리로 내려갔죠. 그때 눈은 말할 수 없이 많이 내렸어요.

급수차 타고 남원으로 가서 살아나고

"아이코, 우리 어머니 돌아셨구나!" 물애기가 막 우니까 애길 안고 딱 나왔는데 그때 수망리 출신 남원면장, 현 면장이라고 있었어요. 그분이 날 보더니 "너 병하 아들 아니냐. 너 빨리 너네 식구 데리고 나오라"고 하니까 안에 동생들 데리고 밖에 나왔다구요. 그때 남원리로 가는 물을 수송하는 급수차가 있었는데, 거기에 타라고 해서 그 차를 타고 남원리로 갔어요. 나하고, 나보다 두 살 밑이지만 동창인 김○○이라는 아이하고 같은 차에 타서 갔는데, 같이 타고 간 줄도 몰랐어요. 우린 앞에 타고, 가이는 추레라(트레일러)에 타서 몰랐어요. 현의합장묘에 와서 알게 된 거라요. 나중에야 거기서 그 차로 타고 갔다니까 나도 그 차에 탔는데 하고 얘기했지요.

그때 현 면장이 나하고 수망리 아이들만 태워줬어요. 나도 밖에 안 나갔으면, 다 몰살됐을 건데 그때 마침 애기가 울어서 밖에 나갔다가 살고,

○○인 밖에 놀고 있으니까 차에 타서 살 수 있었습니다. 남원리에 가니까 그때 남원지서에 누가 있었냐 하면 우리 동녘집에 살던 수망리 ○○○이란 분이 "어디 있다가 왔느냐?"고 하더라구요. "이만저만 하다가 어머니, 아버지 잃고 이렇게 왔다"고 하니까 그러면 어디 갈 데도 없을 테니 남원리에 있는 우리 왕고모님댁에 데려다 주더라구요. 그분이 왕고모님네에게 "야네(이 아이들) 재워달라"고 하면서 말입니다.

지금은 돌아가셨지만, 당시에 남원중학교 교원으로 다니던 김○○ 어머니가 우리 왕고모님이었어요. 그랬는데, 그때 신흥리에 우리 외할머니하고 외숙모님이 살고 있었는데, 하룻밤 자고 나니까 이튿날 외할머니가 신흥리에서 소식을 듣고 왔어요. 그때 갓난 애기는 왕고모님한테 외할머니가 남원에 찾으러 가보니 죽어있었어요. 말도 못합니다. 왕고모님이 젖 멕이에게 젖을 줘야 하는데 어떻게 살리겠습니까. 결국 사흘 만에 외할머니가 남원리에 찾으러 가니까 벌써 죽어서 묻어버렸다고. 이래서 참, 말도 못합니다. 말도 못해! 쓰라린 고통을…. 말을 못해요! 갓난쟁이는 지금도 눈에 선합니다. 세상 나와서 한 달 스물날, 한 오십일 살았어요. 가이 살았으면 4·3등이 될 건데….

열여섯 숯장사, 그리고 신흥리 출장소 급사생활

외할머니가 와서 우리를 데리고 갔는데, 외숙모네 집은 성 밖에 있었어요. 그때 성을 쌓을 때였으니까요. 할 수 없이 성 안으로는 들어가야 하고, 살 곳은 없고 해서 외숙모네가 어디를 가서 살았냐 하면, **몰**고량(방앗

간)이라고 거기에서 살고 있더라구요. 우리 네 오누이가 가니 외사촌네 성제(형제), 외할머니하고 외숙모 하니까 식구가 벌써 여덟식구였어요. 거기 살면서 남이 물고래에 갈러오면, 일을 도와주고 거기서 조금 쌀을 얻어서 밥해 먹고 살다가, 살다가 못사니까 동생들을 여기저기 남의 집에 할 수 없이 다 주었어요. 지금 같으면 머슴이지요.

우리 큰 외삼촌이 해방되니까 일본에서 바로 들어와십디다. 들어와서 우리 아버지 손윗 처남인데, 자기 땅을 우리 소하고 바꿔서, 그 소를 팔아서 제주시에 나와서 숯장사로 돈을 무지 많이 벌었어요. 나도 큰 외삼촌 한테 가서 1년 동안 죽을 고생을 했습니다. 숯 한 가마니 짊어지고 제주 시 안 다녀본 곳이 없어요. 그때가 열 여섯살 때였습니다. 신흥리에서 전부 남의 집에 양딸로 가서 동생들도 없이 살 땐데 나 혼자 외할머니 모시고 살 수 없고 외할머니가 제주시로 가게 되니까 외할머니 밑으로 따라가게 됐던 거지요. 나중에 돌아가실 적에 내가 가니까 우리 외삼촌이 내 손을 잡고 웁디다. 고생했다고. 너무 고생했다고. 거기서 1년 2개월 동안 숯을 배달했는데 미녕(무명)에 검은 물 들여서 학생복 한 벌 지어주니, 난 어디서 보물 떨어진 것처럼 생각하며 살았어요.

경찰서장 표창장도 받아

그 당시 경찰관 출장소가 있었는데, 용케 급사로 들어갔어요. 경찰관들이 밥이라도 뭐하면 쌀 조금씩 타다가 거기서 급사 노릇하면 밥을 먹여주고, 옷을 입혀주겠다고 해서 급사로 가게 됐어요. 옛날엔 4·3사건 나도 신흥 출장소에 주임이 서홍리 조○○이라고 토벌대 대장으로 다니면서 성과를 많이 올린 사람인데 그 사람이 그렇게 나를 아껴주더라구요. 그 당시에는 여자들까지 보초 서고 했지만, 난 그런 건 안 했어요.

군대 가기 전에는 신흥 출장소에서 의용경찰대로 근무했죠. 지서에서 의용경찰 명찰을 줘서 밤엔 야간 경비를 나갔어요. 보초 서러 나가면 다른 경비원들과 같이 순찰을 돌면서 '잠자지 말라'고 초소마다 다니며 얘기했죠. 의용경찰대라는 것은 지서에 앉아서 전화받고, 솔직히 말하면 급사나 다름없습니다. 무기 같은 거는 쓰고 싶은 때 아무 때나 쓰고 제 자리에 갖다놓으면 돼요. 그런 권리가 있었습니다. 그런 생활을 18살 때부터 21살 때까지 했어요. 근무는 먹고 자고 하면서 주야 24시간이에요.

신흥리에서 출장소 급사로 있으면서 일할 때도, 그동안 겪었던 일을 생각하면 도저히 거기서 심부름을 못 할 정도였어요. 그래도 그 지서주임이나 다른 사람들이 날 믿어서 신흥리에서 표선리까지 차가 없으니까 말로 가서 암호까지 받아오라고 해서 다녔어요. 그만큼 날 믿어주니까 살았지요. 그땐 '빨갱이 새끼다' 하면서 사람을 사람으로 봤습니까? 공부는 아예 뒷전이었어요. 나도 급사로 다니면서 조 주임이 "너 한자라도 안배왕 놔두민 후회된다(너 한문이라도 배우지 않고 그대로 있으면 후회된다)"고 해서 배웠습니다. 정○○, 김○○이라는 순경이 다 이북사람인데 상당히 좋았어요. 곁에 앉아서 급사에게 글 가르친다고 했어요. 그렇게 해서 그때 나 많이 배웠어요. 그 당시에 그렇게라도 못 배웠으면 어림도 없죠.

나 그때 서귀포 경찰서장 표창장 받은 것도 있었어요. 나중에 우리 할머니 보는 앞에서 불에 태워버렸지만. 우리 아버지 죽인 원수들 앞에 뭣 때문에 표창장을 받느냐고 생각해서 태워버렸어요.

어머니 시신 찾아 헤매도 끝내 못찾아

한 번은 외할머니가 "지난번에 의귀리에서 총살당한 사람들 다른 데로 시체를 옮긴다"고 해서 같이 의귀리를 가봤지요. 가보니 이건 멜첫(멸치 첫) 담아논 것은 유도 아니라. 그곳이 우리가 내려와 버린 바로 뒷날 저녁 산사람들이 내려와서 의귀국민학교를 습격해 버린 곳이에요. 그래서 그 당시 거기 남았던 사람들은 전부 몰살당한 거예요. 아이고, 어린이고 할 것 없이 전부 총살해버렸어요. 그래서 한남리 민보단들이 와서 시체를 치우는데, 어머니가 살아계실 때 무슨 옷을 어떻게 입었는지 모르고, 도저히 못찾겠어요. 그러니 할머니가 "포기하라"고 해서 결국은 개창모루에 습격왔던 후에 죽은 사람들하고, 그 전에 죽은 젊은 사람들 시신하고 한 곳에다가 무덤을 세 개로 나눠서 민보단들이 묻었어요. 그곳이 이장하기 전 현의합장묘지요.

한 사람이 한 군데에서 죽은 건 언제 찾아도 찾을 수 있어요. 그렇지만 이건 막 구덩이 파 가지고 "멜첫담듯 막 갖당 쳐 담아 묻어불민(멸치젓담듯 막 갖다가 담아 묻어버리면)" 한 번만 지나면 못 찾습니다. 의복이나 이빨 같은 것 없이는 못 찾습니다.

민보단

민보단 활동들을 했어요. 여자들, 신흥1리도 초소가 여섯 군덴데 여성 초소가 세 군데 있었어요. 성 안 쪽으로 성에다가 초소막 하나씩 하나씩 해서 세 군데가 여성이고, 세 군데가 남성 초소였습니다. 남성은 50~60대로 나이든 사람들이고 젊은 사람들은 없고, 밤에 일본놈 총 99식 둘러메서 초마다 파견 나가는 거 젊은 여자 아이들이 했지요. 남자들은 전시 때니까 군대 가서 제대 못해가지고 있으니까 여자들은 18세부터 30세까지 복장은 아무거나 하고, 그런 사람들이 전부 초소 근무했어요. 초소까지 성담을 쌓으면 이만한 구멍 3곳을 만듭니다. 그 위에 여자들 둘 씩 올라가지고 그 구멍으로 밖을 보는 거라. 밤에. 낮에는 일주도로에만 신흥리 같은 곳은 동문, 서문이 있고 북문이 하나 있고, 남자들만 낮에 근무했어요. 그때 여자들도 참 고생 많이 했어요. 임신해도 갔지요.

"반드시 군대가겠습니다" 군 입대

내가 토벌이 거의 끝나갈 때 군인 가서 군인 생활을 4년 6개월했습니다. "너는 아무리 경찰에 있어도 빨갱이새끼다" 하는 손가락질받기 싫어가지고 지원하다시피해서 간 겁니다. 그때 조○○ 주임이 하는 얘기가 "너는 군대 안가도 된다"고 했지만, 나는 "사회물도 먹고, 육지 생활도 해보려고 군대생활을 하겠다"고 해서 육지로 나가 살았습니다. 그래서 한번은 영장이 나왔는데 조 주임이 각하시켜버렸어요. 그분이 "너 군대가지 말고 내 동생하고 결혼해라"고 하는 거예요. 그분 동생이 좀 얽은 동생이 있었어요. 내가 가만히 생각해보니까 "내가 이 신흥리 살아서는 장차 뭘 해도 남한테 떳떳하게 말 한마디 못 하겠다"는 이런 생각밖에 안납디다.

솔직히 어느 집 할 것 없이 이 집도 가서 머슴살이, 저 집도 가서 머슴살이, 다 다니면서 굽신굽신해야 되니까, 그런 생각이 번쩍 나더라고. 열아홉 살 당시에도 말입니다. "신흥리에 살아가지고는 안되겠다" 싶어 "나, 군대 가야겠습니다. 갔다와부러야지 안갔다오민 안되쿠다"고 해서 지원하다시피해서 군대간 거예요. 그래서 21살에 군대가서 6·25도 참전하고 25살이 돼서 결혼했어요. 군대 가서 들어가서 참전하고, 7개월 있으니까 휴전되더라고요.

이전에, 훈련소에서도 배치될 당시에 인사 담당한테 조 주임이 전화해서 김명원이를 모슬포 발전소에 근무시켜주라고 했어요. 그래도 "필요없다"고, 내가 싫다고 해서 육지 나가 전방 생활을 하겠다고 나갔던 것이지요. 모슬포에서 훈련을 끝내니까 다른 조 경사라는 사람이 사단 인사계에서 부릅디다. 이걸 찍었어요(손가락 열 개 펼치며). "이것! 빨갱이새끼 열 손가락 찍으라고." 그렇게 할 때는 분통이 터집디다. 그 사람이 "조○○이라는 사람 아느냐?"고 해서 "난 모른다. 최전방에 가겠다"고 오기부리다시피하니까 중간에 병기학교에 떨어져서 포항에서 근무했어요. 이것만(지장) 안 찍어도 괜찮을 건데, 말도 못합니다. 그러니까 붉은 글씨로 딱 써서, 아마도 빨갱이 사상 뭔한 의미에서 쓴 거죠. 다른 사람들은 이 손가락만 찍었는데…. 거기서 6주 동안 교육받아 가지고 간 게 강원도에 가서 군대생활도 편하게 생활하다가 왔어요. 그 뒤에 3년을 살았으니까. 군대생활만 4년 2개월 해서 나오니까 스물다섯 됐어요. 나, 솔직히 위수경비 근무할 때는 자살충동도 있었습니다.

결혼과 정착과정

바로 제대하면서 결혼했어요. 어떻게 결혼하게 됐느냐 하면, 나가 24
살 때 휴가를 왔는데 우리 외숙모가 물질하러 육지로 나갔었어요. 휴가
왔다고 하니까, 외숙모가 하는 얘기가 울산에 괜찮은 사람 있으니까 거기
가서 결혼하면 안되겠느냐고 하는 겁니다. 난 "아직 안됩니다"고 했는데,
외숙모가 결사코 "네가 그래가지곤 안된다. 네가 가장이 돼야 동생들이
라도 살릴 것 아닌가?" 해서 울산에서 결혼했어요. 내가 "돈 한 푼도 없
이 어떻게 결혼하느냐?"고 하니, "내가 어떻게든 마련해줄 테니까 살아
가면서 벌면서 갚아라" 해서, 그때 돈 2만 원으로 결혼해서 배 타면서 2
년 만에 그 돈 다 물었어요.

울산에서 결혼은 했지만 부인은 북촌리 사람인데 마흔아홉에 폐암 걸
려서 죽었어요. 물질도 했던 사람인데, 내가 그 사람 살리려고 돈도 많이
썼어요. 그렇지 않았으면 지금처럼 안 살죠. 울산에 아들 둘, 딸 둘 살고
있어요. 울산서 결혼해서 잘 살고 있고. 이분(지금 부인)은 73년도에 만났
는데 날 만나서 고생하려고 하니까….

육지 가서 딱 20년 살았어요. 그 다음에 바로 제주 와 살았으면, 나도
성공했을지 모르지만. 당시 대한통운 기관장으로 있을 때 시시한 공무원
은 그 봉급을 못 받았죠. 처가 아프기 시작하고, 여기저기 돈 들어갈 때가
많으니까 재산을 일구질 못했어요. 나 50살까지도 겁 안납디다. 배 탈 적
엔 마음이 편합디다. 솔직히 돈은 크게 못 벌어도 대여섯 식구 먹고 살고
집이라도 한 채씩 해서 살게 되었으니까. 내가 첫 기관장 월급 탈 때가 쌀
다섯 가마니 값 됩디다. 첫 월급 탈 때가. 그러니까 배 타는 사람 중에 제
일 봉급도 많이 받는다고 했었습니다. 그렇게 생활하다가 1994년도에 퇴

직했습니다.

이산과 동생의 뒤틀린 호적

그때 할머니가 하는 얘기가 우리 5살짜리 작은 동생 데려간 정 순경이 아이를 주면 대학교까지 보내주겠다고 했어요. 가이는 그래서 남원중학교 나와서 부산에서 살면서 결혼해서 잘 살고 있어요. 그게 어떻게 된 거냐 하면, 신흥 출장소 차석 정○○란 분이 사람은 좋은데 아들도 딸도 없었어요. 한 번은 우리 작은 동생이 조그만 허벅(물을 길어나르는 통)져서 신흥리 바닷가에 물길러 가서 허벅을 들다가 깨트려버렸어요. 그런데 할머니가 동생을 그렇게 욕하는 걸 정 차석이 보고, "야, 네 동생을 날 주면 내가 내 딸같이 진정으로 사랑하고, 공부도 하겠다는 것 만큼 내가 시킬테니까 나를 달라"고 했어요.

난, 그렇게 성을 바꿔버릴 줄은 몰랐죠. 양딸로 데려가지만 호적은 그대로 있을 거로 알고 있었는데, 나중에 알고 보니까 우리 호적을 떼어내고 자기네 호적으로 올려버린 거예요. 가이가 네쨋데 5살 때 양딸로 데려가면서 정 순경이 우리 동생을 자기네 호적에 올려버렸어요! 사람은 상당히 좋은 사람인데, 김가를 정가로 만들어버렸으니, 동생이 나하고 말도 안 하고 있습니다. "왜 김칩(김가)의 딸을 정칩(정가)의 딸로 만들었느냐"이거라. 그 동생이 우리보다는 호강으로 살았거든요. 그래도 끝끝내 원망은 "왜 나를 정칩으로 보냈느냐"는 거지요. 가이가 남원리에서 충청도 사람한테 결혼해서 살다가 충청도로 가버리니까 소식이 없어진 겁니다. 그전엔 연락이 되었는데…. 동생들은 신흥리 살 때 연락하다가 시집을 가니까 연락이 안되는 거예요. 내가 살게 되고 동생들도 살게 되니까 가이를 찾게 된 겁니다.

큰 동생 연일이하고 그 신랑도 신흥리 살다가 곤란하니까 부산으로 나가게 됐어요. 매제는 육지서 배를 탔어요. 둘째 연순이 동생도 시집을 갔고, 큰 동생도 나보다 먼저 시집을 갔죠. 작은 동생도 혼자 남아 있지 못하니깐 부산 가서 얼마 없다가 결혼하고, 가이 결혼 즉시 연화도 결혼한 거예요.

연화는 아들 둘을 낳아서 잘 살았는데 "오빠, 아이들 커가니까 큰 이모, 작은 이몬 나 김씬디 왜 나는 정씨냐?" 나 보고도 오빠라고 하고 큰 동생, 작은 동생한테도 언니, 언니 하니까 조카가 중학교 3학년 땐데 물었대요. 사실, 다 이해할 나이니까 "이리저리 해서 4·3사건 당시에 외할머니, 외할아버지가 돌아가시고, 오빠가 어려부니까 양딸로 보내서 성이 이렇게 되어부렀다"고 하면 될 건데 그 얘길 안 하고, 동생이 자꾸만 숨기려고 하는 거라. 조카들이 다 컸으니까 과거사를 말해도 되는데, "그 당시 사건을 다 얘기하고, 가이들한테 이해시켜라" 하니까 자기는 차마 그 얘기를 못 하겠다는 거예요. 상처받는다고. 그렇게 하다가 5년 전에 가이가 "당신은 오빠도 아니다. 왜 김가 성을 정가로 팔아먹어 놓고 왜 성도 안바꿔주느냐"고, 이렇게 날 원망하는 거라. 그 당시 물으니까 남원리에 ○○○ 씨라고 수망리 분이 있었는데, 그분이 "가만 있어라. 조금만 있으면 성을 바꿀 수가 있을 거니까 잠시만 기다리라. 기다리라"고 한 게 이때가 된 거라요.

이제 4·3사건 진상규명이 되고 특별법이다 해서 개명이 될 건데도, 동생은 나하고 완전히 원수가 되어버렸어요. 본인이 이젠 개명도 안 하겠다고 하는 거예요. 그 어린 게 한이 맺힐 법도 하지…. 제일 한이 맺히는 게 그겁니다. 풀어야 할 숙제가! 딴 거야 다 지나간 일이니까 그거고, 여기 불러들여서 가이한테 사죄는 한 번 해야 하죠. 성을 바꿔놔야지 안 바꿔놓으면 내가 죽도록 후회가 될 것 같아요. 이젠 특별법이 통과되니까 성 바꾸는 건 아무것도 아니라고 하는데, 어떻게든 눈 산 때 성을 바꿔놔야 하는데…. 앞으로 동생 명예회복을 시켜줘야지요. 억울한 거야 말할 수 있겠습니까!

여동생들 다 남의 집 식모살이했지. 나, 남의 집 머슴살이했지. 제대해 나와보니까 그때까진 솔직한 말로 현의합장묘에 비석도 해서 세우고 했는데, 난 객지에 있어서 참여도 못했어요. 셋째 동생 밑에는 남동생이 하나 있었는데, 가이는 불의의 사고로 죽어서 아버지네하고 같이 사망신고가 됐지요.

북받치는 세월

　의귀교 학살사건 후엔 내가 처음 간 때는 73년도에 갔어요. 그때에 내가 대한통운에 있을 적에 배 타고 제주도에 와서 현장을 가본 겁니다. 우리 불쌍하게 돌아간 영혼들은 뭐 안 하고, 죽인 놈들은 습격들어서 죽으니까 다 비석 세워주고 해십디다. 그땐 말로 이루 표현할 수가 없더군요. 세상 어디 그 불쌍한 사람들 죽여서, 죽은 사람들은 비석 하나 안 세워 주고, 무덤도 평지같이 만들어서 막 죽여 버리고. 세상에 그렇게 죽인 놈들은 습격들어서 죽으니까 딱 비 세워주고…. 참말로 기가 막힙디다. 기가 막혀. 눈 멀어 3년, 귀 멀어 3년, 말 못해 3년, 그렇게 산다고 하더니만, 난 귀머거리 10년, 말 못해 10년, 못 봐 10년, 30년을 그렇게 살았습니다. 그렇게 살아도 해결이 안되었어요. 진상조사 해서 명예회복시키겠다고 하니까 우리도 말을 한 겁니다. 그전엔 "우리 아버지 4·3사건에 돌아갔다", "우리 어머니 4·3사건에 돌아갔다" 이런 말을 한 마디 못했어요. 솔직한 애기로!

　한 5년 전에 내가 할 일이 없어서 자리 뜨는 배(자리잡이 배)를 타었어요. 자릿배 타는 사람 하나가 "4·3사건 당시에 죽은 사람들이 죄없이 죽은 게 아니고 다 죄가 있어 죽은거다." 이렇게 말하는 겁니다. 그땐 내가 "이 놈아, 경허민 말 못허고 기어다니지도 못허는 애기도 죄가 있어 죽였느냐"고 말입니다. "그 애기도 죄가 있어가지고 죽은 거냐"고, 당장에 욕이 나오는 거예요. 싸움까지 했어요. 주변 사람들에게 별별 말을 다 듣고….

현의합장묘

난 4 · 3사건 말만 하면 살질 못합니다. 현의합장묘 이장해서 공원을 만들다시피해서 수망리로 갈 때는 동생들도 다 왔다갔어요. 제사는 어머니 아버지 하룻밤에 지냅니다. 결국 하룻밤 사이여서 하루에 모시고 지냅니다. 지난번 현의합장묘 이장할 때에 가보니까 시체 나온 게 39구 나왔습니다. 나 생각엔 그게 3분의 1도 안나온 거 같아요. 위 동산에 있는 무덤에는 이리저리 엉켜져 있어도, 해골 · 유물 같은 거 총알 · 벨트 같은 거 그대로 있어도 중간 무덤은 물이 많이 들어가지고 완전히 뼈가 다 녹아버렸어요. 멸족됐는데도 모르는 거예요. 의귀리 사람이 제일 많아서 70~80명은 되는데…. 창고에 있다가 다 죽었는데 39구가 나왔다고 하는 건 아무래도 이상합니다. 지금 현의합장묘는 이제 1년에 벌초도 두 번씩 하고 정부에서 지원도 많이 해주고 공원도 잘 조성됐어요.

부모님 유해 못 찾아 죽어서도 한

내가 의용경찰대 있을 때 출장소 조 주임하고, 우리 동생 데려간 정○○이라는 이북 출신 경찰관에게 두 번을 아버지 시신을 찾게 해달라고 부탁했어요. 그 사람들에게 "내가 후에 한이 없도록 민보단 열 사람만 보내달라"고 해도 허락해주지 않았어요. 그분들이 찾을 곳도 없고 안된다고 했어요. 그러니 내가 같이 근무하면서도 섭섭하더라구요. 그것이 한이 됩니다. 제대하고 울산에서 2, 3년 살다 제주도에 와서 시신 있는 곳을 찾아나섰지만 도저히 찾을 수가 없었어요. 그때 돌아가시지 않은 분도 지금 가면 못 찾는다고 했지만 그래도 한 번 가봤어요. 내가 10살 때부터 5년 간 아버지 따라서 벌초를 가봐서 분명히 그 산이 머릿속에서는 기억이 나는데 도저히 찾을 수 없었어요. 그 당시는 소를 방목해 놔두니까 풀이 자라지 못해, 저기 우리 산인데 했는데 가보니 그 옆에 가도 못 찾아요. 아버지하고 의형제 한 분이 그때 흙 한 줌이라도 싸 가지고 와서 "이거 네 아버지다. 잘 모셔라"고만 해줬으면 하는 생각이 지금도 나요. 우리가 그 당시 그 어른들 나이가 됐으면 가서 거기 시신 다 거둬가지고 왔을 겁니다. 그렇지만 자기네 시신만 가지고, 나머지는 다 내버리고 왔으니….

참, 울 만큼 울었고. 그래도 4월 3일 돼 가면 밤을 세워서 울어지고, 지금까지 난 눈물이 너무 약합니다. 하기야 딴 사람은 가족이 몰살당한 사람도 있지요. 그런 사람은 말 할 것도 없지만 나같이 살아남은 사람도 한이 많지요. 지금이라도 죽어가지고 내가 조상들 빌 면목이 없어요.(눈물)

그래서 아버지 시신은 영원히 찾지 못하고 어머니 시신도 거기(현의합장 묘) 들었다는 것만 알고 있지. '우리 어머니 시신이다' 해서 거둬들이지도 못하고…. 지금도, 어떤 모임에 가서 앉아있으면, 어떤 사람들은 "그때 산에 올라가서 무슨 잘못한 것이 있으니까 죽은 것이 아니냐?"고 해요. 그러면, 내가 "다섯 살, 여섯 살 난 것이 무슨 죄가 있어 죽는단 말이냐?" 고 해요. 예를 들어, 어른들이 폭도생활을 했든지 사상이 틀려서 산에 들어갔다고 보더라도 다섯 살 여섯 살 난 아이들이 무슨 죄가 있어서 죽였단 말입니까. 그것도 군인들이. 그러니까 양민학살이지.

큰 할아버님은 우리가 올라가버린 바로 그 이튿날 총살당해서 돌아가셨는데 어디서 돌아가셨는지 알 수 있어야죠. 시신 못 찾았습니다. 누구 어디 죽어가지고 있더란 사람도 없고, 그 당시엔 중산간 지대엔 사람이 안 갔으니까 나중에 전부 해골되어야 뭐 어디 사람 뼈가 있더라, 뭐 있더라 이거 뿐이지.(한숨) 그렇게 하면서 지금까지 원통하고 애통하게 살아왔습니다.(눈물)

우리 자식들도 내가 이렇게 속 태우고, 가슴 태우고 애 타는지 모릅니다. 절대로 몰라요! 과거에 이만저만 해가지고 "너 고모가 군인들 총에 맞아가지고 돌아가셨다"고 하면, "돌아가셨는가" 이 뿐이지 속으로 애 타는 건 저뿐이라구요. 나하고 우리 동생들은 제사 때 다 웁니다. 하지만 자식들은 울고불고 해도 몰라요. 4·3사건 당시 어떻게 우리 할아버지, 할머니가 돌아가셨는지. 얘기할 때, 들을 때 그 뿐입니다. 내가 자식들한테 대화할 때마다 이런 말하죠. "네 할아버지, 할머니 이렇게 억울하게 돌아가셨다. 어머니, 아버지야 젊어서 그렇고, 그보다 나이 많은 사람도 죄가 있건 없건 학살됐지만 고모야 무신 죄가 있어 죽었겠느냐"고 얘기하면, 그런가 보다 해서 그 당시 들은 거 그 뿐입니다.

내 공부 못 해가지고 한 되는 것도 아니고. 공부 못 해서 못 살아가지고 그런 건 하나도 후회 안해집디다. 그렇지만 부모님 시신 못 찾은 게 한이 되지요. 그리고 재산 못 찾은 거. 다시 그 시대 돌아오면 죽어버리는 편이 낫지요. 도저히! 차라리 모래바닥에 코박아서 죽어버리는 게 낫지.

악몽

내 본적이 제주도여서 부모님 뼈가 묻힌 고향에 뼈라도 묻혀야겠다 해서 육지생활하다가 온 겁니다. 육지서 제주 온 것이 50세에 온 거지요.

육지는 울산에서 살았고.

지금도 경찰들이 잡으러 오는 꿈을 꿉니다. 얼마나 했으면 악몽이 지금까지 남아서 이렇게 할 겁니까. 꿈만 꾸면 완전히 악몽입니다. 도저히 밤잠을 설게 해서 잠을 못자요.

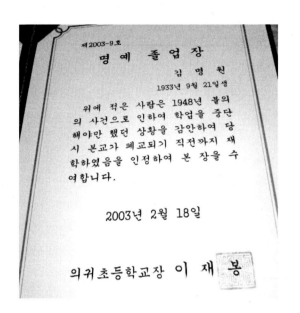

지금도 가끔 꾸면 병처럼 식은 땀 팍팍 나고…. 솔직히 열다섯쯤 될 땐 꿈을 꿔도 아주 멋진 꿈만 꿔지더라구요. 집도 좋은 집에 부자로 살아야지 하는 꿈이 있었는데 그 뒤로는 그렇지 못했지요. 사건 뒤에 1년에 댓번씩 아버지가 꿈에 나타납니다. 아버지 나타나신 후엔 내가 아파요. 막 못견디게….

명예졸업장

나, 3년 내내 다닌 덕분에 70살 다 돼서 의귀교에서 명예졸업장 받았어요. 그때 8명인가 9명 받았을 겁니다. 그땐 대학교 석사학위증이나 박사

학위증 받은 거 같은 기분이 듭디다. 졸업장을 일체 받아 본 적이 없으니까. 해기사 면허는 시험 볼 때마다 합격해서 자격증도 대여섯 개 있지만. 졸업장이란 건 이거 하나뿐이고.

4 · 3위원회 폐지 절대 안돼

위령제 때 한 번도 안 빠졌어요. 한 번도. 이명박 정부 들어서서 과거사위 폐지한다고 하니까 뒤로 나자빠질 뻔했다고요! 이제까지 진상규명이니 뭐니 한 것이 헛수고로 된다는 것밖에 안되더라구요. "4 · 3은 진상규명이 되었으니까 과거 정부가 하던 대로 하겠습니다"고 과거 공약을 한 거 아닙니까? 그래놓고 과거사위 폐지한다니까, 나중에 들으니까 과거사위만 폐지한다는 걸로 해석을 했는데…. 60년 됐는데 한 번 죽은 사람 또 죽이는 거나 다름 없어요. 무자년에 죽여서 다시 무자년 돌아왔으니 두 번 죽이는 거 아닙니까. 그렇게 하면! 노무현 대통령이 국가공권력에 의한 잘못을 사과까지 했는데, 폐지한다면 말도 안되는 소리!

장님으로, 귀머거리로 살아

그때 생각을 하면 지금도 밤에 잠자다가도 이상하게 생각이 가끔 나더라고요. 그 당시에 우리가 말을 못할 것도 아니지만, 눈으로 본 것도 이 눈으로 봤다고 하지도 못하고, 장님으로 귀머거리로, 그렇게 살았다고요.
이겨내기 위해서! 내 동생 내 형제 간을 생각하고, 우리 조상들이 남겨준
뿌리를 생각해가지고 지금까지 살아온 겁니다. 내 목숨이 왜 이렇게 질긴
고 가만히 생각해보니까 어머니, 아버지, 동생, 자식들 전부 나에게 주고
가버린 거예요. 그렇게 해서 이리 오래 살아지는 거지요. 내가 첨 우스갯
소리지만 다 생각이 그겁니다. 자식 둘 앞세웠지. 동생 둘 앞세웠지. 부모
님 젊은 때 돌아가셨지. 전부 나에게 주고 가버린 겁니다. 그러니 솔직히
나보고 위령 지키라고 한 거지요. 솔직한 얘기로 위령제 같은 데 나가서
단상에 올라가서 목청껏 외쳐보고도 싶지만 이 모든 게 내 운명이구나 이
렇게 생각해서 참고 있는 거지. 아무것도 죄가 아니고 시국이 죕니다. 시
국이 죄지.

　나도 위령제 때 단상에라도 나가서 한번 떠들고도 싶어요. 옛날에 눈으
로 본 거 말할 수도 없고, 이 한을 어디가서 누구한테 하소연을 하겠습니
까. 한도 한도 하도 맺혀노니까…. 난 인생에 파도는 세 번 온다고 생각합
니다. 내가 살아 온 걸 보니까.

구술 채록 · 정리 허영선

세 차례의 인터뷰
였다. 두 차례 만남은 자택에서였고, 세 번째 만난 것은 2008년 9월 23일 현의합장묘 위령
제에서였다. 불교 제의로 위령제를 지내던 이 위령제에서 그는 시종 눈시울을 붉혔다. 이전
엔 꾸벅 절 한 번 하면 끝났는데, 오늘은 정말로 영혼을 달래주는 것 같다고 했다. 그는 만
날 때마다 늘 고맙다 했다. 자신의 억울함을 들어줘서 그렇고, 4·3운동을 하고 있어서 그
렇다 했다. 그는 참 눈물이 많은 사람이다. 인터뷰를 하는 내내 그는 여러 차례 눈물을 보
였다. 그러다 이야기가 끊기기도 여러 차례. 모슬포 포구에 앉은 조그만 그의 집 거실 넓은
창문 너머로는 바다가 넘실거린다. 그는 그렇게 넘나드는 배를 보면서 젊어서 한창 배를 탔
던 그 시절을 회상하기도 한다. 4·3으로 이미 어린시절 추억이 사라진 그에게 어디 가족
사진 한 장 남아 있을 턱 있었겠는가. 그의 앨범에 박힌 그 사진들은 전부 60대 이후 사진
들. 남원읍 수망리 고향을 떠나와 아내의 고향에 둥지를 튼 김명원. 자신의 그 고향을 다시
밟는 게 늘 두려운 그의 마음을 이해할 수 있을 것 같다. 그는 늘 부모님 시신을 못 찾은
게 가슴에 맺힌 한이라 했다.

큰소리 치지도 못하고, 그저 지난 일 잊으려고 애써

김○○

　　김○○ 씨는 한림 출신이다. 일제시대 때부터 해방 후까지 초등교육을 받고 1947년 한림
중학원에 입학하게 된다. 한림중학원 민주애국청년동맹에 가입하여 활동하면서 4·3 전후
로 한림중학원 선생님들과 동료들이 사태에 휩쓸려 희생당하는 것을 보게 된다. 또한 아버
지가 총살을 당한 후 신변의 위협을 느낀 그는 1948년 겨울, 입산한다. 당시 16세의 어린
나이였기 때문에 한림 면당 연락부에 소속되어 면책과 연락부장 사이를 오가며 지시를 전
달하는 연락원 활동을 했다. 열악했던 입산 생활 속에서도 나름대로의 교육과 조직체계를
이어오던 중에는, 토벌대와의 팽팽한 대치도 있었다. 그러나 토벌대의 토벌과 귀순 공작으
로 결국 귀순을 선택하게 됐고 4개월 동안의 입산생활을 마감했다. 귀순 후 금릉 파견대에
억류되었다 풀려났고 6·25가 발발하자 군 입대를 자원했다. 하지만 사상범 취급을 받아
네 번의 '불합격'을 받고, 51년도에 정식 입대할 수 있었다.

잘 있거라 제주도여

한림 ○○마을이 그 당시에(일제시대) 5개반, 60호~70호쯤 됐을 거야. 원래 양촌이고, 학자들도 있었던 마을이야. 학교에서는 1학년(1945년) 들어가면서부터 일본말을 배웠거든. 어릴 때도 보면은 면 서기들이 와서 밭을 몇 평으로 나눠서 "이것은 싹이 얼마나 날것이다" 그렇게 해서 자기네 식 대로 계산을 하는 거야. 그래서 "얼마를 공출 허라" 하는 거야. 면서기들이 동네사람들이지마는 자기네는 잘한답시고 일본 놈들 말 들어가지고…. 우리 아버지도 해방되기 한 1년 전쯤에 북한 땅에 진남포라고 하는 곳에 갔다 왔어. 그 당시엔 어디 탄광 같은 데 갔다가 돌아가시는 분들도 많고. 나 어린 때니까 잘은 몰라도. 일본군들이 해방 직전에는 마을에 막 깔렸지. 그 당시에 몇 만 명이 제주도로 막 왔을 거야. 부락마다 천막들 치고, 참호도 파고 군인으로 꽉 찼지 뭐. 패전하기 바로 직전에. 그러다가 오래지 않아서 철수했어. 일본 군인이 패전이 돼서 자기네가 돌아가게 되니까 노래를 부르면서 갔었어. "잘 있거라 제주도여…." 하면서 노래 부르면서 갔었어. 그 당시엔 어리니까 뭐가 뭔지를 몰라도 그냥 그런가 보다 하면서 보긴 봤어.

해방을 맞고 들썩이는 제주도

해방은 내가 5학년 때. 일본군 나가고 미군이 지프차 타고 막 돌아다니면 우리들은 먹기도 힘들고 할 때니까 "할로~ 할로~" 하면 그 사람들이

넘어가다가 캔 요만한 거(참치 통조림 정도의 크기) '픽' 하게 던지면 도투멍(다투면서) 달려가서 까먹고.(웃음) 그리고 일본 장교가 대원데, 일본으로 나가기 전에 조상 대대로 물린 가보로 대물림하는 칼이 있어. 그것 보고 일본도라고 하나? 그걸 자랑삼아 어깨에 차고 가다가 ▮미군이▮ 지프차로 '휙~' 하게 달려가다 세워서 그 당시엔 내놓으라고 하니 말은 통하지 않고 어떡해, 패잔병인데. 그래서 주고 울면서 가는 것도 봐나서. 그리고 해방될 때 난 어리니까 해도 우리 때 청년들은 보면은 조금 그 당시에 자기네 나름대로 단체로 조직하는 식으로 그런 것이 있었다고. 그게 아마도 말하는 4 · 3사건에 관련된 시초가 됐는지까지는 몰라도 그런 분위기가 있었어. 마을에 인민위원회나 그런 조직은 조금 후에… 나는 어리니까 거기 구성원들까지는 모르겠는데. 반탁이니 신탁이니 그런 거까지는 어려도 그냥 같이 막 ▮다니고▮, '신탁통치 절대 반대!' 또 '단독정부 반대!' 하면서, '이승만아 물러가라', 단독정부 물러가라는 말이지. 그렇게까지 하는데, 뭣도 모르고 나도 같이 따른 게 있었어.(웃음) 그때 앞에서 목소리 내던 사람들은 나보다 연령 위야. 당시에 나는 열다섯 살인가에 ▮한림중학원▮ 들어갔는데, 보통 결혼한 사람도 있고 열아홉, 스물 두 살까지도 있고. 나처럼 어리고 쪼그만한 사람은 한 서너 명이고, 그 외에는 전부 나 위에 세 살위, 다섯 살 위, 심지어는 결혼해서 아기 낳은 사람까지도 있었어.

▌1948년 9월께 제주도의 한 농가의 모습. 〈출처: 4 · 3연구소 소장〉

잊혀 지지 않는 선생님들과
한림중학원 민주애국청년동맹 활동

47년에 한림중학원에 입학을 했어. 학교 다닐 때 나는 당 가입은 안 했어. 당은 아니고 민애청인가? 민주애국청년동맹. 그런 운동했을 거야. 거긴 가입해 났을 거야. 가만 보니까, 그때 해방되는 뒷 해 내가 ▌국민학교 ▌졸업생인데, 그 당시 한림중학원이 설립됐어, 중학원으로. 나이가 제일 많은 어른이 고○○, 한문선생으로 원장을 하고, 원장 이외에는 가만 보니까, 빨갱이는 아니더라도 시국 때 전부 일본으로 다 피했어. 그중에도 김○○이라는 선생은 막 똑똑하던데. 국사 교사였지. 키도 좋고 틀이 좋았어. 풍체도 좋고 키도 보통키 넘으면서 좋았지. 발음도 정확하고, 그 선생 말하는 게 귀에 들게끔…. 아마 처음에 한림에 있다가 오현중학원으로 갔

을 거야. 나머지 선생은 전부 일본으로 튀어버리고. 국어 선생은 김○○, 수학선생은 양 뭣이고, 음악선생은 박 뭣이고, 이름은 다 잊어버렸네. 아! 음악선생은 박○○, 체육선생은 양○○라고 있었고, 식물선생은 조○○. 거기도 선생들이 그쯤된 선생이라노난 학생들도 알게 모르게 영향을 받았을지도…. ▮학생들끼리도▮ 요새 같으면 전단, 삐라도 그 계통으로 뿌리고. 그렇다해도 서로 모르지. 어젯밤에 ▮삐라를▮ 어떻게 뿌려두고 옆에 앉아도 몰라. 뿌렸다고도 안 하고, 순 완전 비밀이니까 그 당시에는. 삐라 내용은 "단정 반대", "이승만은 물러가라", "인민공화국 만세" 그런 식이라. 학교 다닐 때 몇 가지 노래를 배워서 부르기도 했어. '민애청가'나 '적기가'도 부르고. 한라산에 있는 '빨치산 노래'도 있었던 것 같아. "남조선 높은 산 골짜기마다 지하에 떨면서 용감히 펼치는 우리의 형제를 잊지 말아라." 뭐, 그런 노래도 있었어. 한 가지 생각나는 건 중학원 다닐 시기에 아침 조회를 하면 그 당시에 꼭 애국가를 불렀어. 그런데 학생들이 어떻게 교육을 받았나? "~ 대한 사람 대한으로 길이 보전하세~" 하잖아? 그 당시에 조금 살벌하기 시작할 땐데 끝에 가서 "~ 조선 사람 조선으로 길이 보전하세~"로 끝냈어. 학생들이 싹 불러버렸단 말이야. 그러니까 선생님들이 발발 떨어서. 그게 벌써 가사 자체가, 애국가 가사 자체가, 뭔가 책임 추궁을 받을 거를 의식했던지 절대 그렇게 부르지 못하게 할 때였지. 그러니까 그때 한림지서에 나도 갔었지만 한 20명쯤 경찰관이 데려 갔나? 그 학생들의 사상을 의심한다는 식이지. 이만한(한 팔 길이) 작대기로 이런데(팔이나 등) 착착 때리면서 "솔직히 말해! 솔직히 말해!" 추궁해도 뭣을 솔직히 말해야 되는지 난 모르지. 그렇게 해서 즉시 나오긴 했지마는 그런 것도 있고.

서청 출신 공포의 학련 회장과 시범총살

그때 중학교 2학년 땐데, 우리 학교에서도 그 고비쯤 되니깐, 이북청년 단에서 온 프락치, 말하자면 정보원에 해당되는 학생이 그 당시 학련 회장이 됐어. 이북에서 온 학생 3명이 편입했는데, ┃그 학생들이 불러서┃ 갈 땐 벌써 정보를 수집하는 거야. "너, 너 오라" 하면 가는 거여. 그러니깐 무서워서 나도 학교를 못 나갔지. 그러던 판에 아버지가 돌아가시니까 학교 갈 형편이 못됐어. 그 당시는 ┃학련┃ 그놈들이 "너 와!" 하고 한 마디만 하면 이건 뭐~ 저승사자지. 벌써 위축돼서 말도 안 나오고, 이건 말할 상태가 아니여. ┃그 사람들이 그렇게 힘이 셌던 것은┃ 서북청년단이 그때 특수부대에 조직이 됐지. 말하자면, 북한에서 쫓겨 나와서 멸공을 한답시고 특수부대 소속이 돼서 그런 거야. 그 학련 회장인가 하는 사람쯤은 우리 연령 보다 나이도 막 여럿이나 위야. 직접 고초당한 사람은 못 봤는데 내가 그렇게 해서 집에 있을 때에, 한림중학교 교정에서 세 사람이 시범사살됐다는 소리가 있었어. 귀덕에 김○○이라고 나하고 동갑이고 같은 책상에 앉은 사

┃ 5·10 선거를 앞두고 제주사람들은 산으로 피신했다가 선거가 끝난 뒤 하산했다.
〈출처: 미국내셔널 아카이브즈 소장〉

람이 총살당했어. 좌○○이라고 하는 학생하고, 또 한 사람 이름은 잊어
버렸네. 자기네 딴에는 세 사람을 아주 위협 사격한 거지. 본보기로 그렇
게 했다는 말도 들었지.

아버지의 죽음

아버지는 농사짓던 사람이었는데 39세에 그러니까 1948년, 양력으로
는 12월 될 꺼야. 그때 희생당했어. 일제시대 때 한학을 조금 공부했던 분
이었는데⋯. 아버지 제삿날이 음력으로 10월, 양력으로는 12월달이지.
한참 눈 오고 할 때였는데, 어느날 아침 갑자기 동네에 군인들이 들이닥
친 거라. 그 당시에 2연대라고 했던가? 어쨌든 일제히 제주도 전체를 작
전상 아래에서부터 몰아가는 거야. 군인들이 마을을 포위해서 전부 동새
백(아침 일찍)이 동네 밭으로 나오라고 했거든. 남녀노소 할 것 없이 동네
사람들이 전부 모였어. 우리 아버지하고 동네어른들 할 것 없이 그 당시
한림국민학교로 끌려 간 거야. 그때 젊은 사람들은 다 붙들려 가고 했는
데, 난 그 당시에 중학교 2학년, 열여섯 살 때니까 어리고 해서 다행히 끌
려가진 않았어. 그것도 자기네 생각대로야. 어려도 똑똑해 뵈면 끌려가
고, 나이가 많아도 자기들 눈에 거슬린다 하면 끌고 가는 판이야. 아버지
가 끌려간 다음에 우리 어머니가 낮이 넘어 █학교로█ 가면 밥을 가지고 가
는 거야. 어머니가 하는 말이, "밥을 갖고 가서 보면 양쪽 교실이 붙잡아
간 사람들로 꽉 찼더라"는 거야. 아버지는 우리 어머니가 건네준 도시락
을 받아서 한 이틀간은 먹었는데, 3일째는 가니까 아버지가 막 낙심을 해

서, "이것도 필요 없다"고 받지 않으면서 "먹지 않겠다"고 하더라는 거야. 어머니가 집에 돌아와서 하는 말이, 갑자기 총소리가 막 나서 보니깐, 뛰는게 옷이나 뭐나 우리 아버지야. "큰일났구나" 그래서 울면서 집에 왔어. 집에 와서 그 소리를 했는데, 아닌 게 아니라 조금 있으니까 "시신을 수습해서 가라"고 통지 ┃누군가에게┃가 왔던 모양이지. 요즘은 고층건물 있고 하니깐 잘 안 보여도 그 당시에는 지금 읍사무소 동산에서 보면 국민학교 전경이 훤하게 보였었지.

그래서 이젠 우리 고모들하고 할아버지하고 몇이 가서 수습을 했어. 학교 운동장 울타리 곧 지나서 쓰러져 있었는데, 머리도 크게 상처를 입고…. 그렇게 수습해 와서 동네 가까운 데 매장했어. 알고 보니까, 이런 말까지 안 해도 되지만, 아무 때도 이상한 사람들이 동네에는 있거든. 참, 그 사람들이 몽니를 부리는 바람에 많이 희생당했어. 아버지도 그 일부였지. 어쩌면 나올 수도 있었는데…. 그래서 희생당했어.

한림면 옹포로의 소개,
통조림 공장에서의 집단생활은 벌써 ┃정신이┃ 반 죽은 거지

유리 마을에서 한림면 옹포에 있는 통조림 공장으로 소개갈 때는 마을 주민들이 전부 내려왔어. 행색이야 오죽하겠어? 못 먹지, 춥지, 가면은 "너 남편 어디 갔냐?", "너 아들 어디 갔냐?"고 하지. 이건 꼴이 아니지. ┃정신이┃벌써 반은 죽은 거야. 통조림 공장에 가서는 집단생활을 했어. 그러니깐 통조림 공장에 가면 요만한(자기 주위를 손으로 그리며) 방이면 한 네 가

족들 살아. 거기 보니깐 금악, 상명에서부터 명월 중·하동까지 전부 소
개돼 내려온 거야. 요만한 방 하나면 네 가족씩 앉고, 가져온 건 쌀이나
몇 말씩 자루에 담아왔어. 바깥에 가면 공동취사하다시피, 한 가족이 죽
이라도 한 번 끓여 먹고 나면 그 솥을 다시 다른 사람이 사용하고 했어.
뭐~ 말이 아니었어. 다시 집으로 돌아간 지는 한 6개월쯤 후인가? 거기
서 집단생활하다가 재건해서 올라갔지. 올라가 보니까 우리 동네는 다행
히 집을 불 안 태웠어. 지금 한림고등학교 있잖아. 그 바로 윗동네라. 그
때 불은 안 태우고, 그 위에서부터 중동마을 국민학교 그 부근은 군인들
이 전부 불 태워 버렸거든. 집이 없는 사람들은 자기 터에 가서 소낭(소나
무)들 막 베어다가 집짓고, 그렇게 하면시 살아온 게…

▌1948년 7월께 한라산에서의 경비대 작전모습. 〈출처: 4·3연구소 소장〉

1~2평밖에 안 되는 궤로의 도피

한림 지서에서 동네사람들을 다 포위해서 젊은 사람은 무조건 끌고 가 곤 했어. 아버지도 두어 번 그렇게 해서 나왔는데 세 번째는 한림국민학 교에 꽉 담아져서 희생당한 후에는 학교고 뭐고 안 되겠다는 생각이 '팍' 하게 들었어. 그래서 동네사람들이 소개돼서 내려올 때 내려가지 않고 산 으로 갔어. 우리 동네 바로 위에 명월경에 우리 밭이 있었는데, 거기 조그 만 동굴이 있어서 숨었지. 이름도 없는 조그만 궤야. 겨우 기어서 들어가 면 요 초석(1~2평 정도)만한 곳에 서너 사람이 일본군제 반합에 밥해서 하 루 두 번씩 먹었어. 아침에 한 사람이 세 숟갈씩 떠먹으면서 살았지. 한 통 해서 그걸 하루 동안 먹는 거야. 하루 한 통도 이빠이(가득) 안 채우고 먹었어. 두 사람이 나눠서 한 사람이 세 숟갈 정도씩 아침에 떠 먹고 저녁 때 먹고. 그게 가장 생생하게 기억돼. 그렇다고 그곳이 안전할 수가 있 어? 할 수 없이 숨어 있는 거지. 그게 언제까지고 버틸 수만도 있는 것도 아니고.

특별한 의도가 있어서 산에 간 것도 아니고, 마지못해 피해 다닌 거지

안되겠다 싶어서 올라갔지. 겨울이었는데 눈에 푹푹 빠지고 했지. 우 리 밭 궤에 셋이 숨어 있었는데, 그 셋 중에 금악에 살던 선배가 제일 나 이가 많은 사람이라, 오○○이라고. 그분 매형이 궤에 왔더구만. 나는 몰랐는데 그분하고는 어떻게 연락이 됐었던 모양이야. 궤 입구에서 "○○아~ ○○아~" 부르는 소리를 듣고 나가보니까 그때가 밤 12시쯤 됐을 거야. 그분을 따라 고림동까지 갔는데 그 선배는 매형을 따라 금악리로 가버렸고, 우리는 또 다른 연락원을 따라서 한대오름 위에, 지금은 지경을 잘 모르겠고, 돌오름 쪽으로 피했다고. 우리를 그곳(아지트)에 데려다 준 거지. 가서 보니까, 거기도 체계가 전부 되어 있었어. 학교도 못 할 형편이고, 아버지도 돌아가셔 버렸고, 말하자면 현실을 피했다고나 할까. 난 특별한 의도가 있어서 산에 간 것도 아니고, 그 당시 마지못해 피해 다닌 거지. ▎아지트가▎ 어디 있는지는 지금도 잘 몰라. 한두 군데가 아니었지. 년책이다 뭐다 있었던 곳은 한대오름이라고 하는 덴데 나도 잘 몰라. 다래오름도 다닌다 뿐이지, 잘 모르겠어…. 산에 가도 어디가 어딘지 모르고 쫓아다니는 거뿐이지 ▎지경을▎ 전혀 몰라.

식량 버리고 입산했다 혼쭐나기도

산에서 한 번 혼난 적이 있어. 거 무슨 말인고 하면, 우리 밭 궤에서 살 때 좁쌀이 두 말쯤 남아 있었거든. 그걸 져서 올라가다가 중간에 하도 힘들기에 산담 옆에 버려두고 가버렸어. 산에 가서 이 말 저 말 끝에 그 소리 했다가 그걸 버려두고 왔다고 혼나게 욕들은 적이 있어. 산에서 하는 말이 "식량이 얼마나 귀한 줄 아느냐?"고 그래. 그걸 버려두고 왔다고 하니 혼날 만도 한 거지. "자기 자식 다루듯이 식량을 다뤄야 하는데 그렇게 함부로 버렸냐"고 말로 혼났지. 산에서 밥은 여자들이 좀 있어서 해줬어. 빨래도 해주고. 그 당시에도 내가 있는 데는 댓 사람이 있었는데 거의 다 처녀였어. 나는 나이 어려서 거기 있는 사람들의 보호를 받는 처지였는데, 여자분들이 잘 챙겨줬지. 그때 같이 있었던 여자분인데 제주시에 사는 사람 있어.

입산 활동과 한림면당 조직, 그 체계가 참 재미나

나가 열 여섯 살밖에 안 될 땐데. 그때에 면책하면 면장급, 면장급이라는 사람이 책임자야. 양○○가 면책이야. 나도 그 이름만 들었지 나중에 알고 보니까 한림 사람이더구만. 거기도 무슨 체계가 있어. 가서 보니까 총무부, 연락부, 선전부, 그렇게 부가 있어. 보급부가 부락에서 ┃식량┃ 탈취를 해온다든지 하면, 총무부는 보리니 조니 콩이니 한 걸 전부 가져온 것을 보관하면서 안정하게 나눠주고, 일정 한도로 최소한의 식량을 배급해 주는 거야. 총무부장은 오○○이고, 연락부장은 박○○일 거야.

면책이 요만한 메모지(엽서크기)가 있으면 더 작게 써서 똘똘 말고, 중간에 떼어내지 못하게 풀로 2중, 3중으로 딱 붙여서 그거를 연락부장에게 갖다 주라고 해. 그러니까 같은 곳에 ┃면책과 연락부장이 함께┃ 있지를 못해. 곶자왈(원시림) 속에서 보면, 가령 여기가 면책이 있는 굴이면, 거기서도 한참, 얼른 한두 번 본 사람은 못 찾을 정도의 위치에 연락부가 있었어. 거기도 연락부 부장 밑에 한 여섯 사람이 있어서, 같이 생활하는 사람 있는데, 연락부가 거기 가서 그 메모를 주면, 그것을 다시 각 리책들한테 주게 돼. 리 단위, 말하자면 이장급에 해당되는 사람이지. 그 사람들은 자기 동

네에서 과히 떨어지지 않은 곳에 중간 지점에 어디 굴 같은 데 살면서 그걸 받는 거야.

지시를 받고, 만약에 아래에서 어느 토벌대가 온다고 하면, 그 사람들이(이장급들이) 그런 식으로 연락해서 보내거든. 그러면 다시 그 사람은 여기서 연락하러 간 사람에게 줘. 연락부장이 절대 그걸 직접 받지 않아. 딱 중간지점에서 주고 그 사람이 거기서 멈추면, 연락을 받은 사람은 다시 또 연락부장에게 주고, 연락부장은 다시 면책에게 가서 주는 거야.

그 체계가 참 재미나. 면장급 된 사람이 그걸 받으면 딱 까서 본단 말이야. 보면 그거를 볼 때에 또 지도원이라고 있어. 그건 도에서 파견 나온 사람이야. 그러니깐, 면장급보다 위에 있는 감독관이지. 항상 옆에 딱 앉아 있어. 앉아서 그걸 딱 까봐서 "이거 읽어 봅써" 하면 지도원이 본 다음에 "봤수다" 하고 회답을 하면, 면책이 회답 내용을 쓴단 말이야. 그걸 쓴 다음에 다시 도에서 온 지도원에게 보여. 말하자면 결제받는 형식이지. 이제는 도에서 온 사람이 쭉 봐서 "됐수다" 하면 똘똘 말아. 요만한 건데(엽서 크기) 말면은 요만이(손가락 하나쯤) 하게 이중으로 해서 도장을 '쾅' 찍어. 그렇게 해서 주면 연락부장에게 갖다 주는 거야.

왜 내가 그걸 잘 아냐고 하니까, 내가 열여섯 살이어서 어리고 하니까, 어디 동원 다니는 것도 없고, 어디 식량 가지러 가는 것도 아니고 하니까, 말하자면 시장 비서처럼 그걸 가져다가 연락부장에게 주는 일을 내가 한 거라.(웃음) "이거 가져당 주라" 하면, 비가 왔건 눈이 왔건, 한밤중이든, 그 곶자왈 속에서 낮에도 헤매서 못 갈 길을, 보내면 가지 않겠다고 못하는 거야. 밤중에라도 가라고 하면 가야 돼. 어떨 때는 밝아서 보면 얼마 멀지 않은 곳인데도 밤중에 눈 위로 막 헤매고, 헤매서 겨우 찾아가서 보면 두어 시간 걸리기도 했어. 그게 어디 명령이라! 죽기 아니면 살긴데!

▌제주도의 중산간 마을은 토벌대의 소개로 황폐화되었다. 〈출처: 4·3연구소 소장〉

그런 일을 했던 행정을 알기 때문에 내가 이런 소리를 하는 건데, 참 그렇게 무서운 세상이었지.

그런데 한 가지 우스운 건, 토벌대가 와서 이리로 쫓기고 저리로 쫓기고 하면서 겨우 목숨만 연장하다시피하는 사람들이, 우리 인민군대가 어디를 점령하고, 어디 읍사무소, 면사무소에는 우리 인민군이 가서 행정을 보고 있다고 그런 선전을 했었어. 선전부에서 가리방으로 등사해서 그런 선전용으로 나눠줬어. 그러니까 우린 그런가 보다, 아닌가 보다 했지만 곧 죽어도 그 사람들이 그렇게 했다고! 선전부는 몇 명 안돼. 그것도 강○○이라고 나 아는 고향 선밴데 가서 보니깐 그걸 하고 있더구만. 그 사람도 말하자면 면 단위에 속한 선전원이지. 선전부장이라기 보다는 선전원이라고 할 수 있지. 영리한 사람이었어. 면책은 무장대하고는 전혀 관계가 없어. 무장대는 도 산하였을 거야. 면책이 무장대들을 어떻게 한다거나 하는 건 도저히 있을 수 없는 거지. 나 있는 데서는 훈련받을 사람들도 아니고, 나이도 많았어. 도에서 파견된 지도원도 우리는 전혀 몰라. 완전 비밀이라. 항상 ▎도 지도원이 ▎면책하고 잠을 자면, 나도 같이 자고 했지. 심부름 시키려니까 면당 본부에 나도 같이 있었던 거야.

산에서는 그저 시킨 일, 일이라고 해도 별로 한 일도 없지만, 그런 일밖에 안 했어. 무서운 생각도 거기 가니까 잊어버리고, 앞으로 어떻게 살까 하는 그런 저런 생각도 전혀 없었지. 너무 단순한 거. 죽기 아니면 살기뿐이었으니까! 희망이 없는 생활인데 뭐~.(한숨) 나 생각으로는, 이 다음에 뭘 하겠다는 희망을 가져서 산에 있던 사람도 없는 것 같애. 막상 쫓겨서 가다보니깐 거기까지 간 거야….

책으로 교육을 해도, 죽느냐 사느냐 하는 판에 외울 수가 없지

산에서 자기들끼리도 교육같은 건 해. 나보고도, 그때 어린 나이긴 하지만 기억력이 한참 좋을 때 아닌가? 그 당시 선전 하는 게 있어. 한글하고 한문이 섞여 있는 수첩 같은 책이었는데, 모택동에 대한 내용이 있었던거 같기도 하고…. 잘은 모르지만 강령 같은 것들이 적힌 책자를 주면은 외우랜 하거든 날보고. 그러면 난 그거 동그랗게 해서 딱 외운단 말이야. 각 리에서 온 사람이 있어. 그 사람들도 교육을 받는데 말하자면 면책이 나하고 같이 앉는 사람을 불러서 이거를 외워보라고 하거든. 나는 어리고 단순하니까 외웠다 치고. 이 사람들은 나이도 있고 앞일을 생각하면 죽느냐 사느냐 하는 판에 외울 수가 없지.

기묘한 은신

한 가지 우스운 건, 이 말은 안 들어 났을 거라. 막 쫓겨서 피하다 보면 어떡하다가 밋밋한 잔디밭에 가게 돼. 거기 가면 산들(무덤들) 있잖아? 쫓아가서 보면 산 앞에 잿돌이 있어. 제물 올리고 하는 상석이 있는데 그걸 들으면 그리로 옴막(감쪽같이) 들어갈 수 있어. 반공 모냥(반원 모습)으로 들어가면, 옆에다가 굴이 만들어져 있어. 관 있는 쪽은 아니고, 그 옆으로 뚫어서 산 옆에다가 가짜 봉분이 있는 거지. 그 가짜 봉분을 만들어서 요렇게(봉분 모습을 가리키며) 무덤처럼 만들어 있는 거야. 그리로 통해서 안으로 가면 낭(나무)을 이렇게 걸쳐서 공간이 되는 거라. 그런 곳도 몇 군데 쫓아다니면서 숨은 적이 있었어. 그때 내가 어리니까 그런 곳을 아는 사람들이 가다가 "요래 들어 와 불라(이리 들어 와 버려)"고 하면, 잿돌·상석 들고 먼저 "들어가라" 해서 들어가면, 나중에는 그 어른이 들어와서 ∥상석을∥ 살짝 내리는 거지.

토벌대 따돌리기

산에 있을 때 죽을 뻔한 적? 허~.(한숨) 어떨 때는 토벌대가 오면 막 피하면서 돌아다녔지. 아래서 막 토벌하면서 가까이 올 거 아니라? 오면은, 눈이 많이 쌓일 때는 제가 아무리 뛰어봤자 뛰지도 못할 뿐더러 눈 위에 발자국이 날 거 아니겠어? 아무리 뛰어봤자 발자국 쫓아오면 어떡해? 그래서 어떻게 하냐면, 한참 뛰어가다가 토벌대와 약간 거리를 두어졌다 싶으면 이젠 돌아서서 빗자루 같은 나뭇가지 꺾어서 눈을 '삭삭삭' 비벼 버려. 한 30m만 가버리면 그때부터는 발자국이 눈에 싹 가려져 버려. 토벌대가 발자국 있는 데까지만 오면 더 이상 노출이 안 되는 거야. 그런 식으로 토벌대를 피해 본 적은 있고, 직접 총을 맞거나 그런 적은 없어.

산에서의 겨울나기, 맹개낭(청미래덩굴)이 아주 좋아

산에 가면 나무 사이에 가면 바람이 독하잖아. 하면, 그곳을 파는 거야. 이 정도 깊이로(팔꿈치 길이) 네모나게 파서 나무들 많으니깐 '딱, 딱' 잘라서 네 기둥을 세우고 새(띠)를 베어다가 덮어. 새로 덮어서 한쪽으로 걸치면 이 안에 화덕을 만들어서 숯불을 때는 거야. 숯불도 때고 만약에 숯이 없으면 맹개낭(청미래덩굴)이라고 마른 거, 그건 아주 좋아. 비가와도 그거 딱 꺾어서 불 붙이면 연기 하나도 안 나고 불에 잘 타. 그렇게 해서 불 때는 걸 봤어. 난 어리니까 해주는 대로 쫓아만 다니고 구경만 하고 말이야.

갈중이, 군복, 학생복 제각각 입고 지나가는 거 봤어, 몇 명 안되더라고

산에서 무장대가 지나가는 건 봤었는데 몇 명 안되더라고. 내가 본 때
는 인원이 그 뿐이진 않겠지만 한 30명 정도밖에 안 되더라. 그 당시에는
그 규모만 될 리는 없을 텐데 말이야. 복장은 뭐, 갈중이 입은 사람도 있
고 일본 군복에 일본 군화를 신은 사람도 있고, 또 아래는 갈중이에 위에
는 양복 닮은, 학생복 닮은 거 입은 사람도 있고, 제각각이지. 누가 보급
해서 군복 입고, 단체복을 입고 할 수 있겠어? 이덕구 부대는 말은 들어
도 몰라. 묻지도 않았고, 말해줄 이도 없고. 그냥 무장대가 '아~, 가는구
나' 생각하고, 어떤 사람이 총을 맸으니까, '아, 총을 맸구나' 라고 생각하
고, 그 뿐이지.

귀순과 동료의 체포

그 당시 자꾸 비행기로 귀순하라고 했어. 자체 내에서 귀순해서 살아남
으라는 말은 듣지 못했어. 그런 말 잘못하면 큰일 나지. 난, 나 혼자서, 어
릴 때라도 전단 보고 판단해서 기를 만들었어. 잡히지 않겠다는 생각에
일부러 기 만들고 내려왔다고. 한 4개월 정도 있다가 1949년 4월달에 세
사람이 내려온 거지. 어떻게 해서 4월로 기억을 하냐면, 한라산에 철쭉이
필 때였던 것 같아. ▮산에서▮ 내려오면서 보니까 사람들이 고사리 꺾으러
올라가고 내려가는, 그래서 알았지.

濟州島民에게

맥은 찼습니다. 어머님의 보리농사에 피해케이겠습니다. 속히 비어오지 안하면 비가와서 밧에서 쑤거버립니다. 속히 집으로 도라와서 飽食을

군정장관 副官 少將
작단하여여 노십시오.
濟州島 少將
濟州道 사람들의 양식의 필요하다는 것을 잘아라서 이번에

여러분은 집으로 도라와서 어머님의 일을 돕는 것은 조금도 危險치 안슴니다. 조금도 위험치 안습니다. 여러분이 도라와주는 것은 朴진경 大隊長과 警察에 말어서 여러분의 일입니다. 얼마안서서 여러분을 공산주의자나 운운.

民主主義 政府 ... 自由 ... 國會 ... 新政府 ...

西紀 一九四八年 六月 二日

駐屯 軍政長官을 代表하야

陸軍大佐

로쓰렐 부라운

토벌대는 여러 차례에 걸쳐 귀순을 촉구하는 유인물을 살포했다. 사진은 1948년 6월 2일 브라운 대령 명의로 항공기에서 살포한 유인물. 〈출처: 4·3연구소 소장〉

내려오면서 나하고 만났던 사람도 고향 선배들인데 하나는 중학원 동창이고 하나는 선배라. 산에 올라갈 때부터도 못 봤던 사람들인데 토벌에 쫓기면서 이리저리 다니다보니 그 두 선배가 합류했어, 그날은. 이젠 셋이 오랜만에 만나서 있는데, 그때는 아주 토벌이 심할 때여서, 다시 쫓아오니깐 할 수 없이 또 이리로 쫓기고 저리로 쫓기고 했어. 그러다가 내가 제일 밑인데 제안을 했지. 비행기로 자꾸 전단 뿌리는 걸 보면서 같이 내려가자고 했지. 그 사람들은 나보다 두 살 위였고, 내가 제일 작아도 영리했는지 몰라, 지금 생각해 보면. 그래서 그 당시에는 수건도 없을 때여서 광목 찢어서 중 찰리(스님이 메고 다니는 천으로 만든 가방) 모냥(모습)으로 만들어 두 개를 주니까 하나씩 받대. 이젠 "우리 발로 내려갑시다" 했어. 그때가 아침 한 10시쯤 됐을 거야.

어음리에서 봉성리 사이인 것 같아. 수풀이 무성한 데에서 내려가려고 나오는데 나가면 허허 벌판이라, 잔디밭. 그쪽으로 나가는데, 한 사람이

앞에 나오더니 "손들어!" 하면서 M1 총으로 탁하게 '팡팡' 쏘더라고. 그러니까 선배 하나는 3m쯤 앞에 큰 바위에 숨었다가 나와서 손 번쩍 들고 탁하게 꿇려 앉히고, 그 다음에 7m쯤 뒤에 쫓아가던 사람은 옆 밭으로 튀더니 넘어져서 발만 삭삭 부비고 있고. 난 맨 뒤에, 한 10m쯤 뒤에서 뛰었거든. 나도 손들고 밖으로 나왔으면 그 고생을 하지 않았을 텐데 무슨 생각했는지 몰라. 안 되겠다 싶어서 막 뛰다보니 숨을 데가 있나? 한 10여 분 정도 가니까 밋밋한 쇠 먹이는 밭, 목장이 나와. 그 사람들이 총 쏘면서 쫓아오는데 살려고 하니까 그랬는지 총을 맞지 않더라고. 그렇게 해서 겨우 숨었어. 방향 감각도 잃어버렸다가 오후 5시쯤 되서 동산 위에 올라가서 보니깐 비양도가 보여. '그래, 저기가 북쪽이니깐 이리로 내려가면 되겠다' 싶어서, 요만한 나무 꺾고 내가 기 만들어서 들고 내려오다가 또 일을 당한 거야. 난 오름 위에 올라가서 오름 꼭대기 위에 이상한 바위가 있는데, 그 속에 들어가서 보니깐 군인 한 사람이 쫓아 온 거지. 막 그 바위 쪽으로 총을 쏘는데도, 내가 꿈쩍도 하지 않고 있으니까 그 사람은 날 못 본 거야. 난 보는데 말이야. 그래서 그 사람이 총 몇 발 쏴두고 거기 몇 바퀴 돌아서 가버렸어. 조금 있으니까 멀리서 노래 부르고 북 두드리면서 내려가는 소리가 들려서, 보니깐 나 앞에서 잡힌 사람 둘이 같이 내려가는 걸 봤지! 그때 '아, 잡혀서 가는구나' 고 생각했어. 나하고 같이 내려오다 잡힌 그 두 사람은 나중에 모슬포 갔는데, 그중 나이 많은 김○○이라는 사람은 인천형무소로 갔다는 말을 들었어. 중학원 동창생인 양○○이라는 사람은 모슬포에서 석방된 후에 나하고 한림 지서에서 조사받고 했는데, 그때 하는 말이 "그 족은 놈의 새끼 잘도 뛰더라"고 하면서 우스갯소리로 한 적 있지. (웃음) 근데 결국은 그 사람도 6·25 터지니까 육지로 끌려가서….

금릉 파견대 억류와 석방

난 어린 탓에 무사했지. 한 4개월 산에서 살고 나오니까 열 일곱(1949년) 때였지. 열 일곱 곧 된 때고, 이제도 작지만 그때도 키가 작고 어리고 하니까 봐줬겠지. 내가 생각하기에, 그때 내 나이에도 조금 키가 크면 당했지. 솔직히 그게 참고가 됐는지 안됐는지 몰라도…. 난 숨거나 총 맞을 뻔하면서도 반드시 백기 들고 내려왔어. 기를 들고 내려가는데, 밋밋한 데여서 가다 보면 토벌하다가 북 두드리면서 오는 소리가 들려, 그러면 조금이라도 얕아 보이는 데 딱 엎어지는 거야. 그 사람들이 넘어갈 동안. 그 사람들에게 나도 손들고 같이 가겠다고 해도 될 거지만, 난 나대로 잡혔다는 소리는 듣지 않으려고, 기왕 기 만들고 내려가려고 했으니까 그렇게는(손들고 나오는 일은) 안 했어. 그래서 그 사람들이 넘어가 버리면 이젠 또 뛰어오고 하면서(해안으로) 내려왔어. 기를 들고 내려왔는데, 그때 한림면 금릉에 전투경찰이라고 있었어. 파견 나온 전투경찰이었지. 거기 내려가 보니깐 한 이틀 동안은 밥도 잘 먹으라고 더 주고, 막 잘 대해줘. 하루는 나더러 "오라"고 해서 개인주택인데 좀 넓은 곳으로 갔어. "따라와" 해서 가 보니까 주둔한 주위에 성이 둘러있었고, 따로 이 방만큼 한 방으로 오라고 해서 갔어. 거기 들어가니까 나를 돌아서게 한 다음에 "똑바로 말해! 손들엇!" 하면서 총을 '탁' 장전하잖아. 그때에 조금만 사상이 불순한 사람 같으면 "인민공화국 만세"를 부른다든지 하면 이건 뭐, '알았어! 이레 와!(이리 와)' 해서, 그때부턴 족치다가 죽는 거야. 난 어려서 그렇게 할 말도 없고, 실지로 믿었던 사상도 있는 것이 아니어서 양 손을 올리고 벌벌 떨면서 "어머니~ 어머니~" 하면서 울기만 하니까 그 사람들이 "돌아서!" 해. 돌아서니까 땀이 선뜩한 게 온몸이 놀삭(갑자기 지친 듯하다는 말)해버

▌중산간 마을 사람들이 소개령에 따라 해안으로 내려오고 있다. 아이들을 업거나 손을 잡고 내려오는 이들은 대부분 빈손이다. 〈출처: 4·3연구소 소장〉

렸어. 그냥. 하하(웃음) 그렇게 해서 살아난 적이 있어. 그때 순간적으로 까딱 잘못하면 그땐 뭐…. 난 그래도 비교적 취조는 안 당한 편이지. 첨, 곧 죽일 듯이 그렇게 총을 겨누면서 위협은 해도, 모질게 매를 맞거나 하지

는 않았어. 그렇다고 그 사람들이 아버지 말이라도 하면 어떻게 할까 했
는데 일체 아버지 말도 안 하고, 나도 말한 일도 없어. 또 학교 다녔던 말
도 안 했어. 중학원 다녔었다고만 했어도 조금 꼬투리 잡았을는지 모르겠
는데 그것도 아니고 해서 무사히 넘어갔지. 내가 금릉파견대에 있으니까
어머니가 옹포공장에 있다가 면회를 왔어. 그게 어떻게 된거냐 하면, 귀
순해서 막 내려올 때 중간에서 고사리 꺾으러 갔던 금악리 아주망(아주머
니)들이 내려오면서 "아이구야~ 느 어딧 애긴지 잘왐쩌, 잘왐쩌(너 어디 아
기인지 잘 왔다)" 해. 이젠, "아이고~, 느네 어머니넨 옹포공장에 있져(네 어머
니는 옹포공장에 있어)" 하는 거라. 그 아주망네도 옹포공장에 어머니하고 같
은 방에 사는 사람이었어. 그렇게 해서 어머니가 내가 내려온 걸 알아 면
회를 온 거라. 그때 계를 만들어서 고사리 꺾으러 다니게 했던 모양이야.
그렇게 하면서 금릉파견대에 한 2주일 살았어. 거기서 석방되서 집에 왔지.

전쟁에 나가서 죽고 싶어도 매번 '불합격' 안 보내줘

나하고 같이 석방되서 왔던 사람들이든, 그렇지 않았던 사람이든 간에
하루에 싹 예비검속당해서 들어갔는데, 잡아간 다음에야 알았지. 석방 후
나는 집에 있었기 때문에 잡히지 않았는데, 그렇게 어느날 갑자기 사람들
을 잡아가버린 다음에야 난 알았어. 6·25가 났는지 말았는지는 모르고.
나중에 동네에서 소집해서 훈련시키고 할 때야 비로소 '아~, 전쟁이 있
구나. 이러니 다 잡아 갔구나' 하고 속으로 생각했지. 이렇게 하다가는
'나도 때가 됐구나' 하고 생각했어. 나 또래 연령에도 전부 군인으로 소

집을 해 가는데, 난 어차피 이리 죽으나 저리 죽으나 뭐 마찬가지니까 이왕이면 남과 같이 총을 잡아서 일선에 나가서 쏘아보고 죽으면 좋겠는데, 목숨이 아깝거나 그런 것은 생각도 하지 않았어. ▌여기▐ 있어 봐도 죽은 목숨이니까. 나가보자 하는데 그것마저도 마음대로 안 돼 그때는. 두어 번 나가 봐도 입대 시켜주지를 않아. 그것에도 많이 울었지. 한림국민학교 가서 징병검사를 받았는데, 검사가 까다로운 게 아니라 아마 사상범으로 취급을 해서 그런 것 같아. 솔직한 말로 그때도 서류가 다 있었지. 다른 사람들은 최종 판정관 앞에 가면 '합격!', '합격!' 하면서 넘어가는데, 난 가면 "요놈의 새끼, 사람 죽였어?" 하면서 뺨만 댓대 내갈기고는 "불합격!" 하더라고. 두어 번이나 그랬어. 그래서 나중엔 최종적으로 차차 완화됐는지 몰라도 서너 번짼가에 합격해서 군대 갔지.(웃음) 그래서 군대 가기 전까지도 늘 주목받는, 말하자면 요주의 대상자가 된 거야. 왜냐하면 아버지가 그렇게 돌아가셨고, 나도 나 나름대로 주목받는 형편이 되었으니까. 내가 무슨 사상이 있어서 한 건 아니고. 군대는 51년도 2월달에, 6·25사변 나서 한 6, 7개월 됐나? 그때 갔다 왔어. 군대는 갔다가 3대 독자여서 의가사 제대하게 됐지. 실제로는 내가 3대 독자가 아니야. 우리 아버지까진 3대 독자라. 난 우리 동생도 있는데, 군대 가서 내가 병기계에 있었는데 휴가 가서 없을 때 서무계 양반이 나를 독자로 알아서 제대 신청을 해버린 거야. 3대 독자로 신청해버린 거지. 휴가 갔다가 와 보니 3대 독자로 신청을 했다고 하길래, "아, 우리 아버지는 3대 독자이고, 난 3대 독자가 아닌데 이거 공연히 해수다"고 말했지. 보니까, 이제 한림면 사무소 호적계장도 그 당시에 나를 아는 사람이고, 리 사무소 서기도 나하고 조금 놀아난 사람이어서 여기서도 나를 3대 독자로 서류를 만들어서 보낸 거야. 그러니까 그게 서로 합쳐져서 3대 독자가 돼 버린 거야.(웃음)

▌군인들이 중산간지역에서 동굴을 수색하는 등 토벌작전을 벌이고 있다. 〈출처: 4 · 3연구소 소장〉

그때 난 제대 꿈도 못 꿀 때거든. 전시에 들어가도 보통 4년 이상 근무했거든. 헌데 난 3년 정도 복무하다가 가짜 3대 독자가 되서 제대하게 된 거지. 요새 같으면 컴퓨터만 누르면 내용들이 한 번에 나와 버리잖아. 그 당시에는 전부 손으로 쓰고, 서로 대조도 못할 때였거든. 다행인지 불행인지….(웃음)

▌1949년 4월 귀순한 중산간 지역의 주민들이 수용소에서 심사를 기다리고 있다. 〈출처: 4 · 3연구소 소장〉

사돈에 팔촌까지도 연좌제로 걸려드는 판이니까···. 큰소리도 못치고 살았지

그럭저럭 한 다음에는 사기업체에 한 15년 정도 다니면서 생활했고. 결혼하고 지금까지 살아오면서 ▌4 · 3때 겪었던 ▌지난 일을 되도록이면 잊어버리려고 애썼지. 우리 작은 아들까지도 연좌제에 걸렸어. 공사(공군사관학교)에 가려고 했는데, 시험도 잘 보고 2차까지 합격했는데 마지막 무슨 심사에서 떨어졌지. 떨어질 이유가 없었는데 연좌제인 것 같아. 할아버지 일로 해서 우리 작은 아들까지 그런 거야. 무던히도 설움을 받았던 거지. 그당시에는 사돈에 팔촌까지도 연좌제로 막 걸려드는 판이니까. 그러니까 일반적으로 나같이 군대 갔다 왔어도 박정희 시절까지는 연좌제로 걸리는 사람들이 태반이야…. 뭐라고 큰소리도 못치고 살았어. 우리 형편엔 다 그래…. 그래도 지금 우리 아들은 잘 살고 있어.

산에 갔다 온 말은 소설 한 권을 쓰라고 해도 쓰지

그 당시 활동하게 된 사람들이 바로 지령을 받았다기 보다는 어물쩍하게 요망진 척 하는 사람들을 먼저 포섭했거든. 그래서 자연히 이 사람이 말을 알아듣겠다 싶으면 다각도로 이 사람을 위협한다든지, 아니면 육성시키고, 그러면서 자기네 편으로 만들고 하는 게 전부 연결이 된 거야. 알게 모르게. 그러니까 그렇게 해서 결국은 상대편에서 볼 땐 전부 빨갱이가 되버린 거야. 자기가 뚜렷하게 공산주의를 알고, 무슨 사상이 있어서 빨갱이가 됐겠어?

산에 갔다 온 말은 소설 한 권을 쓰라고 해도 쓰지. 그리고 갔다 와서는 이웃에서 말소리만 크게 나도 벌써 간이 떨어지는 거라. 내 목숨이, 내 정신이 아니었지, 그 당시에도. 지금 내가 한 말이면 우리 아이들 보고도 "너네 영 잘 먹어지고 배고픈 줄 모르지? 세상이 좋아지니깐 앞으로 불행한 일이 없을 거 같아도 그게 아니다. 우리 때는 못 먹은 데다가 막상 닥치니깐 어쩔 수 없더라" 그렇게 얘기해.

구술 채록·정리 송지은

김○○ 씨를 처음 만난 2007년 7월은 유난히도 더웠다. 한여름 무더위에 불쑥 찾아가 살아온 이야기를 들려 달라는 요청에 당황스러움을 감추지 못 했던 모습이 아직도 선하다. 5개월 남짓한 짧은 산에서의 생활이 하나씩 머릿속에 그려지는 듯, 또 세월의 지남이 새삼 느껴지는 듯 조심스럽게 말을 이어간 그에게는 또 한 가지 남모를 속사정이 있었다. 바로 결혼 후 자식들에게까지 이어진 연좌제의 꼬리표. 60년이 지났음에도, "말은 하되 비밀로 하자"는 약속을 하고 나서야 자리에서 일어날 수 있었다. 그리고 1년 후, 2008년 여름. 다시 만난 김○○ 씨는 지난해에 자신이 했던 얘기들이 혹시 문제가 되지 않을까 여전히 노심초사하는 모습이었다. 수차례의 만남 끝에, 무엇이 계기가 되었을까. 4·3에 대한 기억은 되도록 지우고 살고 싶다던 그가 입을 열어 주었다. "내가 경험한 산에서의 생활은 4·3의 일부분 정도밖에 되지 않는다"는 그의 말을 통해 아직도 풀리지 않고, 여전히 밝혀지지 않은 역사가 남아있음을 실감했다. 그에게는 밝히고 싶지 않은 과거였으나, 그의 이야기가 또 다른 4·3의 역사로 기억될 것이라 생각하며 나를 믿고 찾아갈 때마다 기억을 더듬어 준 김○○ 씨께 진심으로 감사의 마음을 전한다.

양일화

젊은 날 그 고생해도 후유장애자 인정받지 못했지

1929년생인 양일화 씨는 금악리 출신으로 4·3 때 소개돼 당시 제주읍내로 왔다가 우익 청년들에게 붙잡혔다. 숱한 고문을 받고 그 뒤 인천형무소에서 5년형을 선고받았으나 한국 전쟁으로 형무소 문이 열리면서 나왔다가 다시 붙잡혀 들어가고, 이어서 인민군에 이끌려 의용군으로 끌려갔다. 그 뒤 황해도 개성에서 인민군이 돼 내무서원으로 전라도까지 내려왔 다가 지리산에서 같은 고향 출신 한국군에 붙잡혀 거제도 포로수용소에서 수용생활을 했다. 이후 포로수용소를 전전하다가 석방돼 고향에 돌아왔다. 이어 한국군 징집영장이 나와 육군 에 입대했다. 그는 4·3 당시 우익청년들에게 가혹하게 폭행당한 후유증을 앓고 있으나 후 유장애자로 인정받지 못했다.

일제 때 못살아 학교 못갔어

일제 때 일본 이름은 요시카와 이치카, 일화라고 했어. 고교쿠라고, 공옥이라고도 불러서 이름이 2개가 됐어. 호적에 올리기 전에 아명(兒名)을 공옥으로 했거든. 그러니까 아명인 공옥이라는 이름으로 재판을 받아서, 근거 서류를 찾지 못하겠다고 통지서가 왔지. |4·3사건 때| 재판 받을 때도 "너 이름이 뭐냐?" 하니까 "양공옥입니다"라고, 이렇게 이름을 놔버렸거든. 이걸로 계속 형무소 살이를 해버렸지.

45년도 해방될 무렵에 금악간이학교를 졸업했지만 집안이 어려워서 국민학교를 못갔어요. 다른 사람들은 다 가는데 말이지. 간이학교 동창생들은 우리 동네에도 몇 사람 있어. 여자도 있고, 한림, 제주시에도 있고. 그 당시엔 간이학교를 졸업하면 4학년으로 편입하는데, 친구들이 책가방을, 보따리를 둘러메고 학교 가는 걸 보면서 울기도 했지. 그래도 부모 앞에 원망을 해봤자, 가난한 집안에서 태어났기 때문에, 원망해도 소용없는 일이었지. 그 뒷 해에, 무슨 학교가 있었느냐 하면, 마룻방에 책상 받아놓고 선생님이 아이들 여남은 명 모아놔서 가르치는, 서당 비슷치기(비슷)한 학교가 있었는데, 거기를 다니면서 1년 동안 공부하다 보니까 해방이 되어버렸거든.

집안에 천조대신을 모시다

일제시대 때 노래도 불러났었어. 청년노래, "~와레가와 세이넨 메이료

다~", "~우리는 청년단체다~" 행진하면서 그런 노래를 불렀어. 간이학교 다닐 때는 신사참배하러 다니기도 했어. 한림까지 내려가서 신사에 들어가면 글을 읽으면서 절도 했던 기억이 나. 일주일에 한 번 정도는 간 것 같아. 신사 참배, "우리 백성들을 위해 주십시오" 해서 신사 앞에 기도드리는 거야. 그러니까, 그때는 매집(집집마다)에 가미사마(神様)라고 해서, 널로 톡하게 짜서 위패, 지방 같은 것, '아마테라스 오미카미'라고 해서, 천조대신을 모시는 거지. 모셔서 꽃병을 양편에 세우고, 매날 아침에 일어나서 기도드리고 했어. 집안 구석에 놔두고 나도 그걸 했었지, 집에서. 일어나면, "잘 잤습니다" 하고.

일본이 세계 최고?

일본이 전쟁에서 진다고 생각을 해 본 적이 없어. 일본이 틀림없이 세계를 제패할 거라고 생각했지. 어린 마음에도 그런 생각이 들었어. 만주 들러먹고(장악하고), 싱가포르 함락하는 것을 보니까 당연히 그런 생각이 드는 거지. 제일 강하다고 생각했어. 싱가포르 함락할

때는 현수막 들어서 우리도 같이 돌아다녔어. '싱가포르 간라꾸(함락) 만세' 라고 부르면서. 싱가포르 사람들은 지레(키) 큰 사람으로 몬딱(모두) 옷들 입혀서 만들고, 우리 백성들은 일본군인으로 변장해서 지레 큰 싱가포르 사람을 죽이는 시늉을 해. 일본군이 싱가포르 함락했을 때 청년들이 거리를 돌면서 그런 행동을 했었어. 몇 해 전에 돌아가셨지만, 지레 큰 하루방, '싱가포르 하루방!' 하면서 농담하고 했었지. 그 하루방은 지레가 크니까, 대국 사람이라고 했지. 그렇게 해서 대국 사람으로 만들고, 일본 사람하고 싸워서 찌르면 쓰러지는 셔늉(시늉)을 해. 그러니까, 우리도 완전히 일본 사람으로 인정된 거야. 우리도 일본 사람이었던 거지.

부친의 강제 노무동원과 공출 기억

금악리에서는 일제 때 노무자로 많이 갔어. 우리 아버지도 노무자로 갔거든. 성자 원자, 양성원, 1909년생이야. 아버지는 모슬포 알뜨르비행장 부근 격납고 있는 데서 일했지. 강제노동으로 일하는데 곡괭이질로 흙을 파다가 흙더미가 떨어져서 머리를 다쳤어. 다쳐도 집에 보내주지 않아서 기한이 되어서야 돌아왔는데 그것 때문에 손이 저렸어. 그때 다친 일로 뇌성마비가 되버린 거지. 그 즉시는 몰랐는데 조금 살다가 무슨 원인인고 해서 보니까 그런 원인이 있다고 하니까, 그 탓이라고 했지. 그렇게 불구 되서 오몽(움직임) 못하다가 예순댓 돼서 돌아가셨지.

금악리에서는 공출도 많이 하고 말고! 농사를 지으면 3분의 1은 이녁(자기) 적시(몫)고, 3분의 2는 바치고 했지. 그래서 공출 때문에 면 서기들과 싸

우기도 했었어. 우리 농사짓는 거는 조, 보린데 모두 공출됐지. 놋그릇은 완전히 공출해 버리고. 그때도 요령있는 사람들은 감췄다가 쓰기도 했지. 우리 아버지가 반장을 했어. 일본놈 시절에 반장을 맡기니까, "우선 반장부터 공출해라" 하는 거야. "깨끗이 가져오지 않으면 반장 죽인다"고 하는 바람에 집에 있던 숟가락 하나 없이 놋으로 된 건 모두 찌그려뜨려야 해. 망치로 두들겨 찌그려뜨려야 갖고 가거든. 온전한 채로 가져가면 또 이용해 먹으니까 찌그려서 가져오라고 해서 그런 거지. 화로니 낭푼이(그릇)니 하는 것들을 싹 가져가 버렸거든. 욕은(요령있는) 사람들은 다 가져가지는 않고, 일부만 가져갔지. 좋은 건 숨겼다가 나중에 쓰는 사람도 있었어. 그러니까 해방된 다음에 면 서기들도 고생을 당했어. 그 당시에 면 서기라는 사람은 일본 사람들하고 공조가 되었거든. 같이 동아리가 되니까, 그 면 서기들이 집에 와서 탄압을 하는 거라. '내놓시오!', '내놓시오!' 하면서 말이야. 그러다가 해방이 되니까, 면장, 면 서기 할 것 없이, 청년들이 잡아다가 그 대가로 "일제시대에 우리를 강제동원시키고, 강제공출받지 않았느냐. 당신도 좀 맞아봐라" 해서 잡아다가 구타하는 일도 있었지. 그렇게 해 가니까, 그 사람들은 4·3사건 때 우익이 되는 거야. 그런 사람들이 우익이 된거지. 친일파, 우익이 돼서 좌익하고 대립하게 됐어.

미군의 일본군함 공격으로 집안이 흔들리다

해방되는 해 봄에 무슨 일이 일어났느냐 하면, 일본 군인들이 금악리 쪽으로 집결해서 주둔지가 되어가니까 비양도에 일본 군함이 들이닥치는

거야. 호위함 2척하고, 군함 하나 하고 말이야. 미군이 이것을 어떻게 알
았는지, 일본 군함이 미군 교라이(어뢰)에 어디를 맞았는지 모르지만 맞아
서 폭발했거든. 폭발하니 생전 그런 소린 들어보지도 못한 소린데, '우르
릉 탕!' 하니까, 집에서는 문이 '달달달달' 떨리고, 마루에 막개(나무망치)
를 놔두니까 죽 하게 둥그러지는 소리가 난단 말이야. 한림에서 폭발했는
데, 얼마나 천둥이 심했는지! 새벽 참이었거든. 아, 그래서 "무슨 일인
가?" 해서, 올래(마을에서 집에 이르는 작은 길)에 뛰쳐나가 보니까 비양도 쪽에
서 시커먼 연기가 났어. 그때에 일부 병정들은 금악까지 올라오고, 후미
에 있던 병정들은 배 안에 있어서 죽은 거야. 작은 배에는 식량을 잔뜩 실
어가지고 왔는데 그것도 침몰되어 버렸지. 여기서도 높은 데 가면 연기나

는 게 확확 보이지. 연기가 아마도 한 달 이상은 난 것 같아. 비양도 하고 협재 사이였거든. 협재해수욕장 앞을 환하게 볼 수 있었지. 폭발한 큰 배 는 전봇대 같이 돛대가 엉성하게 남아있는 게 한 5년 뒤에야 정리됐을 거 야. 돛대가 그때도 물 밖으로 나와 있었어. 군인가서 살다가 와서 봐도 돛 대가 그냥 있었으니까. 돛대는 얼른 정리를 못하거든. 또, 해녀들이 들어 가서 거기 시체들 끄집어내려고 하니까 많이 얼(애)먹었어. 일본군인들이 바다에서 배에 갇힌 채 썩어가니까. 해녀들 얘기하는 걸 들어보면, "가서 보니까 앉아서 죽어서라", "누워서 죽어서라", "끄서내젠 행 보난 민작민 작 행 못 끄서내라(끌어내려고 해서 보니까 미끌미끌해서 못 끌어내라)" 하는 말들을 막 하더라고. 그렇게 해서 일본군인 공동묘지도 만들었지. 그 당시에 그

런 과정을 봤어.

그리고 한림항 매립지를 공습한단 말이야. 한림 매립지를. 미군 비행기 2대가 와서 공습을 하고 갔다는 말을 들었지. 그때 일본군인들이 금악에 주둔할 거니까 매립지에 군량미들을 미리 쌓아뒀어. 쌓아둔 걸 봐가지고 폭파시키는 거야. 미군 비행기가. 나보다 한두 살 웃어른들이, 한림 어른들이 말하기를, "폭발소리에 산으로 피난을 가는데 금악까지 피난을 왔다 갔다" 그리고 "기관총에 하마터면 맞을 뻔 했는데, 안 맞고 나도 겨우 살았다"고, 이런 말들을 해. 그런 일이 지나니까 일본 군인들이 금악에 주둔 해 가지고 계속 살지. 금악오름 주변에 주둔했어. 수천 명은 넘을 거야. 그때 일본군들이 마차로 마을을 지나가는 것도 보았어. 한림에서 마차에는 양석(양식) 싣고, 말은 3필인데 가운데 말에는 대장이 타고 옆에 걷는 사람은 대장에게 경례 붙이면서 가더라고. 군인들이 3일을 한림에서 금악리 우리 올레를 지나 올라갔지. 올라가서 주둔지를 천막 치면서 만들었어.

일본군 창고로 집 빌려줘

금악오름 주변은 대좌, 소좌, 대령 소령 계급들이 와서 살고, 우리 집도 일본군 창고로 빌려줬지. 군량미 창고로. 그때 할아버지가 살던 방이 있었는데, 할아버지가 돌아가시니까 비어 있어서 그걸 빌려달라고 했어. 그러라고, 빌려주니까, 일본군들이 와서 과자, 건빵 같은 것을 쌓아두고 보초병 하나를 세운 거라. 그 보초병이 두루애(바보) 닮은 거여서 제대로 보

초를 서지 않고 잠 자버려. 잠 자버리면 우린, 동네 아이들끼리 가서 훔쳐
먹었어. 훔쳐 먹어 버리면, 대장은 와서 없어진 걸 보고 보초병에게 "뭣
하면서 잠잤냐?"고 태작(타작)했었지. 허허. 그 보초병도 일본군인인데,
그 당시에는 일본군인이 모자라니까 두 번째 손가락만 있으면 다 끌어온
모양이라. 둘째 손가락은 있어야 총을 쏠 수 있다고 해서 그런 것 같아.
다른 손가락 없는 사람도 많고, 발가락 없는 사람도 있어. 그러니까, 일본
이 군인들이 없어가니까 무조건 사람들을 내몬 것 같아. 우리 집에 와서
보초선 보초병도 한 사람이었는데, 그 사람보고 지키라고 해두면, 잠자버
려서 과자를 모두 잃어버리고, 높은 군인에게 걸려서 매 맞기도 하는 걸
우리는 낭(나무) 위에 올라가서 웃으면서 보지. 그러면 일본 군인들이 용
심(화)이 나서 잡으려고 했어.

▍제주시 한림읍 양일화 씨 집. 마당에는 감물을 들여 옷을 만들기 위해 천을 말리고 있다.

굶주린 일본군들

어린 때였지만
나는 간이학교를
다니면서 일본글
을 아니까 병정들
이 집에 찾아와서
나에게만 말을 건
단 말이야. 아버
지는 일본글을 몰
라서 답변을 못하
니까. 담배도 가
져오고, 비누 같
은 것도 가져와
서, "이것 갖고
쌀 한되 달라"고
하는 거야. 배가
고프니까 "술 한
잔 주시오", "막
걸리 한잔 주시

오" 하곤 했지. 일본군인들이 그렇게 먹으면서 사는데 참, 불쌍하게 살았
거든. 군량미를 싣고 오다가 폭파돼 가라앉아 버리니까 먹을 게 없어. 일
부는 산에 가서 저장했지만, 전쟁을 계속할 생각으로 그 군량미는 있어도
안 준단 말이야. 저 '큰뱅듸' 위에 가면 '볼래왓틸' 이라는 데가 있어. 거

양
일
화

◆

기 가면 군량미를 쌓아 둔 돌담으로 만든 창고가 있었어. 몇 년 전까지도 있었는데 지금은 없어. 돌아가면서 돌담을 만들고 그 위에다 천막을 덮고 했었어. 그때는 돌이 흔하니까 돌을 쌓아서 나무를 걸치고, 그 다음에 천막을 걸치더라고. 그 창고들이 군데군데 있었어. 그 후 해방이 되니까 이 사람들이 다 운반을 못하니까 불을 붙여버리고 갔어. 불쌍해. 굶어 죽은 사람만 칭원(불쌍)하지. 우리 밭에 고구마를 심어뒀는데, 한 번은 일본군인들이 고구마 넝쿨을 해다가 죽을 끓여서 먹더라고. 가다가 그걸 쏟아서 매 맞는 군인들도 있고, 그러면서 굶으면서 살았는데, 해방이 갑자기 되니까 군량미에 불을 붙여버리고 가버렸어. 이 금악에도 의복, 그릇 같은 것을 잔뜩 마을 부근에 쌓아두고, 친한 사람이 오면 일본군인들이 "저것들 너희들 주고 갈테니까 그렇게 알아라. 기다리고 있으라"고 하기도 했었지. 그 당시에 우리는 입을 게 없잖아. 거기는 모자 같은 것도 많았거든. 예비로 놔둔 것도 있으니까 그걸 주고 가겠다고 하다가 다 불태워버렸어.

해방, 청년들 돌아오다

왜 불태웠냐 하면, 해방이 되니까 일본군인들하고 금악 청년들하고 마찰이 생겨서 그런 거야. 그렇지 않았으면, 군량미를 우리에게 주고 가려고 했다고 말해주던데, 해방되니까 청년들하고 노무자로 징용 갔던 사람들이 풀려나왔어. 일본에 살던 똑똑한 사람들, 공부한 사람들이 금악리에 돌아왔단 말이야. 일제 때 일본말 배운 사람들, 대학 공부한 사람들도 다 왔어. 돌아오니 이 사람들이 주동해서 하게 된 거야. 여기 있던 사람들은 분시(분수)를 모르지. 이런 사람들이 와가지고 주동해서 "왜놈 36년간의 식민지에서 해방이 됐으니까 우린 자유를 찾았다!"고 거리를 다니면서 무조건 만세소리를 외친단 말이야. '독립만세', '대한독립만세'를 외쳐가니 일본사람들은 주저주저 할 것 아닌가. 일본사람 높은 사람 앞에 가서 "36년간 우리를 괴롭혔으니까 너희들도 매 맞아봐야 된다" 하는 식으로 덤벼들고, 죽이겠다고 덤벼들고. 일본사람이라도 몰명(숫기가 없고 다부지지 못하다는 뜻)한 사람이라도 있으면 잡아다가 태작(타작)해버리고 해가니까, 일본군인들도 해방은 되서 손은 들었지만 감정이 선다 말이야. 그러니까, 자기네가 일본으로 돌아가게 되니까 높은 사람이 졸병에게 하달해서 "부민들에게 줄 것 없이 다 소각시켜라" 하는 명령을 내리니까 그날 저녁부터 이 부근이 시커멓게 되는 거야. 자기네 입고 갈 것만 딱 입고, 나머지는 전부 불태워버린 거지. 신발도 구두는 못 신어. 일본 신은 징을 박거든. 둥그런 징을 박아. 축구화하고 똑 같아. 그 쇠를 박아놓으니까 배 안에 가면 '닥닥닥닥' 시끄러워 매를 맞는다고 하면서, 몬딱 반납해버린 거지. 우리 집에 있던 군인도 한 켤레 신고 있던 것을 갖다가 내버려두고, 이제 무슨 신을 신느냐 하면은 조리를 만들라고 하는 거야. 조리를 신을 테니까 만들어달라고 막 사정해서 과자를 갖다주니까 내가 만들어주고 했는데, 이 사람이 일본 가서 편지하겠다고 해두고 가다가 죽었는지 어떻게 됐는지 소식이 없어. 우리 집에도 군량미를 쌓아놨는데 다 가져가 태워버리고, 과자 한 박스하고, 담요 하나 남겨두고 간 것 뿐이지.

마을 청년들, 일본군과 충돌하다

해방 무렵이라. 청년들과 일본군이 충돌한 바람에 4·3사건이 빨리 일어났다고 할 수 있어. 청년들이 일본군인들 내쫓으려고 "빨리 떠나라", "너네 때문에 고생했다"고 하면서 싸웠는데, 그때 우익진영들이 있었단 말이야. 면 서기 했던 사람들, 그런 사람들은 반대했거든! 그러니 거기서 우익, 좌익이 생기게 된 거야. 그런 사람들은 어떤 사람들이냐면, 부자들, 자본주의자들이 일본 진영을 많이 편들었거든. 그래서 권력이 가버리니까, 청년들이 면 서기 노릇하거나 그 권력을 행사하던 사람들을 잡아다가 "너는 일본 앞잡이가 아니냐? 공격 대상자다" 하면서 욕했어. 그러니까, 그 사람들은 이 악물고 경찰 쪽으로 붙어버린 거지. 그때 일본군 선발대는 떠나고, 후미대는 안 가서 저 '한샘이물' 옆에 천막을 쳐서 일본군 대좌가 살았었거든. 대좌가 제일 높은 사람이주. 대령. 그 사람이 살고 있으니까 일본에서 공부하던 사람들이 들어와서 단체를 구성해서 대좌 사는데 가서 구호를 외치면서 "빨리 왜놈들 물러나라!"고, "빨리 안가고 뭐하느냐!"고 항의하는 과정에서 싸움이 벌어졌어. 그중에도 검도를 배운 사람이 있었거든. 이 사람이 앞장섰는데 대좌가 나와서 칼로 모가지를 치려고 할 무렵에 지팡이로 탁 받으면서 부러져서 손가락이 잘려버렸어. 검도 배운 하루방이 거의 쉰은 날 정도로 나이가 많았는데, 그 사람이 앞장서서 대좌가 치는 칼을 탁 받으니까 칼이 부러지고 지팡이도 부러지면서 손가락 하나가 잘려 나갔다고! 일본군인들은 칼을 차는데. 칼로 목을 베려고 한 게 아니고, 위협하려고 해서 휘두른 거지. 그 당시에 청년들이 '와와, 와와' 하면서, 뒷날은 벵뒷물에 모여서 모두 구호를 외치면서, 원수를 어떻게 갚느냐고 했지. 그때부터는 청년들이 악이 나서, 거리 곳곳마다 돌아다니면서 만세 구호도 외치고, 삐라도 붙이고, 충동시키는 거라.

일본군에 이어 미군의 진주에 불안감 엄습

해방되서 한 3개월 정도 있다가 일본군들이 다 떠나니까 이번에는 미군정이 들어왔어. 미군정이. 아, 코 큰 사람, 미군 몇 사람이 저 뱅뒷물 옆에 들어와서 섰더라고. 뭐하러 왔느냐 하니까, 우리 청년들이 일본군인들 떠나는 데 난동을 피우고 있다는 정보를 수집해서 이것을 막으려고 왔어. 우린 또 미군이 어떤 사람들인지 구경을 갔어. 코 크고, 처음은 보니까 무섭기 짝이 없거든. 도망가려고 하니까 '헤이, 헤이' 하면서, 과자 한 주먹 가져다가 좍좍 뿌리는 거야. 그걸 뿌려주니까, 우리 아이들은 맛 좋다고 주워먹으면서 하니까 미군들이 사진 찍는 거야. 사진 찍으려고 준 거지. 그러니, 한국 사람들은 이렇게 하는 아이들이라고 해서 찍은 것 같아. 그렇게 주운 다음에는 미군들이 불러도 도망갔던 기억이 있어.

해방이 되니까 미군들이 제주도에 들어왔거든. 들어와서 진압을 하는 과정이었고, 그렇게 해 가니까 우리 부락 사람들은 더 악심이 난 거지. "일본사람 앞에 고생받다가 보니 이젠 미국 사람까지 와서 우리를 고생시킬 거 아닌가?" 해서 이런 식으로 불안감을 느끼는 거지. 그 당시에. 그때부터 청년들이 시발점이 됐어. 그해가 그믈고, 수군수군하면서 47년도부터 뭔가 웅성웅성하는 식이 된단 말이야. 청년들이 모이면서 자꾸 만세소리도 부르고, 노래를 부르기 시작하는 거야. 아시(전)해부터 시작이 된 거지. 뱅뒷물 부근에 모여서 집회도 갖고, 만세도 부르고. 조선독립만세지 그땐.

4 · 3사건 발발

 그러면서 밤낮 모이면서 궐기대회를 갖더니 본격적으로 48년 4월 3일은 금악 전체에 만세소리가 퍼진단 말이여. 엄청나게 퍼지니, 가서 보니까 일본 병정식으로 긴 칼 찬 사람도 있고, 권총 찬 사람도 있고, 99식, 죽창 가진 사람도 있고. 거리 안에 폭도들이 싹 모였단 말이야. 어디서 갑자기 모였는지 모르겠어. 한 10여 명 이상 모였어. 우리 동네만 해도. 집회는 아싯날(전날)은 벵뒷물에서 하고, 우리 동네에서는 말고래가 있는 초가집 연자방앗간에 모여 있길래 구경을 갔어. 어떤 사람이 모였는가 해서 가서 보니까, 얼굴 아는 사람도 있고, 모르는 사람도 있고. 거기 가니까 "너희들 이리와!" 해서 부른단 말이야. 하, 이거 겁이 바짝 난다 말이여. 미국놈 무서워하다가 보니까 이젠 동네사람까지 무섭게 됐어. 칼 차고 무섭게들 차리니 어쩔 도리가 없어. 부르니까 갔어. "너희들 우리 말 듣지 않으면 죽을테니까 우리 말만 들어야 된다"고 해. "무슨 말입니까?" 물었어. 그러니 "저 아래서 경찰들 올라와 가면 무조건 우리에게 신고해야돼" 하는 거라. 높은 데 올라서서 망을 보다가 말이야. "신고하지 않고 감췄다가는 큰 일 날테니까 그렇게 알아라"해. 명령을 내려두고 해산하더라고. 아닌게 아니라 그때부턴 경찰이 올라오기 시작하는 거 아니겠어? 그 사람들이 "경찰이 올라오면 얘기하라"고 하면 아니 얘기할 수가 없단 말이야. 그래서 "경찰 올라왐수다! 맹심행 곱읍서!(경찰이 올라오고 있어요. 조심해서 숨으세요)" 하고 얘기해 주곤 했지.
 본격적인 4 · 3사건 토벌이 되면서 경찰이 올라오면 부민(부락민)들은 산으로 가고, 산으로 가지 않으면 경찰 앞에 맞아 죽거나 집에 남은 사람들은 끌고 간단 말이야. 거기 가면 총살이라, 무조건. 산사람들이 모이면 설

운 노래를 불러. "날아가는 까마귀~야 / 시체 보~고 울지 마라 / 몸은 비
~록 죽었으나~나 혁명 정~신 살아있다~." 그렇게 슬프게 불렀지. 그러
니까 날아가는 까마귀야 시체를 봐도 까옥까옥 울지 말라, 날 뜯어먹지
말라. 몸은 죽었지만, 혁명정신은 살아있다는 노래야. 아이 때 들었던 거
여서 기억하지.

5 · 10선거 반대

양쪽이 대립 양상을 벌이다 5월 10일 국회의원 선거일에는 완전 반대
운동으로 부락민을 총동원 시켜가지고 산으로, 궤(작은굴)로 가서 숨었지.
하루종일 물애기(갓난 아기), 어른 할 것 없이 숨어서 살다가 저녁 때 되니
까 들어왔어. 들어와서 보니까 경찰들이 와서 숨으러 안 간 사람은 다 잡
아간 거야. 잡아갔는데, 그 사람들 어떻게 됐느냐 하면은 다 총살시켜버
렸어. 5 · 10선거 반대로 해서 걸린 사람들. 그러니 산에서는, 산사람들은
악분이 나가지고 저지지서를 습격한단 말이야. 가서 불붙이고 습격한 거
지. 사람 죽이고 쏘아가니까 지서에서는 또 올라와서 동네 초가집 안팎거
리를 그대로 불 붙여버리고 내려갔어. 그 곡석(곡식) 타는 냄새가 며칠 났
지. 그렇게 해서 가버리니까 이제는 산사람들이 내려와서 그쪽 사람들에
게 불을 지르는 거야. 그러니, 그 동네에서 바로 자꾸 대립이 돼. 또 불 지
피고 난리가 나고 해 가니까 매날(매일) 숨으러 가는 게 일이었지. 낮엔 산
에 숨으러 가고, 밤에는 슬그머니 집에 와서 밥 해먹고 누웠다가 또 아침
이 되면 숨으러 가고. 그러니 농사도 못지어. 4 · 3사건 나서 서북청년단

이 들어왔는데 행패가 너무 심했어. 무조건 잡아가버려. 아주 독한 사람들이야. 서북청년단들이 음력 9월 23일날 동네사람 9명을 모슬포 굴에다 잡아다가 죽여 버렸어. 굴 속에 가서 죽여 버리니까 임자 있는 사람들은 미리 가서 시체가 성할 때 찾고, 나중에 간 사람은 막 썩은 다음에 가니….

소개, 그리고 학살 목격

그러다가 이제 11월 20일이 되니 계엄령이 내렸어(실제 계엄령은 11월 17일 선포됐다). 계엄령이 내린 다음에 "산간에 사는 사람은 해변으로 다 소개를 해라, 아니면 불 붙어버리겠다!"고 해서 소개 명령이 내리더라고. 소개 명령이 내리니까 할 수 없이 우리는 소개를 안 할 수가 없었어. "내일 모레 불을 붙일테니까 다들 아래 쪽으로 피난을 가시오!" 하고 명령이 내리니까, 아버지네는 우리 동생하고 한림 3리 진동산에 있는 고모님 댁으로 피난을 가게 되고, 난 동네 사람하고 제주시 백부님 댁으로 피난을 가게 됐어. 같이 가면 위태로우니까 흩어진 거지. 그때 해변으로 내려간 사람들은 다 죽었어. 난 제주시에 가니까 이렇게 하면서라도 살았지. 나도 한림에 있었으면 잡아가버리거나, 그렇게 않고 재수 좋았으면 우리 열여덟 살 동갑들하고 같이 '030'으로 군대 갈 건데. '030'은 제일 처음 군대 간 사람들 군번이라. 열여덟 살 난 사람들이 다 갔어.

날이 밝아갈 무렵에 동네 친구가 와서 "제주시에 가 봅시다" 해서, 그 바람에 제주시로 둘이 걸어서 갔지. 아이고~, 걸어가는데, 중엄리 가니까 경찰관이 스톱시키데. 앗다! 이젠 걸려 죽었다고 말이야! 경찰 앞에 걸

렸다고 생각을 했어. 경찰관들이 "어디 가는 놈이냐. 너네 산에서 연락왔
지!" 하면서 탁 총을 들이대는 거라. 내가 "아닙니다. 우리 백부님 댁에
제사가 있어서 걸어서 식게 먹으래 감수다(제삿집 갑니다)"고 하니까, 경찰
이 "이 새끼 거짓말 마라. 저것 봐라. 너 거짓말 하면 죽어. 저축룩(저렇게)
죽어" 하고 말하는 거라. 중엄리 지서 있는 바로 앞밭이었는데, 지금도
그쪽으로 넘어가다면 보면 참, 가슴이 어슥어슥하고, 지긋지긋해 보여.
거기는 집도 안지은 데라. 한 100명 정도를 딱 꿇려가지고 한 줄씩 총질
을 '바르륵' 하면 사람들이 '파닥파닥' 튀는 거라. 그 앞에서 경찰들이
"저것 봐라, 너네도 저것 봐라" 하면서 죽이는 걸 보라고 하는 거라. '바
르륵' 하면 '파닥파닥' 죽고, 또 한 줄 놔서 질문을 하는 거야. "이 새끼
넌 어떤 놈, 어떤 놈" 하면서 질문하다가 죄가 덜해 보이는 사람은 따로
골라내고, 죄가 좀 자기네 생각에 심하다 한 사람은 '바르륵' 총질해버리
고. 이야~! 그걸 보니까 이제 가슴이 '탁' 하는 거라. 난 겁나서 여자고
뭐고 제대로 보지 못했지만, 청년들이 대부분이었는데 꼭 고개 숙여서 앉
혀놓고, 그렇게….

경찰이 쏜 거지. 경찰이 "너희들 저것 봤지?" 하니까 "예. 봤습니다"고
했어. 사실 눈으로 볼 장면이 아니었지. 경찰이 "너희들 빨리 목적지로 향
해서 안 가고, 산으로나 어디 우물쭈물 하다가는 저렇게 될 줄 알지?" 하
면서 발길로 밑둥(밑동)을 한 번씩 '탁탁' 차서 보내주더라고. '아이고, 걸
음아 나 살려라' 해서 도망을 쳤지. 그래도 그 경찰관 고마운 사람이라.
가면서도 그 경찰관에게 "고맙수다"는 말이 나오더라고. 그렇지 않고,
"너도 이리와서 앉아!" 하면 끝인데 말이지. 그렇게 해서 제주시에 가 살
다가 한 사람은 화북 이녁(자기) 집에 가고, 난 제주시에 백부님 댁에 가서
살았지.

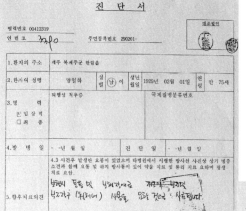

진 단 서

병력번호 00412319
연번호 3210   주민등록번호 290201-

1.환자의 주소	제주 북제주군 한림읍
2.환자의 성명	양일화 성별 여 생년월일 1929년 02월 01일 연령 만 75세
3.병 력 ☑입상적 ☐ 최종	퇴행성 척추증 국제질병분류번호
4.발 병 일 - 년 월 일 진 단 일 - 년 일 일	

4.3 사건후 발생된 요통이 있었으며 타병원에서 시행한 방사선 사진상 상기 병증 소견과 함께 요통 및 하지 방사통이 있어 약물 치료 및 물리 치료하며 정성 치료 요함

5.향후치료의견   (수기 소견)

6.비 고		용 도	

위와같이 진단함

발 행 일   2004년 10월 11일
병.의원주소   제주도 제주시 삼도2동
병.의원명   제 주 대 학 교 병 원   전화번호 064-750-1234
면 허 번 호   54916   의사성명

(참고)
1. 본인 확인은 진단의사가 주민등록증과 대조(미성년 자일 때는 기타 본인을 특정 할 수 있는 방법으로 대체할 수 있다) 확인하고 날인한다.
2. 병명은 임상적(임프레션)과 최종 진단명을 택일 □표에 X표로 표한다.
3. 병력과 국제질병 분류번호를 함께 기입한다.
4. 본서의 본인 직인이 없으면 무효임.

향후 치료비 추정서

연번 24

주 소	북군 조천읍 북촌리	주민등록번호	290201-
성 명		병 록 번 호	00412319
진 단 명	퇴행성 척추증	기 대 여 명	76세(10.22)

진료비 추정내역   (단위:원)

구 분	금 액	산 출 기 초
진 찰 료	5,199,935원	재진료 1개월 통원 9,760원×12개월×10.22(기대여명)=1,196,966원 재진료50%물리치료포함 2,720원×(52주×3회÷12개월)×1회 ×10.22(기대여명)=4,002,969원
입 원 료		
마취/수술료		
처 치 료		
식 대		
검사/방사선료		
물리치료료	6,313,507원	주3회(표층열요법620원,초음파치료840원,TENS2,500원) 3,960원×52주×3회×10.22(기대여명)=6,313,507원
투약/주사료	7,016,233원	투약처방 바이옥스 250MG × 1T × 1Day 1,408원×1일1회×30일×12개월 ×10.22(기대여명)=5,180,313원 투약료 6,280원×12개월×10.22(기대여명)=770,179원 약국조제료 8,690원×12개월×10.22(기대여명)=1,065,741원
기 타		
합 계	18,529,675원	상병증으로 요통 및 하지 방사통으로 보행장애 있으신문임

2004 년 8 월 24 일
면허번호 : 54916   의사명 :

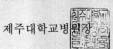
제 주 대 학 교 병 원 장

향후 치료비 추정서

연번 24-2

주 소	북군 조천읍 북촌리	주민등록번호	290201-
성 명		병 록 번 호	00412319
진 단 명	퇴행성 척추증	기 대 여 명	75세(8.64)

진료비 추정내역   (단위:원)

구 분	금 액	산 출 기 초
		상병증으로 보행시 동동 및 보행장애로 보조장구(휠체어)사용을 요할 것으로 사료됩니다.
개호비용		
보장구비용	518,400원	근거:제주도4.3사건전상규명및희생자명예회복에관한특별법시행령제13조3항 (국민건강보험법시행규칙제16조별표3강애인보장구보험급여기준 휠체어 × 내구연한(5년)/기대여명(8.64) 3,000,000원 × 5년/8.64 = 518,400원
기 타		
합 계	518,400원	

2004 년 10 월 11 일
면허번호 : 54916   의사명

제 주 대 학 교 병 원

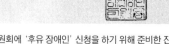
4·3위원회에 '후유 장애인' 신청을 하기 위해 준비한 진단서와 향후 치료비 추정서.

우익단체의 연행과 고문

제주시에 살다가 12월 말경에 대동청년단에 가입했어. 12월 말경에 궨당(친척)이 제주시에 사는데 "너도 촌에서 살다가 오니까 산사람으로 인정하기 때문에, 대한청년단에 가입해서 나하고 행동을 같이 하면 죄를 면할 테니까 가입을 하자"고 해서, "경협주(그렇게 합시다)"해서 하루종일 "대동청년단 만세" 부르고, 구호 외치면서 생활하기도 했지. 그러니까 그런 생활만 했으면 일이 없었을 텐데, 며칠 놀아지니 심심해서 하루는 고향 동네 사람이 하는 방애공장(방앗간)엘 갔어. 동네 사람이 하니 심부름 하면 먹을 건 생길 거고, 심심하지는 않을 거라고 생각해서 집을 아니까 찾아간 거지. 아, 그런데 그게 화근이 되었어. 집에 가만히 있으면 아무 일도 없을 건데 거기 가서 보니 청년 둘이 장기를 두고 있었거든. 나가 가니까 서이(셋)가 된거야. 그러니까, 그 당시엔 3인 이상 모이면 무허가 집회라고 해서, 허가 없는 집회를 가졌다고 해서 무조건 잡아 갈 때였지. 죄가 있든 없든! 거기서 구경하고 있으니까 청년들이 나타나서 "이리 나와!" 하면서 '탁탁' 잡아내는 거라. 방망이 들은 놈들이었어. '대한청년단'이라고 쓴 완장 찬 놈들이 나오라고 하길래 무슨 영문인 줄도 모르고 바깥으로 이렇게 보니, 청년단이 두 명이었는데, 장기 두던 두 사람을 하나씩 맡아서 수첩에 연필로 뭐를 쓰고 있었어. 난 그걸 보다가 '이런 기회에 살짝 피해버리면 저 두 사람만 연행될 테지' 해서 청년들이 글 쓰는 순간에 마당에서 대문간으로 살짝 나왔거든. 이 사람들이 보지 않고 있겠거니 하고 생각했는데, 그 사람들은 벌써 "요놈은 어디로 가는가?" 해서 보고 있었던 거야. 그 사람들이 날 잡으리라는 생각은 하지 않고, 난 쭉 심상하게 걸으면서 "아, 이제는 집에 가불주(가버리자)" 해서, 집에 오다 보니까,

한 300m 걸어온 다음에 뒤돌아보니 뒤에 바짝 쫓아오는 거 아니라! 방망이 들고! 청년단들이 "너 이놈아, 거기 서. 어디 가는 거냐?"고 물어. "나 놀러 왔다가 집에 갑니다" 하니까 "좀 의논할 말 있으니 나하고 같이 가자"고 하는 거야. 그렇게 해서 톡 잡히게 된 거지. 가서 의논은 고사하고 몽둥이로 두들겨 패는거야! 그때부터 '산사람'으로 인정해버리는 거지. "아니다"고 해도 별 수 없는 거. "어디서 왔느냐?" 물을 때 "제주시에 살고 있다"고 하면 덜 할 건데, "주소를 말하라"고 해서 "금악"이라고 한 거지. 금악이라고 하면, 금악은 폭도 동네라는 게 소문이 난 거야. "넌 산에서 온 놈이 틀림없다!" 하면서 그 청년단에게 매를 직사(즉사)하게 맞고, 다쳤는데도 1구서에 집어넣어버린거야. 정신없이 두드려 패니 몸뚱이는 덩드렁(짚 두드리는 방촛돌)같이 붓고, 그렇게 맞아서 허리가 꺾어져 운신 못하니까 둘이가 포승 채운 채 질질 끌면서 유치장 안에 담아버린 거지.

군사재판

그렇게 두들겨 맞은 다음에 20일 동안을 유치장에 살았어. 1구서 유치장에서는 매일 고문하고 때리고, 불러내서 조사하고 하는 일이 반복돼. 경찰에서 매일 그렇게 당했어. 취조실에 들어가면 다른 사람도 취조를 받는데, 경찰이 "너도 바른 말 하지 않으면 저렇게 돼! 저거봐!" 해서 구석에 보면 팔은 뒤로 묶어서 거꾸로 사람을 달아매거든. 달아매서 움직이는 사람을 계속 두들기면, 정신을 잃어버리니까 축처져버려. '아야!' 도 못하고. 기절한 거나 다름없는데 아플 뭣이 없는 거야. 이젠, 발목 묶어서 거꾸로 달아매. 달아매서 꿰는 물(끓는 물) 주전자에 고춧물을 타서 막 비워. 꿰는 물만 해도 사람이 죽는데, 콧구멍으로 '꽐꽐꽐꽐' 비워가면 처음엔 '아이고, 아이고' 하다가 나중에는 잠잠해져. 정신을 완전히 잃어버리는 거지. 그래서 목숨만 끊어지지 않고 살아있으면 풀어서 내려놓고 죽은 사람 끌듯이 질질 끌어다가 어디 차에 실어버리면 그건 죽으러 가는 거고…. 그러니까, 나에게도 "너도 바른 말 안허민 저추룩 해부러(바른말 하지 않으면 저렇게 해버린다)" 하는 거라. 그곳에서 그렇게 살다가 정월 25일경 되니까 무슨 얘길하느냐 하면은 "재판이 있다. 군사재판이다"고 얘기를 하더라고. 군사재판에서, 아니오, 안 했다 하면 또 취조를 받아가지고 재판을 받게 되니까 알아서 대답하라 하는 거야. 거기 지키는 경찰이. 고등군법회의라고 해서 그날은 나가니까, 높은 군인이 '일어서!' 하고, 이름을 탁 부른다 말이야. 일어서면, "너는 무슨 무슨 죄목에 응답을 했지?", "죄목이 있지?" 하면, '예!' 그러면 앉아. 또 딴 사람 불러서 "너는 무슨 무슨 죄목이 있지?" 해서 "아닙니다", "절대 아니냐?" 해서 아니라고 대답하면 그건 재심사받을 거. '예' 한 사람은 거기 그냥 앉히고, 서류상에는 했다고 했는데 "아닙니다", "안 했습니다" 하고 번복하면 "넌 이리로!" 해서, 따로 가서 앉히고. 인솔자가 있어서 데려다가 거기 앉히고 했어.

우리가 감방 안에서 말을 듣기를, 나중에 들어간 사람들이 소곤소곤 말을 하기를, "지금 사회는 다 죽고 있으니까, 매 맞고 여기 들어왔지만, 감옥살이 하는 게 오히려 편하다"고 하는 얘기를 해. 산에서 잡혀 온 사람들이 거기 유치장에 들어오거든. 그 사람들이 그런 말을 하는 거야. 이 구들(방 2~3평 정도)만큼 한 유치장에 20명 정도 집어넣거든. 서로 바짝 붙어 앉게 하고, 화장실은 구석에 있었지. 그 사람들이 "다행이다"라고, "여기서 바른 말 해서 징역 가는 게 좋으매" 하는 거야. 그렇게 소곤소곤한다

말이여. 우리끼리도 "다 죽었는데, 나만 재수 좋게 여기 왔다"고, "나가기만 하면 죽는다"고 했지. 그 당시엔 계엄령이었거든. 그러면 "그렇다"고 해서, 이젠 재판장 앞에 가서 대답을 해버리니까 인정이 된 거야. 무슨 죄냐 하면, "너는 보초를 섰느냐?", "예, 섰습니다. 산사람들이 보초서달라 부탁을 하니까 보초를 섰습니다", "돈을 냈느냐?", "못냈습니다", "쌀을 제공했느냐?", "못줬습니다" 했어.

유치장에서는 나를 패다가 버치니까(지치니까), 자기네들끼리 억지로 내가 산에 쌀을 줬다고 팍팍 써버리는 거야. 이건 뭐 ▌취조 ▌ 하나마나 필요 없다고 해서 써 놓고는 "했지?", "했지?" 해도, 대답하지 않으니까 전깃줄을 이래(양쪽 엄지손가락) 감는 거야. 전깃줄 감아서 옛날 수화기처럼 돌리는 거. 그걸로 돌리면 정신이 아뜩 없어져버리거든. 히여뜩(해뜩)해버린다고. 떼지 못하게 양손에 감고 돌려서 정신을 잃어버리면, 한 걸로 인정해서 자기네끼리 박박 써서 내기 때문에 "했다", "안 했다"는 말도 못하고. 나는 어렸지만, 경찰이 "어려도 이 사람은 산 심부름을 할 수 있다는 것을 갖췄다"고 만들어버리는 거라. 그러니까 그걸 만들어서 서류가 올라갔으니 할 수 없이 "예, 예"만 해버리라고. 그래서 "예, 예" 하니까 편안히 앉으라고 해서 앉으니까, 수백 명이 그날 하루에 재판받아서 한 삼일 있다가 인천으로 싣고 가버린 거지.

인천형무소

처음에 어디 가는 줄도 모르지. 유치장에서 나와서 곧바로 배에 타라고
하니까. 인천 가서 보니까 인천인가 했지. 산지항에서 쇠 싣고가는 배에
탁 실어버려. 옛날에는 이제처럼 무슨 큰 배가 있어? 그 쇠 실었던 배 밑
창에 쇠똥 위에 가서 딱 서로 붙여서 앉혀놓아서, 사람들 어깨 위로 경찰
관이 돌아다니거든. 발 디딜 틈이 없이 서로 끼이게 앉히는 거야. 그러니,
거기 앉은 사람들은 죽거나 살거나, 몬땅(모두) 거기 앉혀 놓으니까 아픈
해게(생각)도 안나. 하도 아프니까 말이야. 그 위로 경찰관이 돌아다녔으
니까. 그러니까, 고개를 들지 못하거든. "고개 숙여!" 해. 포승은 이대로
(뒤로 손을 묶인 모습) 채워 있는 거라. 그렇게 해서 뱃간에 가만히 앉아있는
데, 동무릎(무릎) 위로 아작아작 걸으니…. 그 위로 돌아다니면서 좀 잘못
하면, 자기네 말 안들어가면 개머리판으로 트멍(틈)만 나면 가서 쑤셔박
아. 죽은 거나 마찬가지지. 그렇게 해서 목포 가서 밤에 내렸어. 거기서
석탄 싣는 열차에 또 그렇게 물샐 틈 없이 주워담는 거야. 하룻밤 달리니
까 인천 가졌더라고. 그때 갈 때 배가 꽉 차니까 한 300명 정도는 같이
간 것 같아.

징역 5년

인천 가니까 뒷날 새벽참(새벽녘)이야. 새벽참에 도착했는데, 거기서 내
린 다음에야 형량을 말해줬어. "너 일어서!", "옛!", "너는 5년!", "형 5

년!" 또 어떤 사람에게는 "너 일어서!", "너는 7년! 앉아!", "일어서!",
"옛!", "너 1년! 앉아!"하면서 수백 명을 서이(셋)가 부르더라고. 인솔해 간
사람 중에 명단 가진 사람이 형량을 불러주고, 다 마친 다음에 가버렸어.
그때가 동지 섣달이었거든. 거기서 간수가 "오늘 수은주가 28도다. 너희
들 정신차리지 않으면 죽어!" 그렇게 말해서 영하 28도라는 걸 알았어.
인천이 워낙 춥거든. 요새 같으면 28도까지는 안될 거야. 그때는 그렇게
추울 때야. 까딱 하면 눈 오고. 금악리도 눈이 와서 영하 10도가 넘을 때
였지. 그래서 징역 가서 피투성이 옷 입었다가 새모습으로 하라고 해서
이발 시켜놓고, 냉수 목욕탕으로 자락자락 밀어넣으면 목욕할 수가 있겠
어? 28도 되는 물에 들어가니까 목욕이 뭐야? 그냥 들어갔다가 나오는
것 뿐! 옷은 한소대(반팔티) 홑겹, 또 아래도 동무릎 보이는 반쓰봉(반바지)

▌2008년 11월 자신니 수용됐던 인청형무소 옛터를 찾아 당시 형무소 내부 모습을 직접 그리고 설명하고
있다.

입었어. 그거 입고 이 구들만큼밖에 안된 방에 집어놔. 2평 정도밖에 안
돼. 2평 정도에 5명이 들어가는 거야. 2층 25번 방까지 있는데, 5년형 받
은 사람은 요칸 요칸 쭉 해서 있거든. 난 2층 25번 방에 해당됐는데, 그
방에 딱 집어놓으니까 추워서 '달달달달' 다 떨어. 사람 삶이란 게! 아이
구! 여기서는 그렇게까지 안추웠는데, 홑바람에 추운데 가서 사니까….

　요는 2개를 줘. 하나는 다섯 명이 깔고, 하나는 덮고. 그러면, 밤에 잘
때는 서로 싹 붙어서 울면서 몸을 안아 온기 돌게 했었어. 일어나서 점호
하려고 하면 똑 꿇어 앉아야 돼. 그렇게 몇 개월 생활하고 있으니까 집에
서 소문 들어서 내복을 보냈어. 내복하고 공책하고 연필하고 말이야. 소
년단이니까 공부를 시켜. 책가방 갖고 가서 공부하러 갈 수도 있었지. 내
복을 보내니까 좀 괜찮게 그 겨울을 보내고 뒷 해 겨울도 보냈어. 형무소
에서는 죄가 적은 사람은 야외에 가서 똥통 푸는 일을 하려고 하지. 가만
히 앉아 있는 것보다 활동하고 잘 먹고 하니까. 가서 똥을 퍼주면 그 집에
서는 대접이 좋거든. 도라무깡 반착(드럼통 절반)에 끈을 달아서 그걸 둘러
메서 푸러 가고, 거리 청소 그런 작업도 하지. 철공소에 가서 막노동하는
사람들도 있었어. 그 사람들은 죄가 약한 사람들이라.

　또, 형무소에서는 삼등밥을 먹어. 무슨 틀이 있어서 밥에다가 그걸 콱
찍어서 줘. 옛날 보리밥에 콩을 반 놓으면 풀이 없어. 딱 찍어서 한 30명
분을 니기반듯(정방형)한 하꼬(상자)에 비워. 차례차례 비우면 하꼬를 마루
에서 '덜덜덜덜' 끌고 다니거든. 하꼬를 끌고 가서 문 열어서 5명 분을
'탁탁' 들이치면, 빨리 종이로 받으면 괜찮고, 늦게 받았다가는 아래로
'달달달달' 떨어져버리고. 국은 사발에 소금국 줘. 완전 소금국이라. 그
렇게 1년 반을 살다가 6·25가 터져서…. 6·25가 닥치니까 또 삶이 범
벅이 되는 거지.

한국전쟁 발발

6월 25일 새벽참에 자다보니까 간수들이 아무도 없어. 우리는 "아, 이상하다. 어떤 일인가?" 했지. 우리 동네 사람도 같이 형무소에 갔었는데, 그 사람은 살았는지 죽었는지 몰라. 형무소에서 나와서 나하고 같이 다니다가 잃어버렸거든. 그 사람은 갈 때부터 손 잡으면서 간 사람인데, 형무소 안에서도 서로 연락하면서 지낸 사람이라.

청소당번 소사라는 사람이 문을 '탁탁탁탁' 열어서 "나와!", "나와!" 하는 거라. '밥 줄 생각은 안 하고 무슨 일인가?' 고 하면서, 문을 열어서 나오라고 해서 나가보니까, 마당에, 운동장에 사람이 꽉 찬 거야. 왕상왕상 난리가 난 거야. 무슨 말을 하는가 하면, "6·25 사변이 터졌다!" 하는 소문이 났어. 그래서 "아, 이젠 어떡해야 되느냐", "창고에 우리가 벗어둔 옷이 있으니까 찾아서 입자"고 해서 가서 보니 먼저 간 사람들은 창고를 다 뒤져 범벅 만들어버리니까 우리가 입을 옷이 없어. 벗어둔 옷도 없고. 여름이지만은 죄수복을 입고는 나가지 못해서 육지 사람들이 입는 흰바지 저고리를 주워 입고, 식당에 가서 밥도 실컷 먹은 다음에 밥을 한 보따리 싸서 서울로 가서 기차를 타려고 수원을 향해서 갔지.

지도자가 없으니까 자기네들끼리 "수원을 가야 살 도리가 있으니 수원으로 향해야 된다"고 말하는 거야. 단체로 말이야. 큰 문을 열어놓으니까 몇 명인지는 몰라도 아주 많았어. 질(길)이 하얗게, 거멓게 까마귀떼같이 사람으로 덮여지니까. 그래서 질 아는 전라도 사람들은 인천에서 전라도로 향하고, 경기도 사람은 경기도로 향하고, 우린 질을 모르니, 질 모르는 사람은 수원을 가야 열차를 타서 서울로 해서 집에 갈 수 있다고, 한강을 넘을 수 있다고 하니, 수원을 향해서 일행들하고 같이 갔단 말이야. 걸어

보지 않은 발에 하룻밤을 걸어서 수원을 가니 발이 터져서 걸을 수가 있어? 그래도 할 수 없이 걸어가다가 목을 지키고 있던 간수들에게 26일 아침에 수원에서 잡혀서 27일 인천형무소로 또 끌려오게 됐어.

인민군이 되다

인천형무소에서 하룻밤 자다보니 그 간수들은 다 도망가버리고, 이번에는 인민군이 금방 내려왔더라고. 28일 새벽참에 한강다리를 폭파했단말이야. 한강 다리를 폭파시키는 바람에 서울에서 피난 가려던 사람들이 다 죽고, 인민군이 점령해서 우리를 형무소에서 서울까지 데려갔거든. 30일 날. 이틀 걸어서 서울에 가서 여관에 묵으면서 "폭탄에 맞아 죽은 사람 시체들을 끄집어내라"고 해서 수도가 터져서 한강물처럼 된 물 속에 들어가서 다 끄집어냈어. 아이 때여서 모르니까 했지, 요새 같으면 하라고 해도 못해! 손에 피가 벌겋게 될 정도로 끄집어 내서 모두 정돈해두고, 개성으로 올라간 거야. 걸어서 개성까지 갔지. 그 사람들이 "당신은 의용군으로 우리하고 같이 가야 됩니다" 해서 개성에 가서 7월 4일에 훈련에 돌입해서 한 달 동안 훈련을 받았어. 그렇게 해서 8월에 훈련을 마치고 전남에 배치받았어. 처음에는 의용군으로 간 거야. "당신넨 의용군이 된다"고 그런 말을 하는 거야. 무조건 잡아가는 거야. 갈 사람 손들라고 하면 가겠다고 할 사람이 있겠어? 안가겠다고 하지. 무조건 300명을 데리고 개성에 있는 자기네 사관학교로 갔어. 그 사람들이 사관학교라고 하니까 사관학교라고 하지, 사관학교인지 뭔지 우리가 어떻게 알아? 그래도 훈련시설이 잘 돼 있더라고. 공군사관학교에서 하는 식으로 큰 원형해서 빙빙 도는 것도 있고. 거기서 한 달 교육을 받았어. 운동장에 집합한 걸 보면 어마어마해. 어떻게 모두 끌고 갔는지 알지도 못하고, 그 많은 숫자가 침대에서 잤어. 침대가 쫙 놓여 있고, 식사도 대접이 좋았지. 형무소에서는 먹지 못하고 살았는데, 거기 가니까 밥은 현미밥이라고 해서 껍데기 덜 벗긴 걸 먹고, 국은 버더(버터)국. 기름이지, 기름국. 그리고 소를 잡아서 소고기국도 끓여줘. 남한에 침입하니까 남한 소를 잡아다가 우리 앞에서 "당신네도 먹으시오" 했어. 맛 좋은 건 자기네 먹고, 국물들은 우리 생도들 주고 했지.

전라도까지 내려가

그렇게 훈련을 끝내니 각 도별로 파견을 시키는 거라. "너는 어느 도, 너는 어느 도에 가라"고 해서. "이제 인민군이 다 점령을 했으니까 당신은 전라도 가서 치안 확보를 하라"고 하는 거야. 그때는 의용군이 아니고, 내무서원이라고 해서 경찰 활동을 하라 이거야. 그래서 우린 광주로 배속을 받아서, "이젠 집에 갈 수 있다"고 생각했지. 광주까지 내려오는 도중에도 많이 죽었어. 300명이 이 도 저 도 배치받았거든. 배치받아서 내려오다가 조치원이라는 데를 갔어. 거기는 전투가 심한 곳이어서 인솔자들이 "너희들 명심해서 통과하라"는 명령을 내리더라고. 아닌게 아니라 그 조치원에 와서 보니까 동네가 완전 전쟁터로 탱크가 불탄 게 수두룩(수두룩)하고, 죽은 시체로 썩은 내(냄새)가 팡팡 나고, 발디딜 틈이 없어

서 "이야, 여기 위험하긴 헌디여" 하고 생각했어. 시내를 조금 벗어난 논두렁 옆에 갔을 땐데, 기관총 소리가 '과락과락', '팡팡', '따콩따콩' 하니까, 그 순간에 총 맞아서 죽는 사람은 '아이고, 아이고' 비명소리만 나는 거야. 인솔자들이 "이야, 큰일 났다 이건. 엎어져서 달려라" 하면서 숨으라고 하니까, 물이 팔팔 나는 논두렁에 엎어지면 무슨 수로 달릴 수가 있겠어? 가만히 엎어져 있으니까 한참 교전이 붙은 거야. 그땐 무슨 싸움이냐 하면, 인민군하고 한국군 패잔병들이 싸운건데 부대를 찾지 못해서 헤매는 사람들이 서로 총질을 한 거야. 우리 일행 한 100명은 하룻밤 지나니까 스무사람도 없는 거라. 제주도 사람도 많이 죽었어. 내려오다가 조치원에서 많이 죽은 거지. 한 100명은 될 거라. 1개 소대를 40명씩 해서 그 방향으로 3개 소대가 내려왔거든. 내무서원 소대장에게는 총을 한자루씩 주고, 분대장은 수류탄을 주고, 우리 같은 일반인은 아무것도 안줘. 우린 졸병이니까. 분대원이니까 뒤따라 다닐 뿐이지. 그러니까 둘러메는 건 전대뿐이야. 전대라는 건 양석(양식) 놓는 거지. 생 쌀 놔서 집어먹으면서 다니라고 하는 거지. 그거 하나씩 둘러메서 내려가는데 빈손이거든. 다 죽어버리니까 뒷 날 아침 밝아갈 무렵인데, 몇참을 죽자 살자 내려가다가 겨우 사람들을 만났지. 길을 잃어버려서 사람들이 몬딱(모두) 흩어져버렸어. 죽은 사람도 많고, 길도 잃어버리고…. 야, 그래도 난 질(길)을 잘도 찾았어. 그 캄캄한데, 몇 시간 걷다가 어느 소롯질(소롯길)로 들어갔으면 길을 잃어 일행을 못찾을 건데 말이지. 그렇게 하면서 내가 간 곳이 전남 광양군 진월면 선소리라는 곳이야. 잊어버리지도 않아. 거기 가서 며칠을 살았지. 전라도로 내려가니 도망 갈 생각을 했지. 전라도 여수라는 데를 내려오니까 여기서 오래 살다가 집에 갈 계산을 했단 말이야. 선소리가 바닷가마을이니까. "바닷가에 가면 제주도 사람은 집에 갈 수가 있다"는 명령도 받고 해서, 제주도 사람은 이곳을 가라고 그렇게 했지. 한 열흘 근무하다가 8월 추석 맹질(명절)도 선소리 이장네 집에 가서 쇠고, "토지분배를 하자" 해서 토지분배하는 과정까지 참여했어. 부잣집 토지를 가난한 사람에게 나눠줬거든. 토지분배라고 해서 한 사람 앞에 500평 정도씩 니기반듯하게(직사각형모양) 우리가 직접 줄을 잡아서 딱딱 재어서 '이건 너 밭, 저건 너 밭' 해서 딱딱 꼬리표 붙여버리면 이젠 그건 그 사람 밭 되는 거지. 그러니 가난한 사람들은 좋다고 했었지. 이녁(자기네) 밭들 되니까, 허허. 선소리에서는 집에 갈려고만 연구하면서 "어떻게, 어느 질로 집에 갈까?" 연구하는 도중인데 며칠 있으니 9·28인천상륙작전이 일어났단 말이야. 인천상륙작전이 일어나니까 광양군에서 후퇴명령이 내려서, 지리산을 경유해서 태백산으로, 금강산으로 가야 살 수 있다고 하는 거야. 그런데 우리를 몰아가다가 지리산쯤에 가니까 다 흩어져버리니 사람이 있어? 선소리에 장교가 있었거든. 내무서원 주임이 있었는데, 그 사람이 통솔해서 가겠다고 해서 가다가 지리산 자락에서 흩어져버리니까 몇 사람이 남지 않았지. 그렇게 해서 20일 동안을 산에서 걸었어! 지리산이 워낙 넓어노니 태백산까지는 가지 못했지. 거기서 헤매다가 보니까 말이야. 그래서 어디를 가게 됐느냐 하면, 경상북도 영천이라는 데를 갔어.

고향 출신 한국군에 붙잡히다

경북 영천까지 20여 명이 피난을 다니다 보니 한국군들이 보초 서서 포위한 데를 모르고 들어가게 됐어. 그런데 우리 제주사람들! 우리 동네 사람들한테 걸렸어! 그렇지 않았으면 총살됐을 거야. 명월사람 하나 있었고, 한림이여, 수원이여. 몬(모두) 한림면 사람들에게 걸렸어. 어떻게 걸리게 됐느냐 하면, 군인들이 8부 능선에 가서 앉아 쉬면서 담배 한 대씩 피우면서 맞은 편 능선에서 우리가 오는 걸 보고 있었거든. 우린 사복들 입고 인민군이라는 표시가 없으니까 인민군도 아니고 아무것도 아니었지. 그저 피난민으로 된 거야. 증명이 뭐가 있겠어? 우리가 오는 걸 보다가 총을 쏘기 시작하니까 도망가거나 많이 죽었어. 고지에 기관총 걸어놔서 도망가는 20여 명을 '자르륵' 쏘니까 뭐.

나는 총소리 날 때 아래로 데굴데굴 굴렀는데, 돌 틈에 들어가서 엎드리니까 아무리 총을 갈겨도 안맞았어. 안맞으니까 그 군인들이 "이놈들이디 이선게 어디 도망가부러시니? 아니 나오면 쏘우켜 이(이놈들 여기 있었는데 어디로 도망가버렸나? 나오지 않으면 쏘겠다)" 하면서 '바르륵, 바르륵' 쏜다 말이여. 한국군들이 "이놈의 새끼들 몬 어디 돌아나부러시냐. 곱은 놈이랑 제기 나오라. 아니 나오민 쏘우켜. 죽이켜(이놈의 새끼들, 모두 어디 도망가버렸나. 숨은 놈은 빨리 나오라. 나오지 않으면 쏘겠다. 죽이겠다)" 하는 거야.

아, 제주도 사투리가 탁탁 튀어나온단 말이야! 한국군들이 제주도 말로 하는 거야! 그 당시에는 제주도 사람들이 표준어라는 건 말하려고 해도 절대 못했거든. '야~! 이 순간에 손을 들렁 조카, 말앙 조카? 어떵허코? 말 안해도 쏘아불거고, 제기 일어서도 쏘아불거고(손을 들면 좋을까, 들지 않아야 좋을까? 어떻게 할까? 말을 하지 않아도 쏘아버릴거고, 빨리 일어서도 쏘아버릴거고)'

하면서 3분 정도 생각했는데, 3분이라는 시간이 아주 길게 느껴진다 말이야. 다른 사람들은 총 쏘니까 옆에서 '아이고, 아이고' 하는 비명소리도 들려. "어디 곱안디? 곱은 놈이랑 제기 나오라. 경 안허민 쏘우켜(어느 곳에 숨었나? 숨은 놈은 빨리 나오라. 그렇지 않으면 쏘겠다)" 하는 말을 들으니까, 난, '아이고, 이거 제주도 사람이 틀림없다!' 고 생각했지.

제주도 사투리가 분명하니까, 다들 제주도 사투리로 '와와와와' 하는 걸 보니까, '우리 동네 사람들 군인 왔다고 했는데 틀림없이 이런 사람이 있겠구나' 해서, 이젠 죽으나 사나 일어서보자고 해서 팍 일어나서 "나 여기 이수다" 해서 손들었어. 그때 제주도 사람은 나 혼자뿐이었어. 그랬더니 한국군이 총을 나에게 팍 대고 "너 어디냐?" 하는 거야. 그래서 나가 "아이고, 나 살려줍서. 한림 금악이우다" 하니까, 군인이 "이놈의 자식, 너 왜 여기 왔냐?"고 물어. "광주에 살러왔다가 이렇게 피난다념수다"고 하니까 "그러냐"고 해. 그렇게 해서 그때 나를 살려줬지. 그렇지 않았으면 당초 살 수가 없는 거.

歷史의 소용돌이 속에서

梁一化

▶ 양일화 씨가 자신이 겪은 인생역정을 담은 자서전.

대번에 총살해버릴 거였지. 고향사람이라고 해서 살려준 거야. 그때 피난 왔다고 하니까 그렇지. 인민군 생활했다고 했으면 죽었지. 그래서 그때, 한국군들이 제주도 고향 사람 만나니까, "불쌍하게 피난 다니는 놈, 우리 부대에 가게(가자)" 하면서 노획한 총들을 나 둑지(어깨)에 툭툭 메어줬어. 고향사람이니까 총을 메게 했지, 그렇지 않으면 누가 총을 메게 하겠어? 부대에 들어가보니 선임하사도 제주도 사람, 소대장도 제주도 사람 몬딱 제주도 사람이었어.

소대장이 나보고 "여기 죽은 사람들 하난에(많으니까) 그대신 근무해보라. 너 경 헐 수 이시냐(그렇게 할 수 있느냐). 군대에 입대해불라"고 하는 거야. 난, "아이고, 좋수다. 군대에 들여만 줍서" 했어. 그렇게 해서 거기서 3일을 살면서 서류 작성을 다 하고, 이제, 내일쯤은 연대장 결제만 받으면 한국군인이 될 거였지. 아, 그런데 미국놈들이 '쏼라쏼라' 하면서 큰 차에 타고 사흘 만에 갑자기 밤에 들이닥쳤어! 그 사람들이 "포로로 잡힌 사람들은 우리가 데려간다"고 말이야. 그때 한국군이 미국사람에게 맥을 출 수가 있어? 와서 차에 실으라고 손가락으로 뭐라고 가르키더니만 차에 실어버린거야, 우리를. 난 뒤돌아서서 아는 군인에게 아무리 손짓해도 그 사람들이 무슨 권한이 있어? 나가 "아이고, 우리 심어가부럼쩌. 어떵 허코. 살려줘게(아이고, 우리 잡아가버린다. 어떻게 하나. 살려줘)" 하니까, 군인들이 "헐 수 이시냐. 강 어떵 살당 집에 가게 될 거여(할 수 있느냐. 가서 어떻게 살다가 집에 가게 될 거야)" 하면서 나를 막 안심시켰주게. 허허. 하루만 있었으면 우리 군대에 편입해서 아무런 일도 없었을 텐데 말이야.

미군, 수용소로 넘기다

그때 나처럼 부대에 잡혀온 사람이 30명 정도 됐어. 사방에서 잡아 온 걸 보니까. 인민군, 의용군이 아니고, 피난다니는 할망, 하루방, 애기들이라. 왜 잡아오느냐 하면, 질래(길가)에 있으면 어지러우니까 임시 수용해서 나중에 전쟁 끝나면 나온다고, 전쟁터에서는 어지러운 사람들은 잡아가는 거라고, 그런 말을 하더라고. 미국사람 통역관이 말해주기를. 그렇게 해서 우리를 데려간 거라. 늙은이, 아이 할 것 없이 수용소에 다 들어가는 거. 그렇게 해서 가야수용소라는 데에 들어가서 살다가 거제도로 가서 살게 됐어. 가야수용소에서는 몇 개월 없었고 거제도에서 오래 있었주. 거제도에 가니까 남한 사람은 남한 사람대로 분류작업을 했어. 막사 하나에 36명 정도, 40명 미만으로 1개 소대를 편성해서 군대생활이나 똑같이 했지. 거기서는 노동을 했어. 동네에서 군인 간 사람을 알게 되어 "노동 하는 데 가자"고 해서 부대에 가서 일하고 오게 해서 나도 갔다 오고. 그 안에서는 때리거나 그런 건 없었어. 밥도 잘 주고, 피복도 좋으니까. 군인 쓰봉(바지) 바짝 바짝한 가다(틀)라, 그땐. 옷이 좋아. 거제도에서 1년 동안을 살다가 또 영천으로 올라와서 한 1년 살아서 53년도에 대통령 특사로 집에 가라 해서 이젠 집에 왔어.

한국군으로 입대하다

집에 오니까 또 몇 개월 없어서 군인 영장이 나왔어. 그래서 할 수 없이 군인 가서 살다가 오게 된 거지. 결국은. 육군으로 군인 가서 하사관 교육 받고 전방 배치되기 직전에 휴전이 된 거야. 결혼도 그때 집으로 돌아온 다음에 53년도 27살에 했지. 그때는 늙어서 결혼하고, 늙어서 군인 가고…. 그래서 이제 죽을 판 살 판 몇 번, 총 맞아서 몇 번씩이나, 넘을 고비는 이루 밀할 수 없어.

4·3의 후유증과 후유장애자 불인정

4·3사건 때 당한 고문 후유증으로 후유장애가 있어서 희생자 신고 당시 희생자(후유장애인)으로 신청했는데, 2005년에 4·3위원회에서 인정할 수 없다는 불인정 판정을 받았어. 후유장애인으로 신청할 때는 병원에서 진단서를 끊었거든. 4·3사건 후 발생한 요통이 있고, 하지 방사통이 있어서 평생 약물치료와 물리치료를 요한다는 내용이었지. 위원회라는 데서 병원에서 진단한 진단서도 인정하지 않고, 불인정 판정을 내린 것을 보니 더욱 기분이 나빠.

불인정 사유가 뭔지 알아? 나가 6·25 때 군에 입대해서 제대를 했고, 부상과 후유증이 자연발생적으로 생기는 질환으로 판단되기 때문에 4·3사건으로 인한 질병으로 인정할 수 없다는 거야! 그래서, 2005년 5월 4·3위원회를 상대로 행정심판 청구까지 했는데, 그것도 기각됐어. 그때 행정심판 청구할 때도 "대한민국 군대에 자원 입대한 것이 아니라 인천 형무소에 수감됐다가 전쟁이 일어나면서 모두 석방시키고, 생사의 갈림길에 놓였던 순간에 나 의지와는 관계없이 북한군이 무차별적으로 의용

군으로 끌고 갔고, 부산수용소와 거제수용소 등을 전전하면서 석방됐다. 당시는 몸이 아픈 것보다는 당장 목숨을 살아야 하기 때문에 수동적으로 끌려갈 수밖에 없었다"고 적었지.

또, 4·3사건 때 구타와 고문으로 요통과 방사통으로 인해 몸 곳곳에 통증이 오고 저리기도 하고, 마비되거든. 그래서 "그때 부상을 입지 않은 비슷한 연배의 사람들보다 노화가 빨리 진행되고, 후유증도 복합적으로 나타난다"고 했어. 4·3후유장애자로 불인정 판정을 내린 것은 4·3사건 때 고문과 형무소 수감 생활, 그 뒤의 뒤틀린 내 삶을 인정하지 않겠다는 것이 아닌가.

구술 채록·정리 허호준

■ **면담 후기** ■

2007년 11월, 눈코 뜰 새 없이 바쁜 철에 아픈 몸을 이끌고 밭일을 하던 양일화 선생을
만났다. 그를 만나 살아온 이야기를 듣기로 한 것은 젊은 날의 소설 같은 파란만장한 그의
삶과, 그 뒤의 후유장애를 앓고 있다는 소식을 듣고서이다. 그의 인생 이야기는 소설 그 자
체였다. 일본군 주둔 — 해방 — 4·3 — 계엄령 — 소개 — 연행 — 고문 — 형무소 수감
— 인민군 — 수용소 생활 — 석방 — 한국군 이라는 삶을 살아온 그의 이야기는 극적인 요
소가 너무나 많았으나, 한편으로는 소설로도 충분치 않다고 생각했다. 그의 삶은 일제 강점
기와 한국의 분단 현실에 처한 민중의 삶을 그대로 보여주고 있었다. 하지만 4·3 당시 엄
청난 고문과 형무소 생활의 후유증에도 불구하고, 후유장애자로 인정받지도 못한 것은 그에
게 두 번째 피해를 입히는 것이었다. 인터뷰를 해 주신 양 선생님에게 고마운 말씀을 드린다.

부상 후유증으로 삶이 삶이 아니야

오술생

오술생 할머니는 1922년 한림읍 명월에서 태어났고, 60여 년
전 4·3의 흔적을 고스란히 몸에 새기고 살아가는 4·3후유장
애인이다.

18살에 한림읍 금악으로 시집 가서 4·3을 겪은 오술생 할머
니는 당시 어린 두 딸을 잃었다. 죽은 두 딸과 함께 널브러진 자
신을 친척 어르신이 거두어 주었지만 부상 후유증으로 늘 병원
과 약에 의존하며 살아간다.

사진 / 강희만

일제 때 결혼

18살에 결혼했어. 옛날에는 향교 같은 데 다니면 "너네 집에 딸 있느냐"고 해서, 결혼을 하곤 했지. 이제 같은 연애도 없었어. 그렇게 해서 결혼한 다음에 친정에 좀 살다가 19살 때부터 금악에 가서 살았어.

일제 때는 공출이 정말 말도 못하게 힘들었어. 결혼할 무렵이 가장 심했던 것 같아. 먹는 보리 다 빼앗아 가기 때문에 마방 같은 데 파서 조금씩 놔두면 그걸 다 가져가 버리고, 감자줄기도 바치라고 해. 식게(제사) 맹질(명절) 때 쓰는 놋그릇도 바치고 하면서 아주 힘들게 살았어.

사람 죽이는 거를 전업으로 나온 사람

4·3사건 난 때가 금악에 사람이 너무 없어서 어디 천미터정도 가면 사람 하나 봐지나마나 했었어. 사람을 몬딱(전부) 죽여 버리니까. 하루는 이북에서 온 부대, 바지부대라고 했는데. 서북청년이지. 그 이북 사람들이 이제 촛불 들고 다니는 사람 모양(촛불시위대)으로 막 골목 가득 다녀. 그렇게 오다가 질래(길에) 아무라도 보이면 몬딱 조근조근(차례차례) 죽였어. 이북 사람들이 사람 안 가리고, 사람만 보면 죽였어. 총 매고 오다가 눈에 걸리면 두드리고 탁 쏘아버리고 하니까 길에 사람들이 느랏느랏 해났어. 애기고 뭣이고 사람 씨 끊어버리려고 작정했어. 질래 나간 사람은 팍팍 팍팍, 걷는 사람도 팍, 쇠 보러 가다가도 팍팍팍, 밭에 가는 사람도 팍, 위에서 서북청년 여기 보내서 사람들 몬딱 두드리라고 했으니까. 돈

벌러 나온 그 서북청년들은 옷들도 아무거나 바지 저고리 입고 총 하나 매서 사람 죽이러들 나오니까 사람 많이 죽이면 지네가 월급을 많이 받을 거니까, 사람 백 명만 죽여도 월급이 올라가고 사람 죽이는 거를 전업으로 한 사람이었어.

두 딸은 잃어버리고, 나만 살아나왔어

내가 아이 하나는 친정어머니한테 맡기고, 돌 되나마나한 젖 먹는 어린 아이는 업어서 일이라도 해보려고 했어. 일곱 살짜리 좀 큰 건 그냥 데리고 살았지. 사태 일어나던 해 봄이라. 이제 저지지서에서 총 매고 탄압 와 가면 모두 다 산쪽으로만 달아났지. 근데 나는 아이 둘 데리고 도망가지 못 했어. 이제 예순둘 난 딸은 세 살에 명월 외하루방네(외할아버지네) 집에 놔두고 가볍게 하나 업고 하나는 손에 잡고 도망 가서 숨으려고 했어. 조금 뛰니까 걷질 못 해. 일곱 살 난 것이 지쳐서 뛰질 못하는 거야. 그냥 앉아서 죽지. 몇 킬로 되는 거리를, 산으로 치면 몇 개는 넘어서 숨어야 살았어. 그러니까 뛰다가 못 뛰었어. 그때는 우영(텃밭)에 양애(양하)가 막 무성했어. 그 위가 막 넓어. 그러니까 서이(셋)가 양애 속에 숨었어. 그냥 넘어갈까 해서. 그런데 집에 와서 수상하다고 해서 하나에 여럿이니까 여기 보일락말락하니까 저기 사람 있다고 하면서 그걸 끌어다가 두드렸어. 나는 이리로 누우면 이리로 두드리고 저리로 두드리니까 제일 고통스러운 것이 그때 이 다리가 죽은 거나 마찬가지였어. 죽은 다리에 계속 맞으니까 몸이 시커멓게 됐어. 시집에 오촌들, 60살 넘은 하루방(할아버지) 둘에

할망(할머니) 둘이 와보니까 시체 세 개가 조랑조랑 있는 거야. 그러니까 우영밭(텃밭)에 가서 나 묻을 구덩이를 팠어. 아이는 우영에 안 묻고 어디 저 길에 가서 어충, 아이들 묻는 데 가서 묻었어.

나는 다리가 시커멓게 되니까 하루방들은 일 차림으로 묻어버리려고 구덩이를 파서 가맹기(가마니)깔고 하루방 둘이가 들이쳤는데 할망 둘은 가슴을 만져보니까 조금 따뜻하니까 바깥에 놔둬 보자고. 숨이 붙어 있는 걸 아니까. 할망들이 다시 들러냈어. 그래도 하루방들은 이제 아기들도 어디 가서 묻어야 하고 어떻게 하느냐고 하다가 이제는 나를 바깥으로 들러오고 아이들만 가서 묻어놓았어. 할망들은 부엌에 보리낭(보리나무) 많이 가져다가 깔아놓고 그 위에 나를 눕혀놓았지.

옛날에는 까만솥, 가마솥이 있었어. 그 솥에 송화해다가 진(송진)을 쳐서 몸에 덮어서 한 3일 붙여가니까 거멓게 됐던 데가 해뜻해뜻 살이 나왔어. 그때는 몸이 살색이 하나도 없고. 검푸른 색깔이었어. 대가리(머리)는 두드리니까 골이 밖으로 나가서 할망들이 머릿속으로 주워 담았지. 쑥 놓고 해서 막 감고. 다리는 너덜너덜하니까 여기 감고 저기 감고…. 구덩이에 묻었던 걸 파내어서 부엌에서 3일 동안 쑥침 해가니까 여기도 퍼뜩 저기도 퍼뜩 하면서 사흘 만에 죽지 안 하고 살아났어. 3일 만에 살이 나오니까 물에 좁쌀을 삶아서 걸러내서 숟가락으로 조금씩 입에 대면서 할망들이 "살려면 먹고 죽을 거면 먹지 말라"고 했어. 그 말은 귀로 알아들어지더라고. 잠시 정신을 놓고 있었을 때 구덩이에 가는 것도. 그래도 이 심장이 살아 있으니까 다 알아들어지는 거야. 이젠 그걸 먹었어. 그거 먹어서 3일 만에 살아 나왔어. 나흘째 되니까 일어났지.

이젠 아이들 어디 갔냐고 하니까, 저 명월 외할아버지 댁에 데려갔다고 거짓말하는 거라. 묻어 놓고는. 그렇게 하니까 할 수가 없어서 하루방한테 가서 "아이 어디 가수과?", "여기 데려 왔다고 했는데 어디 갔느냐"고 물었지. 이젠 대답 못 하지. 나중에야 "내가 거기 어떻게 가느냐, 사람 전부 죽는데 나 거기 갔다가 죽어서 올 일 있냐?"고 해. 이제 나대로 들어서 아이들 묻은 데에 가서 보니까 대강대강 흙이 덮여져서 돌만 살짝 올려놓아 있어. 급해놓고 하니까 흙이 다 안 덮여져서 발도 나오고 머리도 나오고 똑바로 안 묻어졌어. 그러니까 외하루방 온 때 그거 흙 해다가 더 잘 묻어놓고 갔지. 그땐 사람을 잘 못 묻을 때야. 죽는 사람이 많아 버리니까 가마니라도 덮어서 내버릴 때 거든.

그때에 난 살겠다고 3일 만에 살아나고 아이 두 명은 그 시간에 묻어버렸지. 아이들은 한번 건드리면 죽는 거니까. 오래 견딜 수가 있어? 그래서 한쪽에 구덩이 파서 묻었어. 그때 4·3 때 딸이 3명. 일곱 살 난 큰 것이 죽고, 세 살 난 건 명월 외하루방집이 데려다 놔두고, 그거는 이제 부산에 가서 살아. 사건에는 두 명만 데려서 가다가 죽어버렸어. 딸 둘은 죽었어. 일곱 살 난 거, 한 살 난 거는 죽었지. 한 살쯤. 그건 발로만 차도 죽는 거니까. 그 죽어버린 큰딸은 너무 아까워서 길에 다니면 우리 딸만큼 고운 것이 없다고 했었어. 너무너무 억울해.

도망가다 보면 폭도가 돼

그때는 토벌 오면 만날 동네 사람들이 산 쪽으로만 도망가니까 다 폭도가 될 수밖에 없었어. 산에서는 밤에 와서 자기들과 같이 서방이 산에 안 올라갔으니 먹을 거 다 내노라고 했어. 뭐 있으면 다 털어서 가버리고. 이제 서방 산에 안 올렸다고 자기네가 끌고 가겠다고 별 노릇을 다 했어. 그래도 명월, 친정에 걸어와서 잠잤다가 가고. 어떤 때는 어디 가서 여기 왔다가 가보면, 길에 사람 죽은 게 서른 명도 더 있어. 노인들이 시체 묻으러 금악에서 닥모루까지 가다가 시체 보이면 묻어줘.

그런 후에 가을이 되니까 다시 저지지서에서 토벌 와서 나를 끌고 갔어. 이제는 저지지서에 가면서 소낭밧디(소나무밭) 잡아 가서 한 20명 세운 다음에 총살을 바득바득 했는데 난 총살하는 사람 바로 앞이 서 있으니까 안 죽었어. 그 무슨 총인지 하나만 맞지 안 하고 어마어마한 '팍' 하면 사람 피가 위로 솟아. 사람 총으로 맞춘 거. 그렇게 하면 바들랑바들랑 '헉' 목숨 끊어지면 피가 위로 오르니까 발버둥치는 거 내가 봤어. 총살하는 사람 바로 앞에 있던 나 포함해서 세 사람은 지서로 데려가서 막 닦달했지. 서방(남편) 산에 올라갔느니 말았느니 하면서 말이야. 두 사람은 거기서 죽여 버리고 나 하나만 살아서 나왔어. 거기서 쇠좆매(소의 생식기로 만든 것으로 4·3 때 고문도구로 쓰였다)로 맞았어. 그 흘랑흘랑 헌 거 여기 두드려서 한 번 감아지면 풀어지지 안 해. 흔들어도 털어지지 안 했어. 바른 말 하라고만 해. 바른 말은 할 게 뭐 있어? "남편은 육지 가서 없다. 달아날 생각도 안 했고, 산에 오를 생각도 안 했다"고 해도 무조건 때리고 했어.

그리고 우린 금악에서 쇠(소)를 길렀지. 한 100마리 길렀는데, 우리 시아버지가 일찍 돌아가시니까 소를 키우려고 남을 빌렸어. 아들은 나이 어리고 학교를 계속하려고 하니까. 그 사람이 쇠 보면서 두 마리 팔면 하나는 그 사람에게 갈라 주고 하는 식으로. 그 사람네가 우리 밭 농사해서 다 벌고 그랬어. 그랬었는데 처음 탄압 올 때 그 집 식구들이 모두 전멸해버렸어. 그러니까 소를 돌볼 사람이 없어서 산사람들도 잡아먹고 토벌대들도 잡아먹고. 다 없어져 버린 거지. 그때 그 좋은 재산 전부 잃어버

리고, 우린 산에라도 올라갔으면 몰라도 산에도 안 올라갔는데 억울할
수밖에.

금악리 씨멸족 당하는 줄 알아

금악은 '왓샤왓샤' 하는 것 못 봤어. 그냥 사람을 하도 죽이니까 도망
가는 게 산 쪽으로만 도망갔지. 어디로 가서 숨었는지 목숨은 살았는지
죽었는지도 몰랐어. 배우지도 못한 사람들, 밭에 가서 일 하다가 오는데
죽여 버리고, 오라고 해서 가면 죽여 버리고. 밭 갈러 가는 것도 죽이고
쇠 보러 가는 것도 죽이고 해가니까 그냥 집에 앉아있다가는 죽일 게 뻔
하니까 숨으러 달아나고 산에 가서 살아가니까 폭도가 되었지. 원래는 숨
으러 간 것이 그렇게 되는 거야. 살려고 하니까. 머리 좋아서 꾀부릴 만한
사람도 있지만은, 대개는 농사꾼이니까 무식하지. 그렇게 당했어.

금악이 산간마을이어서 그렇게 됐어. 해각(해변마을)은 별로 안 죽었어.
특별히 금악은 산간이라서 더 했던 거지. 서북 청년들이 어떻게 한 줄 알
아? 총 매고 옷도 그랑그랑 헌 옷 입고 양복도 안 입어. 또 말도 제주도 말
안 해. 말 하나마나 말 한마디 붙이질 못했지. 와서 폭폭폭폭. 그냥 막 씨
멸족하려고 온 거야.

그런데 박씨들이 피해는 더 많았어. 어떤 집안은 여섯 식구 한꺼번에
죽여 버렸어. 날 묻으러 왔던 우리 시오촌 어른도 장기(쟁기) 싣고 밭에 가
고 있으니까 죽여 버리고, 그 아들도 그렇게 해서 죽여 버렸어.

아무튼 금악은 토벌대가 씨멸족 하러 왔던 거지. 그 질래에 걷고 있으

면 이리로 쏘고 저리로 쏘고. 그런데 사람 총으로 쏘면 목숨 끊어지기 전까지 피가 위로 솟아오르는 게 엄청나더라. 줌방기같이 '팍팍팍' 피가 위로 솟아올라. 금악에 사람 씨 하나 없어 보였는데, 지금 사람 씨가 어디로 나왔는지….

약으로 버틴 세월

내가 그렇게 맞은 때가 스물일곱 여덟이었어. 소까이 (소개) 내려온 때가 스물아홉이었을 때니까. 그때는 젊은 때지.

그렇게 해서 내려오니까 사는 건지 마는 건지…. 그때 그렇게 맞아나니까 얼이 빠졌지. 옛날은 약방에서 주사 놓고 약을 팔았어. 난 약을

도라무(드럼통)로 한 통 먹은 사람이야. 약 끊으면 죽으니까 밥은 굶어도 약은 굶어 보지를 않았어. 약방에 가서 주사도 맞고. 그 약방이 문을 닫으니까 일본에서 약을 야매로 해서 다니는 사람한테 약을 주문하면 큰 상자에 하나 담아 와. 그 약이면 일 년 먹었어. 일제, 그것만 먹으면서 살아온 지가 이거 이제 한 20년. 약 안 먹으면, 12시에 먹어서 5시에 안 먹으면 내가 돌아져 죽어졌어.

여기 머리 맞아서 충격받은 후부터, 젊을 때부터 날씨가 말짱한 날도 해가 갓 쓴 것처럼 보이고, 멀리 있는 사람 말소리는 알 수 있어도 얼굴은 흐릿하게 안 보이고 하니까 눈 수술을 했어. 이 눈 수술 한 지가 이제 30년. 그러니까 이제는 해를 잘 볼 수 있어.

머리맞았던 충격으로 매일 침 맞고 그렇지 않으면 길에서 달리는 차가 저쪽으로만 달리는 것 같고 가는 것이 거꾸로만 보여. 사람도 거꾸로 걷고. 차에 앉아도 거꾸로만 가고 하는데 이거 눈 수술할 때도 옛날 여기 충격 받아서 뇌에서 무슨 혈관이 막혀서 못 지나가니까 옛날 자식들이 어린

때 제주시 병원에 왔던 기억이 있어. 그런데 갑자기 이만큼이라도 보일 때 내가 봉사(맹인)되면 이 아기들을 어떻게 해서 먹여 살리겠나 싶어서 안 했다가 자식들 다 큰 다음에 제주시 와서 살림 산 이후에 눈 수술을 했어.

그때 4·3사건 충격으로 이 눈 수술했지만 이 머리 아프는 것은 그냥 있고. 이 다리 이제라도 누우면 딱딱해버려. 그러니까 침을 계속 맞지. 다리가 손으로 끄서오기(끌고오기) 전에는 움직이질 않아. 여기 혈은 항상 찰락찰락해. 그러니까 내가 이제 제주시 와서 사니까 이제도록 사는 거야. 한림 살고 있으면 옛날 흙되었을 건데. 자식들한테 와서 못 견디게. 병원도 너무 다니고 돈도 너무 많이 쓰니까. 나 사는 게 삶이 아니야. 겁나.

약 많이 먹은 공으로 살고, 한의원 가서 그냥 물리치료하는 데서 살았지. 말도 못해. 그러니까 옛날 한림 살 때 그렇게 말했었어. "저 사람은 벌어서 병원에 가는 것이 많다"고. 먹어서 사는 것은 없다고 한림에 소문났었어.

그때 그 매 맞고 한 사람들은 다 죽었지. 그때 사람들도 나 이제도록 산 거 보면 "아이고 어떻게 그 매 맞아도 이제도록 살아졌느냐?"고 해. 그렇게 약만 먹어오니까 C형 간염 걸렸어. 제주시 병원에 와서 여기저기 들어도 이 병은 약만 먹으면 고치지 못하는 병이라고. 암이나 다름없으니까 보약이니 한약이니 중단하지 않으면 안 된다고 하더라고. 하루에 약 세 번 먹고 보름에 한 번씩 체크하고 계속 세 군데를 다닌 공에 그럭저럭 견뎌. 근데 무지 돈이 들어가.

남편

남편은 외아들이니까 글청에서 한문만 배웠어. 머리에 든 것이 많은 사람이라고들 했었어. 나하고 결혼해서 서울 학교에 가 버리니까 내가 더 친정에 살아진 것 같아. 남편하고는 얼마 살아보지 못했어. 금악에 살 때 7~8년 살았던 것 같아.

뒤숭숭할 때니까 일본이나 갈까 하다가 배에서 잡혀서 제주도 들어 와서 ▎제주▎시에서 여관에 살았어. 여관에 살면서 친구가 조천 사람인데, 학교 졸업한 그 사람 찾아가서 졸업장을 빌려서 순경 시험 봐서 됐어. 그러니까 고향에 한 번 다녀오려고 금악 왔다가 산사람들한테 죽창으로 맞았어. 자기들하고 같이 산에 올라가지 않았다고.

옆구리 찌르니까 찢어져서 여기서 감당 못 하고 그 창자 나온 거 내가 담고 거기 누르고 해서 우리 명월 처갓집 갔어. 우리 친정 아버지가 옛날에 벌을 길러났거든. 그래서 철사처럼 가는가는 한 게 있었어. 그걸로 상처난 데를 일곱 번 꼬맸어. 그렇게 하고도 아까짐끼(머큐로크롬) 발라서 곧 제주시 병원에 갔어. 병원에 가서도 몇 달을 살았지.

남편은 제주시에 와서 숨어 살면서도 가슴이 탈랑탈랑 했어. 밀고가 들어오는데 어떻게 해? 한 번은 토벌대가 금악 사람을 포위해서 몬딱(전부) 잡아갔어. 그런데 어떤 사람이 남편도 자기들과 같이 산에 올랐었는데 어떻게 순경이 되었느냐고 말한 거야. 이제 모략 들어가니까 경찰복 입은 채로 잡혀 들어갔지. 들어가니까 재판을 받았어. 증인 선 사람들이 그것들은 모략으로 한 거라고, 그때 죽지 않고 살아난 사람이 보증을 섰어. 그 사람은 미리 금악을 빠져나온 사람이라고 말이야.

그때에 내가 사식을 해서 들이고 했는데, 내가 도시락에 사과를 갈아서

노니까 안 먹어. 매일 차에 사람 싣고 죽이러 나가는 거 보니까, 자기도 죽어질까 봐서 안 먹어. 그러니까 한 번은 백지에 글을 썼어. "하늘에서 비가 와도 땅은 마른다" 해서 실만큼 얇게 말아서 도시락에 꽂아서 들여놔두니까 그거 풀어봐서 다 먹었더라고. "내가 관덕정 가서 살면서 재판 준비하고 있으니까 걱정 말라고, 우린 살아진다"고 해서 그렇게 한 거지. 그거 들이려고 하면 정문 다섯 군데 돈을 줘야 들어가. "비가 와도 땅이 마른다"고 암호로 썼던 거지. 많이 쓰지도 못해. 내가 쓴 글은, 뒤에서 내가 재판 준비 다 하고 있으니까 걱정하지 말고 먹으라는 말이었지. 그거 먹은 다음엔 도시락을 자꾸 싸면서 들여줬어. 그 주먹밥 한 걸 안 먹을 땐, 도시락을 싸서 주면 거기 수감됐던 다른 사람들이 그거 달라고 막 달려들었지.

그렇게 해서 재판하러 들어가서 28일 만에 재판해서 나왔지. 변호사가 어디 있어? 증인을 잘 세우니까 제주시에서만 살고 산에 갔던 흔적이 전혀 없어서 모략으로 안 거지. 죄 없으니까 풀려났어. 그 후로 경찰도 그만뒀어. 경찰 생활은 한 5년 했나? 몇 년 하지 않았어.

남편은 사람이 똑똑하니까 산에서 볼 때는 안 올라간다고 더 몰아댔던 거지. 그 사람은 산에 오르는 것에 절대 반대했었어. 집에 삐라가 막 떨어졌어. 그러니까 '여기 살면 죽을 거 같다' 며 아무도 생각 안 할 때 미리 도망갔어.

그렇게 순경하다가 그만두고 병무청 다녔어. 그렇게 하다가 육지에 가버렸는데 일찍 죽었어, 46살에.

불청에 숨겨둔 돈은 내 남편 밥값

저지지서에서 잡아갈 때도 스물 몇 명씩 잡아갔는데 우리 몇 사람만 놔두고 그 사람들 총으로 쏘았어. 그러니까 피가 위로 팡팡팡 솟았던 거지. 그때는 나도 살아 나오지 못할 줄 알았어. 그 순경들이 집에 들이닥쳐서 "빨리 나와! 빨리 안 나오면 총살하겠다!"고 해. 그때 남편이 서울에서 여관에 살 때니까 돈을 보내줘야 먹어서 살 거 아니? 그 돈 지금 같으면 10만 원쯤 되었나? 그 돈을 구덕(바구니)에 싸서 밭에도 가지고 다닐 때라. 그 순경들이 빨리 나오라고 해가니까 부엌에 가서 불청(불구덩이)에 돈을 묻어놓고 갔어. 내가 죽더라도 아무라도 주워다 먹게 하려고.

그렇게 저지지서에 갔다가 살아나왔는데 그 뒷날이 삭제였어. 우리 시오촌들 와서 불 피워가니까 "거기 불청에 파서 돈 꺼내놓고 불 피우라"고 했어. 그러니까 "어느 생각으로 불청에 돈 숨길 생각을 했냐? 이거 걸리면 산에 올리려고 했다고 더 닦달했을 건데" 하는 거야. 그러니까 내가 "산에 올림이랑 마랑(올리기는커녕) 서방이 서울 여관에 살아서 밥값 보내려고 했다"고 했지. 나도 그때는 머리 잘 썼던 것 같아. 돈을 거기 숨겨둔 걸 보면….

한림으로 소개, 고향 금악으로 돌아가지 않아

소까이(소개)는 한림 옹포 공장, 일본 놈 간스메(통조림) 공장인데, 넓고 막 휘영청 한 창고 같은 데야. 거기 갔었어. 상명, 명월, 금악 여러 마을 전부 거기 갔어. 거기 몰아오니까 밖에는 나가게 해줘? 삼일에 한 번씩, 닷새에 한 번씩 썩은 지실(감자) 한 가마니 배급을 줘. 그거 다듬으면 한 사발도 안 돼. 굶어도 살 수 있더라고. 젊은 때니까 굶어도 살 수 있었어, 쫄딱 굶어도.

어디로 내통하기라도 할까 봐서 딱 가두어 노니까 나가지 못 했어. 한림에 친척들 있으니까 어디 사는 거 알면 먹을 거라도 가져다주지만, 통행금지해서 간혀버리니까 오도 가도 못해. 그래도 젊은 때니까 옷 하나만 입고, 아이들도 입은 것만 걸치고 데려가도 살았어.

겨울 들자마자 잡아가서 음력 정월, 2월 나야 해방되었어. 굶어도 이(이목의 곤충을 통틀어 이르는 말, 머릿니)만 잡으면 살 수 있을 것 같았어. 이가 살점을 물어뜯어 먹으니 살질 못해. 옷에 그냥 덩어리지거든. 어디 가서 이만 잡았으면 살 수 있어, '이'라고 하면 너희들은 말해도 모른다.

그 창고 안에서는 한 사람이 요만씩 차지했어, 조그만씩. 이 마루 넓이 면 세 살림은 살아. 그래도 서방, 각시 있는 사람들은 쌀도 지고 가서 밥 도 해먹었어. 난 서방이 없으니까 가져 갈 수도 없고…. 빈손으로 가니까 굶었지.

옹포 공장에 살 때도 옹포 민보단 사무실에 잡혀가서 죽게 맞아. 서 방 산에 올랐다고 잡아다가 그저 두드리는 게 일이었어.

옹포 공장에서 석방되어도 나 금악 안 가봤어. 왜? 서방, 각시 있는 사 람은 농사하면서 살아도 난 아무도 없잖아. 또 몸이 성치 않아 농사도 못 해. 거기서 석방된 때에 한림으로 나와서 남의 집 빌어서 30년을 살았어.

인정받지 못한 4·3후유장애인

4·3사건 그때 맞은 걸로 병신이 다 되었지만 4·3후유장애인으로 인 정을 받지 못했어. 이제야 뭐 우린 오늘인가 내일인가 하면서 다 살았잖 아. 뭐 더 볼 거 있다고. 그거 믿었으면 그냥 죽어버렸지. 이젠 일어나는 일도 모르니까, 일어서다가 엎어지면 죽는 거지.

몇 년 전에는 계단에서도 두 번 떨어져서 여덟 달 입원했었어. 다리 꺾 어져서 깁스하고, 죽어도 방에서는 죽지 않을 것 같아. 이제 일어나는 일 도 우린 몰라.

후유장애인 불인정되도 할 수 있어? 어디 가서 싸워서 될 것인지. 되는

대로 내버려야지. 난 더 이상 돈 들이면서 소송 안 할 거야. 재심 소송할 때, 10만 원씩 두 번 내면서 해봐도 안 되고. 그때 막 엑스레이 찍은 거 보내라고 할 때, 제주대학교 병원에 갔는데, 지정병원은 거기뿐이고 하루에 다 하려니 모두 모여들어서 만원되니까 할 수가 있어야지. 그날 넘으면 소송 못 한다고 하니까, 그 아래쪽에 있는 재활병원에 가서 엑스레이 찍었어. 그때 5만 8천 원이었는지 우리 며느리가 계산했어. 그 돈도 나온다고 했는데 안 나오고. 그럭저럭하다가 그만두는 거지. 지금이야 병원 가서 물리치료하는 거나 공짜되고, 물리치료는 4·3후유장애인 신고한 증서

일본 『아사히 신문』이 제주 4·3 60주년을 맞아 4·3사건을 소개하면서, 제주 4·3연구소 연구원들이 오술생 할머니의 구술을 채록하는 모습을 실었다(2008년 7월 15일자).

가져가면 공짜로 해줘. 그만큼만 해줘도 좋아. 그저 병원에만 지금처럼이
라도 계속 다닐 수 있으면 다행이야.

잘 되면 좋지만. 잘 안 되는 걸 어떻게 마음대로 되겠어? 더 바랄 것이
없어. 그보다 더 한 사람도, 등에 혹 튀어난 사람도 안 되었다고 하고, 귀
막은 사람은 보청기 하고 가도 안 되었다고 하고….

난 법원에서 불러도 안 될 거니까 안 갈 거야. 그저 차비 들이면서 뭐 하
러 가? 그 차비만큼 먹다가 죽어버리지. 보증해줬던 사람 한 사람은 여기
도 없어. 육지 가서 살아. 아들이 모셔서 살아. 나이 들어서 다리 아픈 보
증인들을 법원에 어떻게 데려 다닐 수 있나? 그 서울까지. 보증인들이 간
다고 해도 다들 걷지 못하는 사람들이라. 그 차비 들이면서…. 아이고 난
서울까지는 안 갈 거야. 안 되면 안 되는 대로.

4 · 3후유장애인으로 힘들었던 삶

말도 못하지. 말도 못하게 힘들지. 매일 병원, 한의원. 매일 진통제 맞
고 약 먹고 하면서 살고 있어. 이 다리가 옆으로 옮기다가도 촐락촐락하
고 잘 걷지 못 해.

이제 예순 둘 난 부산 사는 아이가 일곱 살 때 내가 리어카 빌어오라고
해서 끌어달라고 하고. 이 다리가 맞아난 흔적으로 자꾸 가부니까, 아프
니까 끌어다니다가 딱딱해져. 이 아픈 다리는 잘 못 놔. 아기 낳아도 엎드
려서 젖 먹였지. 옆으로 누워서 못 먹었어. 이렇게 병신이 되었는데 농사
는 할 수 있나? 장돌뱅이 해서 살았어, 장사해서. 군인들 모슬포 주둔할

때 군인 물건 장사하다가 압수당하고, 여기서 부산 배에 뭐 사서 가다가 압수당하고. 야매 장사하다가, 쌀장사도 해보고, 이것저것 하면서 그렇게 살았어. 어디 밭에 가서 농사는 안 해 봤어.

이제 손자가 27살이 됐는데 그 아이 돌보려고 장사 그만두고 아들네 집으로 와서 산 지 27년 됐어. 아기들 키울 때가 제일 고생했어. 삶이 삶이 아니었지. 후유증이 너무 과해 놓으니까.

구술 채록·정리 강수경

■ **면담 후기** ■

60여 년 전 제주 역사를 그대로 품고 살아가는 오술생 할머니는 만나자마자 바지를 걷어올리며 부상당했던 당시의 이야기를 들려줬다. 아직도 어제 일어났던 일처럼 또박또박 말하는 모습이 정정해 보여서 좋았지만, '얼마나 잊혀지지 않았으면 저리도 생생할까?' 라는 생각이 머릿속을 맴돌았다.

4·3후유장애인으로 인정받고 싶은 소박한 소망을 헤아리지 못하는 게 지금의 현실이다. 하지만 그녀는 격동과 고통의 세월을 다부지게 잘 버텨왔다. 이제는 손자 또래의 우리들 앞에서 "너희들은 말해도 모른다"며 시대의 아픔을 삼켜버린다.

병원에 다니느라 쉬는 날이 없고, 자식들에게 손 벌려 병원비며 약값 대는 게 미안하기만 하다지만, 그녀는 분명 아픔의 통증보다 더한 세월을 이겨낸 강한 여자이며, 어머니다.

삶이 얼마 남지 않았다고 생각하는 그녀에게, "당신을 역사적 사건으로 희생된 4·3후유장애인으로 인정합니다"라는 소박하지만 의미있는 선물이 주어지길 바란다.

오용수

4 · 3은 간첩죄로, 연좌제로 평생 따라다녔어

오용수 씨는 1934년생으로 제주시 한림읍 명월리에서 태어났다. 이후 11세에 해방을 맞이하였고, 1947년 말경, 경찰의 지목받고 있던 큰형님은 일본으로 피했다. 그 후로 오용수선생 집안은 지목을 받게 되었으며 고통스런 4 · 3 시기를 보내야만 했다. 1965년에 일본에서 계신 형님을 찾아가면서 인생이 헝클어지기 시작했다. 형님은 가족도 없이 홀로 근근이 살아가고 있었고, 동생에게 "미안하다. 공부 열심히 해라"라며 만년필을 꼭 쥐어 주었다. 그것이 공안 당국에 의해 간첩죄로 엮이는 계기가 되었다. 오용수 씨와 그의 가족들은 포기하지 않고 대법원까지 가는 치열한 법정싸움을 벌이며 끝내 무죄판결을 받아냈다. 그러나 큰형에 대한 원망과 더불어 형으로부터 비롯된 연좌제의 올가미는 평생 벗을 수가 없었다. 같이 구술에 참여한 동생 오용승 씨는 1941년생으로 한림읍 명월리에 거주한다.

큰형님

해방 후에도 사건은 연속이었죠. 그러니까 1947년도에 관덕정 사건이 있지 않습니까? 그 후에부터 이제 치안유지법이라는 게 뭐냐 하면 구체적인 법적용이라든가 그건 모르겠는데, 저희 큰형님이 문맹퇴치를 위해서 본격적으로 일을 하다가 해방이 되니까 이제 나라를 위해서…. 모르겠습니다마는 그렇게 해서 나선답시고 나섰다가 붙잡혀서 그때부터 우린 시작된 거죠. 왜냐면 큰 형님이 해방 후에 치안유지법으로 들어갔다가 집행유예로 나오고 그것이 1947년도였었던가. 그다음 1948년 계속 이제….

큰형님은 일본에 갔다와서 '명월숙'을 만들어 문맹퇴치운동을 했어요.

▌ 일제 강점기 당시 문맹퇴치운동을 벌였던 오용수 선생의 큰형님 오용범은 4 · 3 때 신변의 위협을 느껴 일본으로 도피하였다.

그 당시 일본과 우리 조선을 보고, "야, 침략한 사람들이 이렇게 잘 되고. 우리를 이렇게 하는구나" 해가지고 교육 일념으로 이제 뭔가 이바지하려고 했거든요. 저는 어렸으니까 직접 그런 얘기를 못 들었지만 명월숙 다니던 바로 위의 사람들이 뭔가 민족적인 혼을 불어넣으려고 상당히 했다고 해요.

저희 부친은 1945년에 돌아가셨는데, 우리 식구가 열한 식구였습니다. 이제 사실을 거슬러 올라가면 아버지 돌아간 때부터 시작이 된 거예요. 형님은 아버지가 돌아가시니까 가족을 돌보지 않고 사회 활동만 했어요. 조카들도 전부 우리집에 와 있었고, 어머니는 형님이 제대로 가정을 이뤄서 살길 바랐지만 소용이 없었어요. 그냥 막 회오리바람 속에(양손을 빙글빙글 돌리면서) 사돈하고 다투고, 이렇게 하는 과정에 형님이 붙잡혀 갔어요. 붙잡혀 갈 때, 저도 같이 누워서 자고 있었는데, 그날이 할머니 제사였어요. 형님은 어디 돌아다니다가 마침 그날 와가지고, "떡을 좀 싸 달라. 떡을 싸주면 가서 같이 있는 사람들 주겠다"고 하니까, 형수님이 화를 내면서 안 싸줬어요. 그러니까 나가려고 하다가 그냥 ▎저에게▎ "에잇! 오라 같이 자자" 해서 누웠는데 새벽 4시에 들이닥쳐서 붙잡혀 갔거든요. 그렇게 되니까 어머니는 성내(제주읍)에 와서 그냥 ▎욕▎ 바라지만 했어요. 그해 가을에 재판을 받아서 집행유예로 풀려난 거 같습니다.

그것이 1947년도 가을이니까 얼마 없어서 이제 격동기였잖아요. 격동기였었는데, 신년(1948년)이 들어서기 시작하니까 막 엄청난 일들이 발생했어요. 그래가지고 그냥 예비검속으로 한림지서에 붙잡혀 갔어요. 거기서 일주일 동안 단식하다가 나와서, "이제 도저히 꿈을 이루지 못할 거 같다"고 포기하는 모습이 있었던 거 같아요. 그러면서 "우선 피신하는 게 좋겠다"고 일본으로. 그것이 1948년. 형님이 1948년에 가버리고 조카들은 그냥 우리가 데리고 있었어요. 조카들은 네 살하고, 여섯 살하고, 아홉 살 그렇게 됐을 거예요. 그렇게 해서 형님이 그렇게 가 버렸죠.

저하고 형님의 나이 차이가 한 열 일곱 살쯤 되니까, 아버지 격이었죠. 그래서 큰 형님이 그 당시 마을에 어떻게 나서고 했는지 구체적으로 모르죠. 마을에서 하도 "오용범이, 오용범이" 했기 때문에 저희는 기를 못 펴고 살았죠. 오용범이가 마치 제일 주동자인 것처럼 이렇게 몰려 있었기 때문에. 실제로 형님이 무슨 일을 하는지는 잘 몰랐어요. 마을 청년들을 모아놓고 여러 가지 얘기도 하고, 특히 오○○ 같은 사람은 한림중학교 운영위원장이었는데, 그 사람하고 차분히 얘기도 하고, 김봉현 씨 하고도 자꾸 만나고 이렇게 했었는데…. 여하간 저희는 뭐 때문에 그렇게 하는지 몰랐어요. 점차 시간이 흐르면서 '아~ 이게 일종의 통일된 조국을 찾으려고 했었던 거 같다' 고 생각했어요. 형님이 일본 간 후에는 형님에 대해서는 일단 가라앉았죠.

우리 집 4 · 3 희생자

우리 집에서 내가 네 번째예요. 큰형님은 일본 가서 안계시고, 둘째 형님은 정상적이지 못해서 돌봐드려야 되는 형편이었고, 결혼도 생각 못 할 정도로 좀 심했어요. 나 바로 위 셋째 형님은 6 · 25 때 민간인 학살당하는 ▎예비▎ 검속에 걸려 돌아가셨어요. 그 당시에 저는 학교 다니느라 셋째 형님이 나가는 현장을 목격 못했어요. 어머니는 셋째 형님을 결혼시키려고 마음에 정한 사람이 있었어요. 그래서 이 고비가 지나면 형님을 결혼

시킨다 했는데 우연찮게 한밤중에…. 셋째 형님은 이름을 안 부르니까 손을 들면서 자진해서 나갔다가 형님이 희생당했다고 하는 것을 들었어요. 잡혀가서 있을 때는 누님이 왔다 갔다 했는데.

전 국민학교를 1950년도에 졸업해서, 중학교를 꼭 가고 싶었는데 못 갔거든요. 밭에 가서 조 검질(김)도 매고 하는 생활을 하는데 하루는 어머니가 하루 종일 통곡하는 거예요. 어머니가 울면서 "그 자식마저 그렇게 됐다"고. 그 당시 생각을 하면, 난 어린 입장이고, 농사에 익숙하지 않아서 그냥 같이 밭에 따라가기는 하면서도 어

머니한테 위로할 말도 없고. 내가 좀 컸으면 일이라도 '탁탁탁탁' 해줬으면 조금이라도 위로가 될 텐데, 그것도 못했어요.

그전엔 1945년생인 누이동생이 이 동생(오용승) 밑에 있었는데, 4·3에 데리고 돌아다니다가 홍역에 걸려 굴속에서 죽었어요. 굴속은 축축하잖아요. 홍역에 걸리면 열을 내게끔 해야 되는데, 열을 내지 못해서 축축한 굴속에서 한 2~3일간 있으니까 나중엔 애가 시체로 변했더라고요. 시체를 안고 와서 잘 소렴해서 묻어줬어요.

그 시절은 낮에는 굴속에 있다가 밤에는 집에 들어와서 밥을 먹고, 또 아침되 가면 나가고 하는 생활의 연속이었죠. 그러니까 집이 있어도 내집이 아니니까 들이닥쳐서 붙잡혀 가면 다 죽었으니까. 무조건 온다하면 피신 가고. 우리 큰댁에서는 5명이 같은 날에 몰살됐는데…. 4·3사건으로 우리 집안은 끝났죠. 뭐….

명월리는 5·10선거 반대

5·10선거 때 기억이 생생하죠. ▮ 오용승: 예. 그건 나도 기억이 생생해요. ▮ 5·10선거 때가 4·3사건 나는 해. 그러니까 큰 형님은 일본에 가버린 때죠. 1948년 정월달에 갔으니까. 1948년 4월에 4·3사건이 났고, 그해 정월에 4·3사건 직전에 형님이 일본에 갔으니까 큰 형님은 안 계셨죠. 5·10선거 때는 명월뿐만 아니라 제주도 전 지역이 '우리는 뭉쳐야 된다' 하는 것이 절대 80~90%가 지배적이었어요. 그래서 우리도 국민학교 4학년생이지만 "오라"고 해서 모여서 회의도 하고 했었어요. "심부름이라도

좀 하라" 해서 전쟁 반대하는 삐라도 뿌리라고 했었어요.

┃ 오용승: 그때 상황을 보면 우리 동네는 그늘이 좋아서 젊은 사람들이 이렇게 그늘에서 놀다가, 깃발을 눕히면 어떻게 연락들이 빠른지 그냥 뛰는 거야. 그냥! "검은개 왐져" 뭐 "노랑개 왐져" 하면서. 어떤 때는(경찰들이) 갑자기 들이닥쳐서 내창(내) 막 엉덕 진 곳으로 튀어서 도망간 적도 있고. 그렇게 하다가 보니까 횃불들 만들고 뭘 막 준비하더라고요. 그래서 그때 "내일 모래 뭐 어느 산에 간다"고 이런 이야기들 하고. 우리는 우리대로 "준비들 해야 된다"고 해서 초신들 삼고. 그렇게 해서 밤이 되니까 "가자!"고 해서 그냥 갔어. ┃

그때 일사분란했죠. 일사분란해서 어느 누구하나…. 다른 마을에서는 모르지만 명월리에서는 한 사람도 반대하거나 그런 것이 없었어요. 다른 마을에서는 중상모략해서 죽은 사람이 많은데, 명월리에서는 그런 것도 없었어요. 오히려 전체적으로 희생되면 희생되었지, 중상모략해서 죽은 건 없었어요.

지도하는 사람들은 동네 선배, 청년들이 했었는데, "이거는 하지 말아

┃ 5·10선거를 반대하며 산으로 올라갔던 사람들이 내려오는 모습.

야 된다" 해서 모든 마을 사람들을 밤에 나오라고 해가지고 행진을 한 거예요. 걸어서 저기 눈오름까지 밤에 갔어요. 낮엔 행동을 못하니까. ▌오용승: 전날 밤에 갔어요. 그래서 새벽에 내려왔지. ▌ 그날이 마침 비 오는 날이었어요. 일본 군인들이 파논 눈오름 굴속에 있었는데 비가 졸락졸락 하루 종일 내린 걸로 기억을 해요. 이제 하룻밤 새고 내려오는 거예요. ▌그날▌ 내려오다가 너븐밭, 문수동에 왔을 때, 한림 쪽에서 '따다다다다' 하는 총소리가 들리니까, "다 숨어라!" 해서 골짜기도 뛰어넘고, 그냥 엉망진창이었지. 아비규환이었어요. 내 아들이 어디 갔나? 마누라 어디 갔나? 누구 어멍 어디 갔어? 우는 사람도 있고, 옆에선 조용히 하라고 하고…. 그것이 지금 생각하면 우릴 향해 쏜 것이 아니고, 거기 위치가 바로 한림을 내다보는 큰 거리였으니까, 한림에서 무슨 일이 있었지 않았나 하고 생각이 돼요. 그러니까 그걸 마치 '우리를 향해 온다'고 생각을 해서 숨으라고 했던 것 같아요. 눈오름에서 하룻밤 새고 내려올 때 행진하면서 내려오다가 총소릴 들은 거지.

그날 내려오고 나서부터 ▌경찰이▌ 오면 숨어야 되고, 또 오면 숨어야 되고…. 그때 마을에 '빗개(보초병)'라고 했던 거 같아요. '빗개'라고 나무에 기를 달아매서 세웠다가 나무가 쓰러지면(손을 세웠다 옆으로 눕히면서) 온 동네 사람이 다 숨으러 나가는 거예요. 낮에는 굴에 숨었다가 밤에는 와서 밥해먹고 하는 생활을 했어요.

1948년 가을 해안마을로의 소개

┃ 소개 당시 ┃ 어머니는 혼자지, 조카들은 맡아 있지, 우린 어리지. 소개할 때 걸머지고 내려오기 시작한 거예요. 내가 한림국민학교 4학년 때인 것 같아요. 이제 전부 걸머지고 밑으로 내려오는 그럴 때였죠. 처음에 소개될 때는 명월리 바로 밑 명월하동으로 내려가고. 그 다음은 한림중학교로 내려가고, 그 다음은 옹포리 간스메공장(통조림공장)으로 가고, 올라올 때는 명월 하동으로 올라오고, 그 다음 명월리 본동으로 왔습니다.

우리는 소개하라고 하니까 그대로 내려왔는데, 바로 위에 형님(셋째 형님)이 같이 내려왔으면 그냥 죽었을 거예요. 나는 국민학교 4학년이니까 대상이 안됐죠. 나보다 한 살 위인 사람들은 그때 내려가서 많이 희생됐어요.

처음에 명월 하동으로 내려왔을 때에는 내려온 사람 중에 좀 젊었던 사람들은 다 붙잡혀 가서 엄청나게 맞아 반죽음을 당하다시피해서 나왔어요. 그 다음에 한림중학교 갔을 적에는 총소리가 나는데, 한림중학교 조금 위의 밭에서 총소리가 '파파파팍 파파파팍' 그때 밭에 세워놓고 많이 죽였어요.

명월리 주민들은 전부 명월 하동으로 갔다가 다시 한림중학교로 갔다가 했어요. 그 당시에 명월 중동, 상명리, 금악리까지 아마 그쪽으로 갔을 거예요. 금악리, 명월 상동, 명월 중동에서 같이 갔던 사람들이 지금도 생각나요. '아, 이 사람은 소개 다니면서 만났던 사람인데' 하면서 말입니다.

∥ 명월숙 1주년 기념사진 · 당시 교사로 있던 오용범(첫째 줄 가운데 왼쪽).

소개지에서 중학교 다녀

학교는 내가 4학년인 때(1947년), 큰형님이 재판받기 시작하면서부터 다
니질 못했어요. 소개 내려와서도 안 다녔으니까, 그럭저럭 1년이 되어 자
동적으로 5학년으로 올라 간 거예요. 담임이 김상옥 선생님이라고, 이 분
도 사건에 돌아가셨다고 들었는데요. ∥ 오용승: 김상옥 선생님은 곽지 사람인데 예비검속
에. ∥ 응. 키도 조그만한 사람. 그 선생님이 집에 찾아 오셨어요. 우리 어머
니께, "어떻하든지 공부는 시켜야 되지 않겠습니까?" 해서 학교에 들어
가게 되었어요. 그러다가 중학교까지 올라갔어요. 당시에 한림중학교가
있었어요. 그 자리는 원래 일제시대 일본인의 학교가 동(東)학교였고, 우

리 한국 사람은 서학교를 다녔어요. 담을 사이로 동·서학교로 나뉘었는데, 담 넘어서 보면 보이죠. 그러면 서로가 막 욕을 하고, 어쩌고저쩌고, 돌도 던지고 했는데, 거기가 해방된 후에 한림중학교가 된 거예요.

아이들 돌보느라 담석증까지 앓은 어머니

소개간 곳엔 먹을 게 없었죠. 가지고 내려오는 교통수단도 문제고, 걸머져 오는 것도 문제고. 그래서 한림중학교에 와서 한참 콩을 볶고(학살) 난 다음에 명월리에 다 같이 올라가보자고 해서 올라와 보니까 뭐 있나요? 아무것도 없죠. 소도 죽이고, 집도 불태워버리고. 더군다나 내려가기 전에 조금씩 묻어둔 것이 있었는데 거길 전부 파헤쳐가지고 하나도 없었어요. 조금씩 묻어둔 것들이 흔적도 없었어요. 그래서 그때부터 굶기 시작한 거예요. 그때부터 해초를 먹는다던가, 느릅나무 껍질을 벗겨서 먹는다던가, 그때부터 시작된 거죠.

우리는 더군다나 저희 둘째 형님이 간질병환자였어요. 의식이 있었으면 살아남지도 못했죠. 어머니는 우리 문제뿐만 아니라 아들문제, 그러니까 큰아들 문제, 둘째 아들 문제, 셋째 아들 문제, 형제가 많았으니까 그런 고통을 다 감내해야 했죠. 이렇게 소개지에서 칸을 막아서(함바 형태) 살았거든요. 여기 이불보따리 하나를 놓으면 우리 방이에요. 밤중에라도 우리 형님이 발작(간질)을 한단 말이에요. '으악~'(손을 쥐고 떠는 시늉을 하며) 하면 얼마나 어린 나이에 창피했을 거예요. 우리 집에서 혼자 하는 건 괜찮은데, 다른 사람하고 같이 살았으니까 그야말로 볼꼴이 아니죠. 옹포 공장에 가서도 마찬가지로 그렇게 했어요.

오용승: 그리고 하나 기억나는 게, 소개 갈 적에 그게(1948년) 11월이지 아마? 그때 막 추웠고, 우리 어머니가 '가슴병'이라고 담석! 그것이 도져서 그냥(아픔을 참느라고) 굽어서 소개 간 기억이 지금 나. 그러니까 뭐 가져갈 수가 있어야지.

어머니 담석증은 언제부터 시작했냐면, 저희 아버지가 3년 동안 방에 눕는 바람에 대소변을 다 받아내는 고통 속에 있었죠. 큰형님은 서로 큰아주머니(큰형수님) 하고 싸우면서 이혼하는 과정에 있었죠. 둘째 형님은 발작병이 있죠. 그러니 한 번 아파서 드러누우면 일주일 동안 그냥 막~ 막~ 고통 때문에 온 집안을 누비고 다녔죠. 그래서 소개 갔을 때 또 그 병이 도졌어요. 그런 후에 올라와서 한참 지나고 동생들과 있으면서 안정됐을 때 병원에 가서 비로소 조금…. 소개 내려갔다 명월 하동으로 올라온 때는 확실히 기억 안나. 하여튼 네 군데에서 살았던 것만은 확실해요. 재건해서 올라온 것이 1950년도가? 그러니까 1948년에서 1950년까지 산 거죠.

정말 힘들었던 거는, 집에서는 괜찮은데 같이 보따리 걸머지고 다닐 적에 어머니가 아파하는 것을 볼 때, 헤어날 수 없게 힘들어 뛰쳐나가고 싶은 심정이었죠. 그 다음 1950년도에 올라오니까 그때 태풍이 막 몰아쳐서 엄청난 흉년이 들었잖아요. 1950년도에! 그때 밭에 농사도 짓지 못해서 올라온 상태니까 먹을 게 아무것도 없단 말이에요.

보리밭에 가서 동생하고 보리 이삭줍기를 하고 그걸 가지고 죽을 끓여 먹었어요. 그다음 명월리에 올라와서도 그전 해에 농사를 지어야 수확을 하는데 농사를 전혀 못 짓고 올라왔으니까 먹을 것이 없어서 엄청나게 힘들었어요. 쌀겨가 아니라 조겨. 쌀은 일체 구경 못했으니 그거 먹으면 이제 변비가 생겨서 내려가지 않는다고. 느릅나무 껍질은 미끈미끈한데, 그거를 조겨와 삶아서 먹으면 나중에는 느릅나무 껍질은 흡수되고 조, 겨

만 남아 대변을 못 보는 거예요. 이거 말고 물웃(무릇)도 먹어봤지. 추충, 조, 겨, 고구마 공장 전분가루, 그런 걸 먹었어요. ┃오용승: 그거는 좀 고급에 속해요.┃ 한단계 위지. ┃오용승: 그거에다가 누룩 찌는 거 같이 말려서 죽 쑬 때 넣으면 죽이 좀 풀풀해져요.┃

명월에서 한림국민학교까지 한 20~30분 거리인데요. 힘이 들어서 가지 못하는 거예요. 가다가 쉬고 가다가 쉬고…. 지금 생각하면 '우리가 못 먹었기 때문에 그랬구나' 하고 생각해요. 한 오분 가면 앉아서 쉬었다가 또 가고, 가고 하면서 국민학교를 마쳤죠. 6·25 터질 때가 6학년. 그 당시 약한 몸으로 햇볕에 하도 밭일을 해서 '오줌소태'에 걸렸는데, 그 오줌소태 현상이 지금까지 낫질 않아서 지금도 참질 못해요.

서울에서의 고학생활

그 후에 과정을 얘기하면 1950년도에 저가 중학교를 못 가서 집에서 어머니를 돕는다고 도와집니까? 데리고 있던 조카들은 또다시 일본에 계신 큰형님한테 보내두고. 그것이 1950년돈가 그럴 거예요.

그러니까 저희 큰형님이 ┃일본에┃ 먼저 가고, 다음에 큰형수가 가고. 조카들도 ┃일본에┃ 가고. 그런 후에 저는 2년 동안 학교를 가고 싶어서 발버둥 쳐도 도저히 학교를 가지 못하다가 집을 뛰쳐나왔어요. 학교에 간답시고…. 여기(제주시)와서 고학을 하겠다고 해서 막 돌아다녀도 학교에선 입학을 안 시켜주다가 하도 딱한 사정을 아니까 중간에, 2년 후에 편입을 시켜줬어요. 편입시켜줘서 1년을 공부를 해서 제주상업고등학교에 들어갔어요. 제주상업고등학교 야간부를 다니면서 주간에 고학을 하다가 어떠하든지, "가족의 명예와 옛날의 명성을 되살리기 위해서는 내가 공부를 하는 길밖에 없다. 다른 길은 없다"고 해가지고 서울로 박차고 올라가게 된 거죠. 맨주먹으로.

서울에 갈 적에 어머니를 하도 조르니까 어머니가 이젠 소 한 마리를 팔면서, "이걸 가지고 가서 네가 하든지 말든지 마음대로 해라"해서 그 돈을 가지고 서울에 올라가게 된 거죠. 올라가니까 요새는 제주도 사람이 서울로 가서 많이 인연도 있고 하지만, 6·25 사변 직후고 4·3사건 직후니까 제주도 사람이라고 하면 다 폭도로 인정을 하기 때문에, 제주도 사람이라고 밝히지 못한단 말이에요. 그때 한림중학교 선생이었던 분이 동복고등학교 선생님이 있었어요. 그래서 거기를 찾아가면 그래도 안내 해줄 줄 알았더니 그것도 안 해주고. 또 동네 동생친구의 형이 와이셔츠 공장을 했었는데 거기 찾아가 하루 저녁이라도 신세 지려고 그랬더니 그 것도 안 해주고…. 그렇게 해서 서울에서 고생을 하기 시작했죠. '어떻게 든지 내가 고학을 해서 반드시 이 관문을 뚫겠다' 고 생각을 해서 서울에 서 한 2년간 돈벌이를 하기 시작한 거예요. 노동해서 돈을 벌어서 낮에는 일하고, 밤에는 학원에 가서 공부를 하고 해서, 고려대학교에 들어간 거 죠. 농업경제학과에 들어갔죠. 대학 들어가서 '2년 동안 모은 돈을 가지 면 내가 졸업할 수 있겠다' 고 생각했어요. 그때는 대학생들이 집에 머물 면서 또는 드나들면서 가정교사로 많이 했었어요. '가정교사를 하면 할 수 있겠다' 고 생각이 되어서 학교를 들어가게 된 거죠. 그 다음에 또 무 슨 욕심을 냈냐하면, '내가 고등학교는 제주시에서 하고, 또 대학교는 서 울에서 했지만 대학원은 외국에 가서 마치고 돌아온다' 는 이런 결심을 하기 시작했어요.

큰 꿈을 안고 일본으로 갔다가 돌아와

이제 대학교 졸업하자마자, 일본으로 간 것이 1965년이었어요. 서른두 살 때였죠. 그전부터 큰형님하고는 노상 편지는 했었죠. 우리가 큰형에 대한 원망이 많았거든요. 왜냐면 큰형이 가정적으로 제대로 리드를 해주었으면 아버지가 돌아가셔서도 편안했을 텐데 말입니다. 저도 그렇고 동생도 그렇고, 너무 원망하는 편지를 많이 했어요. 그러니까 이제 형님은 "와서 봐라" 하는 식으로 했던 거 같아요. 내가 보기엔. 그래서 가서 보니깐 형님은 벌써 무슨 노동해서 돈 버는 것도 아니고 환자였었어요. 폐렴환자. 형수하고 같이 사는 것도 아니고, 조카도 없고, 혼자 있었어요. 이런 다락방에서. 남의 집 빌어가지고 다락방에 담요 이렇게 해가지고. "조카들 어디 갔느냐?"고 했더니, 우리 형님이 굉장히 스파르타식이었어요. 요새 애들 버릇없잖아요. 말 듣습니까? 안 듣지. 그 당시 아마 북한에 가면은 버릇도 고치고 공짜로 공부도 시켜준다 하는 바람에 남자 조카를 보냈다고 그래요. 그러니 보낸 어머니가 가만히 있었겠어요? 여자조카를 데리고 가버렸다는 거예요. 그래서 가서 보니까 혼자 있는 거예요. 보아하니 오히려 제가 돈 있었으면 도와줘야 될 형편이었어요. 수입도 없이. 물론 교포사회에서나 여기서나 남을 돕는 데 앞장서서 했기 때문에 도움 주는 사람들 많이 있었지만요. 그러니깐 여기저기 가서 돈 좀 보태주면은 그냥 그걸 가지고 먹고 살고 하고 있었어요. 도저히 거기서 대학원 할 형편이 아닌 거예요. 그래서 이젠 한 6개월 동안 있다가 안 되겠다 하고 돌아왔죠.

만년필 간첩사건

| 일본에서 큰형님으로부터 받은 만년필.

큰형님은 일본에서 조총련 그런 활동도 안 했었어요. 재판과정에 뭐 '적성국가의 뭐 간부인 줄 알면서도 뭐했다' 했는데 그런 것도 없었어요. 간부도 아니고 아무것도 안 했었으니까. 또 여기서 형님이 활동했던 것도 무슨 좌익 활동도 아니고, 민족주의적인 활동이었죠. 반일적인 사상으로 해서 우리나라를 되찾고자 하는 거였죠. 무슨 뚜렷한 성향을 보인 것도 아닌데 그렇게 몰고 간 거 같아요. ▌1965년▐ 11월에 잡혀갔는데, 다른 사람들은 보석으로 다 풀려났어요. 나는 오용범이 동생이라는 것 때문에 보석으로 풀려나지도 못하고, 딱 6개월 채우고 집행유예로 나와서, 불구속 상태에서 고법, 대법에서 재판을 한 거죠.

그 당시에 제가 화월곡동에 셋방 빌어서 살다가 한밤중인데 11월이었어요. 새벽 4시에 들이 닥쳐가지고, '탁' 들어오더니 '타타닥' 해서 무조건 "야, 가자!"고 해서 무조건 끌고 갔어요. 무조건 갔는데, 그곳이 지금 생각하면은 충무로! 충무로 어디쯤이라고 생각이 되는데. 거기서 그냥 두드려 패기 시작하는 거예요. "너, 무슨 지령을 받았지? 뭐 했지? 뭐 했지? 노동당에 가입했지? 뭐 했지?" 하면서 두드려 패는 거예요. 그 당시에 내

담당이 박 무슨 대위였고. 그 밑에 있는 사람이 유○○ 씨라고 지금도 기억이 나는데, 내가 거기 가보니까 자기가 일제시대 군인으로서 | 한경면 | 조수리에 있었다고 하면서, "아, 뭐, 어쩌고저쩌고…" 하면서, "나 조수에 있었어. 어, 너 거기로구나" 하면서. 지나가다가도 "야~ 이 새끼, 잘생겼네" 하면서 '툭', 뭐 "이새끼 뭐 뭐 이래" 하면서 '툭'. 그래서 그냥 엎드리라고 해서 빳다(방망이)로 치고…. 엉덩이만 찢어지지 않을 정도로 심하게 맞았어요.

그렇게 해서 나중에는 보니깐 "너, 홍○○ 알지 않느냐? 오○○ 아느냐? 고○○를 아느냐?" 뭐 어쩌고 저쩌고 해. 고○○ 씨는 우리 형수의 사촌언니 아들이예요. 연희전문의과 나와서, 일본에 있는 어머니한테 가가지고 공부하다가 왔어요. 그것이 우리 형님과 관계됐다고 해서, 그 사람도 붙잡혀가고. 또 홍○○는 우리 형님 제자라고 붙잡혀가고. 또 오○○도 우리 형님 제자인데, 일본 가서 안내하고 돌아다녔다고 그래서 붙잡혀가고. 고○○는 아니예요. 그 사람은 우리와 사돈 간이고. "이젠 없다, 도저히 난 없다. 난 아니다" 해서 한 일주일 지났는데, 하루저녁은 이제 테이프로 눈을 가리고 여러 사람을 끌고 가는 인기척이 났어요. 날 붙잡고 어디로 가는데, 한 5~6명인가? 지하실로 데리고 가서 전기로, 뭐 고기 잡는 거 있죠. 밧데리! '바바박' 하는 거. "시작해!" 해서 한 3~4시간 해도 "난 없다"고 버티다가 내가 실신해 버렸어요. 나중에 안 사실인데, 서대문형무소 4호실 독방에, "넌 그냥 죽어버려라"고 해서 처넣었대요. 그래도 죽진 않고 살았어요. 나중에 조금 정신 차리고 병원에 갔는데, 심전도 검사하는 거 같애요. 이제 그런 과정을 거치고 다음에 기소된 거죠.

처음엔 국가보안법이라고 했는데, 뭐 국가보안법은 해당되지도 않고, 나중엔 반공법 불고지죄! 금품수수죄. 그것이 바로 이 만년필 사건이야!

(만년필을 들어 보이며) 이거요. 이걸 형님한테 받아왔다고 편의제공했지 않느냐. 그 당시 우리나라는 볼펜 같은 거 제대로 없었잖아요. 뭐 해방 후에 여기서 '파카', 만년필 '파카' 하니까. 공부하는 학생이니까 필요하다고 유일하게, 짐 되는 것도 아니고 해서 갖고 왔는데…. 금품수수가 만년필이요. 두 번째는 불고지죄, 이것은 무슨 말이냐 하면, "적성국가에 적성 또는 단체 요원인 줄 알면서도 왜 신고를 안 했느냐?"라는 거예요. 우리가 간첩을 보면 신고하듯이. 그래서 그것이 지법에서 처음엔 집행유예로 나왔어요. 1심에서 집행유예로 나와서, 고법에 가서 김용철, 그 대법원장 하던 김용철 씨가 있었어요. 그 당시 그 사람이 판사였었는데, "통치권 이외의 곳에서는 불고지죄가 성립 안 된다"고 판결을 내렸어요. 통치권 이외에 말하자면, '이 사람이 이렇게 하고 있더라도 통치권이 미치지 못하니까 소용없다'는 거예요. 그래서 그것이 판례가 나온 걸로 알고 있어요. 그래서 그 부분에서 무죄가 나오고. 또 '금품수수'라는 거는 "상당한 정치적인 공작의 영향을 미칠 수 있는 거면 '금품수수'가 되지만, 친형으로부터 만년필 하나 받는 것은 '금품수수'에 해당될 수가 없다"고 판결했어요. 대법에서도. 왜냐하면 사건이 사건이니만큼 그대로 검찰에서 그냥 놔두질 않잖아요. 그래서 이제는 대법원까지 가게 됐어요. 상고하니까 대법원에서는 무죄를 확정지었죠. 그때 내가 저지른 일은 아니지만, 한때나마 이 동생(오용수)하고, 사촌동생이 서울에 올라와서 살면서 2년 동안 뒷바라지하느라 무지 고생을 많이 했죠. 학교도 못 다니고요.

그때 형님 제자였던 분들도 다 무죄로 됐죠. 오○○ 혼자만 집행유예로 남아있었는데, 그건 뭐냐면 이 필름(KBS 스페셜 방송 테이프)에서도 그렇게 나옵니다마는 오○○은 '내가 별일 안 했으니까 집행유예 기간만 지나면 자연적으로 없어지겠지' 하는 순수하게 생각을 했었고, 또 각자가 맡은

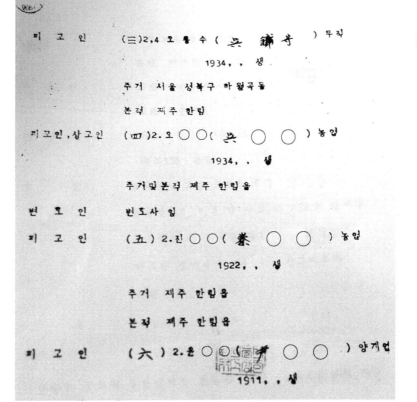

오
용
수

◆

‖ 대법원 판결문.

변호사가 있었고, 돌봐주려고 우리 동생도 서울 올라가서 있었고요. 난 문○○ 씨라고 3년 선배인 한림사람이 있었어요. 그분이 서울 고법에 있었는데, 그분한테 들러붙어 살면서 변호사는 누구를 택하고, 뭐는 어떻게 해야 되고 하는 얘기를 다 들었죠. 오○○은 그 당시에 서울 서대문에 형사로 있는 팔촌동생이 있었어요. 팔촌동생은 돈을 가지고 가서 뒷바라지를 하는데, 서로 충돌이 생겼어요. 금전문제로 서로 충돌이 생기는 바람에 다퉈서 제주로 내려 와 버린 사이에 다른 사람들은 항소를 했는데, 이 사람은 항소를 못했어요. 항소를 못해서 평범하게 생각했다가 그대로 확정이 되었던 거죠. 그래서 지금 아마 진실조사위원회(진실 · 화해를위한과거사정리위원회)에 신청을 해서 재판하는 걸로 알고 있습니다. 지금 제주시에서 살아요.

　홍○○은 일본에 가서 활동을 많이 했어요. 거류민단 오사카 단장을 했었고, 또 중앙본부 감찰위원장을 했고. 재판 후죠. 감찰위원장이라는 게 거류민단 단장하고 맞먹는 그런 자리예요. 오○○은 숙박업을 하다가 지금 들어앉아서 쉬고 있어요. 오○○은 어머니도 4·3사건 일어나가니까 일본으로 갔어요. 어머니가 여맹위원장이었어요. 애들 남매를 두고 일본으로 피신해 가서 있으니까 보고도 싶고 해서, 모든 게 잠잠해지니까 올림픽 때 아들을 일본에 초청을 한 거예요. 어머니는 여기 못 오니까, 초청을 해서 갔다가 그 변을 당한 거였죠. 그 시기에 일본 갔다 온 사람들은 대부분 다 그랬어요.

　저도 일본에서 돌아와 있는데, 그 해인가 전 해인가 동경올림픽(1964년)에 갔다 온 사람들 검거선풍이 있었어요. 김형욱 정보부장이. 거기에 같이 걸려든 거야. 거기에 사건이 인혁당 사건이라든가, 무슨 무슨 사건이…. 뭐 여기 이거 가지고 있는데, 그 사건에 같이 걸려든 거죠. 그러니까 나하고는 전혀 관계도 없고, 사람들이 가보니깐 그냥 무조건 이제 한 그물에 몰아서 걸려간 거죠.

　형님은 일본에 있으니깐 통치권 밖에 있어서 영향을 못 미친 거죠. 그 당시에 조총련이 활발한 시기였지요. 그 당시는 한국보다 오히려 북쪽이 더 낫다하는 전성기였어요.

동생(오용승)의 연행

| 오용승: 내가 형님 때문에 중간에 참 어려움이 많았는데, 교대 2학년 때, 2학년 때는 학교 현장실습을

갑니다. 교생실습들. 동국민학교에 실습을 갔는데, 갑자기 어떤 사람들이 딱 와서 날 데려가는 거예요. 나중에 중앙정보부 요원들인 걸 알았는데, 지금 생각하면 북국민학교 근처에 처음에 갔던 것 같아요. 갔는데 어수룩한 방에 데려가더니 막 물어보는 거예요. 오용수에 대해서. 그리고 나중에 저녁에 돌아와 보니까 내가 살던 방이 이거 뭐 완전히 난장판이야. 그리고 "오용범이가 뭘 보냈고, 학교는 누가 돈 대줘서 하고 있느냐, 일본에서 몇 번 돈을 받았느냐"고 물어요. 전 정말로 오용범 큰형님 때문에, 내가 같은 나이 또래들보다 한 5~6년 늦게 다녔고, 겸사겸사 여러 가지들 때문에…. "어떻게 해서 학교 다니느냐? 그 돈을 오용범이가 보내줘서 다니고 있지 않느냐?"고 이렇게 조사하는 겁니다. 그때에 난 어려워서 어머니도 보태주질 안 하고, 친구들한테 빌려서 다니고 있다니까 그 친구들한테 가서 다 조사를 하고. 그 후에 재판받을 때는 얼마 지나서 ○○형님네

소상에 갔더니 8시쯤 됐나? 그때 또 들이닥친 거예요. 날 데리고 가더니 공군특별기로 날 싣고 간 게, 바로 법정으로 가서 증언대에 앉아서 증언했던 기억이 나요. 그래서 하다보니까 수업일수가 부족했어요. 그때 뭐 자꾸 불려가고, 또 형님한테 가서 재판하는 과정에 뒷바라지 하다보니까 수업일수가 부족하니까 시험 볼 기회를 안주더라고요. "레포트로 어떻게 할 수 없습니까?" 하니까 "안된다"고. 그래서 1년 재수해서 2년짜리를 3년 동안 다녀서 나오다보니까 늦어졌다. 연좌제로 인해서 하다보니까 승진도 포기하고…. 그때 서대문형무소에 사촌형님하고 들락거리며 한 일은 참 이루 말할 수 없어요. 그 추위에! 아~, 어떻게 추운지. 겨울만 되면 자꾸 동상이 걸리고, 손발이 다른 사람보다 굉장히 찹니다. 그때 서대문형무소 엄청나게 추운 곳이던데요. ▮

'장한 어머니 상' 받은 어머니

우리 집안에서는 우리 어머니만 가정을 지탱해 나간 거죠. 어머니는 우리 셋째 형님을 믿고 가정을 일으킨다고 했는데, 셋째 형님이 또 죽어버렸으니까…. 우린 뭐 얘기 대상도 안됐죠. 나중엔 나까지 또 걸렸으니까 그래서 어머니가 이제 "나 다 죽었다"고 그러니까, 동생이 서울 왔다 내려가서, "난 이젠 공부를 안 하겠다. 형님이 저렇게 서울 가서 좋은 대학교 공부를 해도 저런 꼴이니 공부를 안 하겠다"고 울면서 그렇게 얘기를 하니까, 어머니가 "그러니까 해야 되지 않느냐!" 그런 얘길 남겼다고 해요. 그 당시엔 동네에선 손가락질하고 돈도 안 빌려줬어요. 빌려줬다가 당할까봐 일체 뭐…. 아예 우리 근방에 오지도 못하고 대·소상 같은 것도 아주 피해서 사람들이 수근수근 그렇게 했다고 그래요. 큰 형님, 셋째 형님, 내까지 그렇게 되니까.

▮ 오용승: 어머니는 몇 년 전에 돌아가셨는데, 그때는 계셨죠. 무슨 전기취존가 받아서 실신했으니까 죽었다

고 해서 여기서 수의까지 다 만들어서 전부가 올라갔어요.

난 죽은 사람으로 소문이 났었죠. "오용수는 죽었다"고, "전기취조 받아가지고 죽었다"고 해서, 나는 그냥 내버리면 죽으리라고 생각해서 내쳐버린 거죠. 마룻바닥에. 그것이 제일 고통스럽데요. 막 담요를 덮어써도 '덜덜덜' 춥고….

오용승: 재판을 받으려면, 그리고 우리가 서울 가서 형님 뒷바라지를 하려면, 돈이 있어야 될 거 아닙니까? 그거 준비하느라 정말 힘들었습니다. 그때 생각하면, '완전히 포기하고 학교고 뭐고 집어치우자' 했는데, 어머니랑 친구들이 자꾸 "그런 때일수록 마음을 잡아먹고 해야지, 그러면 되느냐"고 해서 하다보니깐 졸업도 하게 되고….

4·3사건에 큰시아버지네가 5명이 돌아가시니까 기일제사에, 대·소상에, 3년상을 어머니가 전부 했는데, 능금 하꼬 위에다 놓아서 꼬박 3년을 했어요. 그것이 1949년 아마 정월달이었을 거예요. 그러니까 1949년, 1950년, 1951년 대·소상까지 전부 우리 어머니가 맡아서 한거죠. 정말 고생 많이 했습니다.

오용승: 그 군사정부 때는 반공 제일주의니까 하여튼 우리 큰형님이 그랬고, 이번에는 형님이 간첩으로 잡혀갔다 그러니깐 완전히 우린 패가망신으로 상대하려고도 안 하고. 돈 안 빌려주는 거는 뭐고, 밭 몇 개 있는 거 다 팔고해서, 완전히 이제는 진짜 글자 그대로 패가망신한 거죠.

어머니가 그렇게 어려운 가운데서도 여하간 그런 정신으로서 나도 그렇고 동생도 그렇고 공부를 했는데. 그런 걸 아마 받드는 의미에서 군수님한테 장한 어머니상을 받지 않았느냐 그렇게 생각해요.

끝까지 따라 다닌 연좌제

대법원에서 확정판결 나고 한 2년 지났어요. 결혼도 못한 상태죠. 결혼도 못한 상탠데 그렇게 있다가 1967년도엔가 결혼을 했어요. 어머니가 75세인가 되어야 결혼을 했어요. 결혼을 해서 안정되게 살만 하니까 이번엔 또 뒷조사 다니는 거야. 이번엔! 그다음 저는 아까도 얘기했지만 공부하는 거밖에 다른 거 아무것도 없으니까 대학교수가 되려고 했어요. 근데 고려대학교 추천을 받아서 대학원을 제대로 졸업했으면 본교에 눌러앉으려고 했는데, 대학원을 졸업 못했으니까 제주대학교에 취직을 하려고 했는데, 빠꾸당했어요. 그다음 몇 몇 군데 해봐도 전부 빠꾸당한 거라! 그 다음에 '이젠 해선 안 되겠다. 이젠 도저히 안 되겠다', '이제는 장사를 배워먹든지 개인 사업하는 수밖에 없다'고 생각을 해서 몇 군데에 개인회사에 다니다가 '에이, 내가 외국어도 좀 하고, 일본어도 하니까 무역회사 차리자'고 해서 무역회사를 차렸어요. 차리니까 그때도 여기(제주도)에 내려왔다 가면 형사들이 노상 동생한테 가는 거예요. 정월명절 때도 왔다 가면, "뭐 하러 왔다갔느냐?"고, 팔월 명절 때 왔다 가면 "뭐 하러 왔다갔느냐? 누굴 만났느냐?" 하면서 찾아가는 거예요. 또 우리집에도 이틀이 멀다하고 찾아오고. 심지어 한번은 지금도 송 형사라고 기억이 나는데, 그 무역회사를 차려가지고 하는데 회사에 들이닥쳤어요. 그때 동남아에 배를 수출했어요. 과일 배. 무조건 들이닥쳐서 "이거(배) 하나 가지고 갈게"하면서 가지고 가더라고요. 그랬더니 이제 나를 경찰서로 오라 그래요. 성북경찰서로 오라고 해서 갔더니 자기 앞에서 ▮배를▮ 깨보는 거예요. 왜 그랬을까 지금 생각해 보면 그 속에 이상한 무엇이 들어 있는가 해서 그랬던 것 같습니다. 내 앞에서 깨는 거예요. 그렇게까지 했었어요.

KBS 스페셜 '김윤아의 제주도' (2005년 4월 3일 방영된 테잎).

무죄판명은 났어도 계속 요시찰대상이었던 거죠. 일주일에 한 번씩은 왔
었어요. 다음에 고향에도 왔다 가면 심지어 동생 다니는 학교까지도 찾아
서 갔으니까. '아이, 고향에도 내려가지 말아야겠다' 고 했어요. 그러니까
더 취직을 할 생각을 못했죠.

　회사는 하다가, 내가 장사에 처음부터 결심을 해가지고 들어선 거면 하
지만 오기로 시작한 거니까 되겠습니까? 잘 안되지. 내가 했던 거는 결국
공부뿐이고, 장사라는 거는 테크닉이 있어야 되는데 그게 안됐어요. 안
되가지고 전무에게 맡기니까 부도가 나버렸는데, 내 있을 적에는 끝까지
책임을 져 부도는 안냈어요.

　이게 모두 연좌제 때문이지. 연좌제죠. 신문에서는 없앴다 어쩐다 했지
만 그것이 그대로 따라 다니는 거죠. 계속. 그래서 심지어는 우리 집사람
이 안덕면인데, 안덕까지 조사를 나갔다고 그래요. 그리고 우리 누님 아
들, 군대에 갔을 적에도 병과에 영향을 미쳐가지고 좋은 데 못 가고 조사
를 받았어요. 그건 곳곳에 따라다니는 거야. 그러니까 사람이 아깝다 어

쩌고저쩌고 하지만 감히 취직할 만한 형편이 못 되었죠.

형 노릇 못해서 미안하다고

형님이 북으로 갔는지 그거는 모르겠어요. 왜냐하면 그 후엔 저가 일부러 그쪽 선을 그어버리고, 일체…. 일본에서 홍○○이가 이따금씩 와서 전화와도 안 만났어요. 혹시 뭐 할까 생각해서 일부러 안 만났어요. 편지할 일도 없고, 만날 일도 없고, 일부러 만나지도 않았어요. 그래서 한참 후에, 한 20년 지나가지고 제가 형에게 "미안하다. 일부러 내가 안 만났다"고 사과했어요. 그랬더니 "알고 있어. 알고 있어" 그렇게 하더라고요. 그래서 아마 그 후에(북에는) 간 걸로 알고 있어요. 그래서 거기서 돌아가신 걸로 알고 있어요. 그 조카들은 만날 길이 없죠. 여기 찾아올 수가 없죠. 이산가족 신청은 해 놨어요.

일본에서는 형님 만났을 때 너무나 고향 소식을 잘 알고 있으니까, 많은 사람들이 거기(일본에) 나가있고 수시로 왔다 갔다 하니까 잘 알더라고요. 일본 오사카 근방에서도 '탁' 들으면 다 알고 있더라고. 그때 형님이 "미안하다. 이제 너희들 거느리지도 못하고 오히려 분란만 일으키고 와서 미안하다"고 몇 번 얘기하대요. "정말 미안하다. 형 노릇을 못해서 미안하다"고 말이에요.

오용승 · 오용수 형제.

뜻을 이루지 못한 형제들

저도 공부에 뜻을 둬가지고 하려고 했었는데 시대적인 여건과 환경이 맞질 않아서, 형님도 그랬고, 동생도 그랬고, 자기 뜻을 이루지 못한 거죠. 그래서 요샌 아이러니컬합니다. 왜냐하면 우리 형님은 학생들을 가르치되 일본을 알고, 일본에 대항하는 교육을 시킨 건데, 나는 요새 일본어를 가르칩니다. 또다시. 나도 마찬가지로 아이러니컬하게 동사무소에서 사회인들에게 일본어를 가르치는데, 일본을 알아야 일본을 이긴다 하는 식으로. 어쩌면 비슷한 형님의 길을 같이 가고 있는 생각이 듭니다. 회사 다 정리하고 나와서 지금은 봉사활동 하고 있습니다. 어떻든 간에 우리가 전쟁은 하지 말아야 되겠다. 어떤 일이 있더라도 전쟁은 미화될 수 없다고 생각합니다. 이기고 지는 사람이 없이 다~ 다~ 패배자이다. 이기는 사람도 없고 지는 사람도 없고, 다 패배자이고 상처만 남는다 하는 생각이 듭니다.

형님을 원망하는 편지를 많이 썼습니다. 그것이 지금 생각하면, 나도, 동생도 그런 불굴의 의지, 내가 희생해서 다른 사람들이 좋다면 하는 그런 거는 핏줄에서 내려오는 거 같아요. 그래서 저도 그 후에 서울에서 도민회 활동, 장학회 활동 같은 것을 지금까지도 하고 있습니다만 남을 위하는 일이라면 발 벗고 나서서 기여할 수 있다면 하는 게 도리인 것 같습니다. 그리고 더군다나 형님은 우리보다 더 어려운 고초를 겪으면서 했는데, '지금 잘 먹고 잘 살면서부터 조금 희생하는 게 뭐가 대단한 거냐?' 하는 생각이 들기도 합니다.

후유증은 엄청나게 있죠. 지금도 그 당시 당한 일들 때문에 면역성이 약해서 맥을 못 춥니다. 4·3사건 때 워낙 못 먹었고, 우리 한창 성장기였었잖아요. 그 당시에 한 열 몇살, 성장기에 제대로 먹어야 되는데 그저 굶으면서 살았고, 그다음 서울 가서도 굶으면서 고학한답시고 했고, 또 호텔(교도소)에 들어가서 그렇게 고초를 당하고, 그냥 조심조심, 조심조심 살아가는 거죠. 이게 다 4·3의 연장선이 아니었나 생각됩니다.

우리 아이들은 제주도 4·3사건 모르죠. 몰라. "4·3사건이 이렇구나"

뭐 그런 정도는 알지만 될 수 있으면 말을 안 해요. 반공, 반공의식이 강해놔서 주위사람들한테 이 얘기만 하더라도 이상하게 생각해요. 요즘은 KBS에서 인터뷰해서 나온 거 보고, "아! 씩씩하게 얘길 잘하더라"고 애길하지만 그건 지금의 얘기고, 몇 년 전에는 뭐 감히….

구술 채록 · 정리 김은희

오용수 선생님은 2007년 마지막 날인 12월 31일, 제주4·3연구소로 증언을 하기 위해서 찾아오셨다. 먼저 주변이 어수선한데도 불구하고 장시간 인터뷰에 응해주신 선생님께 깊은 감사를 드린다.

오용수 선생님을 알게 된 건, 동생인 오용승 선생님을 통해서였다. 형님인 오용수 선생님 이 연좌제로 고생한 얘기를 듣고 구술채록을 부탁하였다. 오용수 선생님의 구술은 4·3연 좌제의 실체를 보여주었다. 또한, 4·3을 피해 일본으로 떠난 사람들은 어떤 삶이었는지, 국내에 남아 있던 가족들은 어떤 고통을 당했는지에 대해 말씀하셨다. 남북한 분단으로 겪 게 되는 이산가족들의 아픔, 그 외에도 두 체제의 회오리 속에서 나타나는 이중, 삼중으로 겪는 고통이 숨어있었다는 것을 알게 해 주었다. 구술을 마치며 앞으로 오용수 선생님과 같 은 아픔들이 어떻게 하면 치유될 수 있을까라는 큰 과제를 넘겨받은 느낌이다.

힘겨웠던 세월, 이제는 조금이라도 보답하고 싶어

이복숙

　　이복숙 씨는 1936년 북제주군 조천면 신촌리에서 부친 이호구와 모친 신수란 사이 2남
6녀 중 3녀로 태어났다. 부친은 신촌리에 국민학교와 중학교를 지었다. 4·3 당시 무장대
사령관을 지낸 작은아버지 이덕구로 인해 온 집안이 희생을 당했다. 1956년경 일본으로 밀
항해서 지금까지 오사카 이쿠노쿠에서 찻집을 운영하며 살고 있다. 작년에 처음으로 고향에
가서 가족묘지를 만들었고 2008년 재일동포 4·3고향방문단의 일원으로 다시 다녀갔다.

■ 일본 오사카 이쿠노쿠에 있는 이복숙의 가게 '에덴찻집' 간판이 보인다.

51년 만에 고향 제주에 가다

12살에 4·3사건 만나가지고 21살에 일본에 와서 이제 72살. 늙어가니까 정말 내 마음도 약해져가고 고향도 가고 싶고…. 4·3사건에 대해서는 여러 가지 못한 말이 많지만 강실(이덕구의 누나인 이태순의 아들, 재일본제주4·3유족회 회장)이가 책임지고 한국에 가서 일을 하고 있어요. 이번에 내가, 일본에 와가지고 51년 만에 나도 갑니다. 올해. 왜냐면 열두 살에 나를 살려준 공으로 조상 묘지를 한 밭에, 우리 이칩(李家)의 산(무덤)을 한곳으로 다 모으려고 합니다.

내가 고향 떠날 적에는 다시는 고향에 갈 생각 안 하고 떠났습니다. 그랬는데 이제 연령이 되니까 고향도 그립고 부모님들한테 종사도 하고

싶고. 작은아버지(이덕구)가 그렇게 해가지고 우리집이 다 그렇게 |희생|
됐지만, 해가 지나가고 가만히 생각하니까 '|우리 집안에| 나 하나 살려줬는
데 내가 부모 종사를 안 하면 안되겠다' 이런 생각이 나가지고. 나는 내
집안일을 보러 가는 겁니다.

이번에 가서 어떻게 될지 모르지만, 시집의 일도 아니고 친정 일을 하
기 때문에…. 조상에게 술이라도 드리고, 절이든 집을 빌어다가 한번 굿
이라도 하고 싶은 마음도 있고 해서. 양창보 심방에게 "아주바님, 그날
하루 와가지고 수고 좀 해줍서예" 하고 말은 했습니다. 요번에 만나가지
고. 그러니까 나도 옛날사람이라 옛날식으로 해서.

아버지하고 큰아버지, 작은아버지, 그리고 오빠네…. 한군데에다 모이
는 거, 스물다섯 자리를 준비하고 있습니다. 스물다섯 자리. 할아버지(이
근훈) 형제 간에 다 후손이 없습니다. 네 식구가 다 죽어버려서요. 또 우리
작은아버지(이덕구)네가 네 식군데 다 죽어버렸고. 거기 아들 형제. 두 살
짜리에 일곱 살 난 아이. 그런 애를 |경찰들이| 내 눈앞에서 죽었어요.

그러니까 내가 이때까지 못 간 거죠. 자기가 용서할 수가 없으니까. 다
눈 앞에서 죽었는데 내가 또 고향에 가서 뭐 하느냐. 이때까진 그렇게 생
각했는데, 이젠 내가 아니면 그대로 내버리게 되니까, 애기 있는 어른이
건 없는 어른이건 내 손으로 내가 회수하겠다는 마음으로 갑니다.

이번에 마음먹은 것이 이렇게 말하면 웃을지 모르지만, 김대중 대통령
이 북한에 갔다 오고, 노무현 대통령이 갔다 오고, 그때부터 가고 싶은 마
음이 있었어요. '나도 이제 갈 마음먹으면 가질 건가?', 이런 마음먹
고….

가족묘 만들다

내가 처음으로 내 집안일을 하려고 마음먹은 지가 다섯 해 전쯤인가? 떠날 적에는 자기 고향을 버려두고 떠났는데 해가 지나가니까 그리워지고 해서. 또 사촌들은 여기(일본)서 나서 큰 아이니까, 제주도 우리 집안일을 아무것도 모릅니다. 그래서, 조카(오빠인 이순우의 딸 이명자)가 하나 있으니까 "너도 딸 나도 딸이지만, 우리 때에 가족묘들을 한밭으로 모이자"고 여러 가지 의논했어요.

나는 어머니 아버지 얼굴을 알지만. 조카는 어머니 아버지 얼굴 모릅니다. 두 살에 그렇게 됐으니까. 그런데 내 생각이나 걔 생각이나 마음먹은 것이 똑같아요. 그 애도 오빠의 작은딸, 나도 우리 아버지에겐 작은딸. 처음엔 조카가 "올해 어렵습니다" 해도, "덮어놓고 시작을 해달라"고 했어요. 그런데 조카 남편이 참 너무나 고마웠어요. "고모님이 그렇게 오고 싶으시다면 우리 합시다. 고모님 오고 싶으면 해야 합니다" 이렇게 해서 가게 된 겁니다.

그러니까 우리 명자가 남편을 너무나 좋은 사람 만나가지고, 그니까 내가 전화 해가지고 사람들 모이라 하니까 "고모 올핸 못해", "야, 난 올해 가고 싶다" 하니까 "못한다"고 했던 아이가 뒷날 전화왔어요. 명자 남편이 "고모님이 오겠다고 하는데 우리가 안 해서 되느냐. 고모님이 할 만하니까 하라 하는 거니까. 고모님 말 듣지 않으면 안된다"라고 했다고요. 그래서 이제 시작하는 겁니다. 조카 남편 덕에!

이때도록 그 수고도 그 아이들이 다 하고 있지요. 그니까 참…. 돈이 있어도 자기네 집안을 어떻게 할 방법이 없었어요. 걔네들이 없으면. 아무도 없으니까.

❘ 2007년 조성된 이덕구 가족묘

걔네들이 호적초본 다 떼고 족보책 다 이곳으로 보내고. 그런데 안 맞
는 것들이 많아요. 옛날엔 어떻게 해서 했는지. 호적초본하고 생일이나,
이름도 다른 것도 있고. 그것 때문에 상당히 머리 아프고 있어요.

웃대산으로는(조상으로부터 보자면), 내가 6대입니다. 우리 조카 가면 7대
인데. 웃어른들을 안 하고 우리 어머니 아버지만 할 수가 없어요. 우리 작
은아버지는 아이들도 없고, 가족도 아무도 없어서 그 사람네 네 식구를
놔둘 수 없고 내가 일생 지켜야 하는 거예요. 그래서 '내가 이 세상에 남
아가지고 조상에게 무엇을 하면 되겠느냐'고 조카와 의논해서 갔다 왔습
니다. 친구들이라도 고향 놀러가자 해도 이런 집안일을 다하지 못하면 내
가 놀러를 못가요. 앞으로는 놀러 가게 될지 모르겠지만.

내가 일본 절간에 가서 불공드릴 땐 스님이 '할머니가 나를 돌봐준다'
고 말해요. 우리 할머니는 어디에서 죽은지 모릅니다. 어디서 죽은지 몰

라요. 일본 점집에 가니까 내 사주도, '딸자식이라도 아들노릇 하라'고, 우리 가족은 '집이 망해도 딸자식이라도 아들 노릇을 해야 아기들이 다 편안하다'고. 그게 운명이라고, 그렇게 말해요. ┃우리 아이들도┃ 대학 나와서 내일은 몰라도 오늘까지는 다 직장들이 좋으니까 편안히. 그니까 언제나 이 조상님 생각하고….

이번에 가서 하는 거 보니까 명자 남편이 너무나 좋은 사람이어서, 내가 너무 기뻐 눈물이 났어. "고모님. 이다음 올 때랑 마음 편안히 놀러 오십서" 하는 말도 듣고. 가서 보니까 잘들 살고 있고. 내가 여기서 생각한 것보다 더 마음 기쁘게 해 주니까. 그런 점에서 '참 행복하다'고 생각했어.

가족묘 앞에 있는 시비(詩碑)는 명자 아들이 해놓은 거. 그거까지는 나하고 조카가 생각 못했는데 그 조카 아들이 만들었어. 남이 읽기 좋고 보기 좋게 하자 해서 그렇게 했다고.

신촌리에 대해서

옛날 신촌리에 있었던 우리집이 바닷가 근처예요. 바닷가에 물 나는 데가 있는데 거기서 물 길어다 먹고. 집 앞에 있는 물은 우린 '동카름물'이라고 했는데 바닷물이 빠지면 그 물 길어다가 먹었어요. 우리 사는 데는 성창이라고 했는데 거기가 '큰물'이고. 다른 데에 '족은물'이 있었어요. 조천리와 신촌리 사이에 '대섬'이라고 있는데 거기서 이쪽으로는 신촌리 바다 저쪽으론 조천리 바다라고 했는데 이젠 어떻게 됐는지 모르겠고.

우리 조카 명자가 "고모 오면 몰라. 와봤자 아무 데도 몰라" 그렇게 말하대. "암만해도 자기가 큰 데를 모르느냐? 내가 신촌리에 가서 여러 일을 하고 싶다" 하니까, "고모님 신촌리에 가도 아무도 몰라. 다 돌아가버려서 아는 사람도 없는데" 그렇게 말하더라고. 다 돌아가셔버렸다고.

요번에 51년 만에 가봤는데 어리둥절했어. 친구도 만나봤지만은 '벙~' 해서 앉아만 있었지. 아무리 정신 차리려고 혼자 마음을 굳게 먹어도. 옛날에는 '인걸은 변해도 산천초목은 변하지 않는다' 고 했는데. 지금은 산천초목이 전부 다 변해버렸어.

참, 이번에 신촌리에 가서 이런저런 걸 내가 내 눈으로 보고 왔습니다. 아버지와 오빠 사진이 이사무소에 걸려있는 것도 보았어요. 그 사진들을 보낸 지가 한 6년쯤 됐어요. 마을에서 아버지 사진을 보내라고 해서 보냈죠. 지금 우리 신촌리 회관에는 우리 아버지하고 오빠 사진이 걸려있어요. 그 사진은 일본 살 때 동창들한테 빌어서 일본에서 보냈습니다. 집에는 없죠. 집 다 불태워버리니까.

그런데 ▮그 사진이 걸려있는 것을 보니까▮ 내가 그대로 나오지 못해서 이사무소 고치는 데 내 마음으로 조금만 성의 표시를 하고 왔어요. 딸이라도 내 아버지 기념을 놔 주니까 너무나 고마웠어요. 이사무소에.

아버지 이호구를 말하다

내가 어린 적에는 일본에서 살았어요. 해방이 되자 일본에 있던 가족들이 신촌리로 돌아와 살았습니다. 그 당시 신촌리에는 국민학교가 없었어요. 그때 우리 아버지가 구장으로 있으면서 신촌국민학교를 지었어요.

옆 마을에 조천국민학교가 있었는데 신촌리 학생들이 조천리에 가서 공부하는 아이가 몇 안됐습니다. 돈 있는 아이들 몇만 갔는데. 학교가 없으니까. 부자들은 조천리 학교 갔지만, 가난한 집은 못 가지 않습니까?

그래서 '우리 마을에 학교를 만들 테니까 다들 공부하라' 해가지고 학교를 지었는데, 그 학교를 또 산에서 와서 불을 붙여버렸지만. 중학교는 우리 아버지가 반은 지어두고 병나서 한겨울에 세상을 떠나셨습니다. 학교 둘

■ 이복숙의 부친 이호구.

레를 돌아서 아버지 장례 행렬이 이어졌던 기억이 납니다.

차○○ 선생이라고 있었어요. 지금은 신촌리에 살지 않고 제주시에 가서 살고 있고. 차 선생은 일본에서 와세다 대학 다니다 2학년 때 태평양전쟁 끝나니까 고향에 돌아온 분이예요. 우리 아버지를 존경해서 우리 아버지가 지은 국민학교에 교장으로 처음 들어온 분입니다.

북한에 갔다가 죽은 샛아버지(이좌구) 아들 용우가 제주에 있을 때, 학교 가서 따돌림 당할 때 그때 차 선생이 많이 구해줬어요. 나는 5학년 때 4·3사건 만나니까 국민학교 졸업을 못했습니다. 내가 4회 졸업생인데.

그때 차 선생이 졸업 책에 내 이름 놔 줬어요. 이제는 학교에서 선생하다가 살아남은 어른이 두 분밖에 없어요. 다 시국에 죽어버렸으니까. 그때 선생들 참 많이 죽었어요.

오빠 이순우를 말하다

우리 아버지가 학교를 지을 때, 소학교나 중학교 허락받는 거는 다 오빠(이순우)가 했어요. 제주도청에 직원으로 있었으니까. 거기서 다 허락받아가지고. 우리 오빠는 도청에 다니면서도 어디 가서 못 해 오는 게 없었어요. 신촌리와 삼양 사이에 경마도 했었어요. 그런 것도 다 우리 오빠가 허락받아가지고 신촌리와 삼양에서 경마를 했던 거예요. 우리도 말이 많이 있었어요.

해방되서 아버지가 소학교도 지었고 중학교도 반은 지었고. 그것을 다 우리 오빠 힘으로 지었어요. 그랬는데 4·3사건 당하니까 그것이 다 소용없게 되

┃ 이복숙의 오빠 이순우.

고. 오빠네는 딸이 세 형제. 지금 제주에 있는 명자가 제일 막둥이고, 걔는 어머니 아버지 얼굴도 모릅니다. 위에 형제들은 일본에 왔다가 북한으로 갔어요.

오빠는 일본서 고등학교까지 졸업했는데, 일본 학교 이름을 말해준 걸 내가 잊어버렸어요. 작은아버지는 확실히 아는데 오빠는 모르겠어. 작은아버지는 리츠메이칸 대학 4학년 때 일본군 징병 나간 거는 알겠는데 오빠만 학교 이름을 모르는 거라.

작은아버지가 리츠메이칸 대학 갈 때 오빠가 고등학생. 연령 차이가 별로 없습니다. 그런데 그 학교를…. 내가 그걸 기억을 못해서. 이번도 조카한테 막 욕들었어요. "작은아버지는 외우고, 오빠 외우지 못 합니까?" 하면서.

우리 오빠는 도청에서 일 하다가 일본에 갔고, 그다음에 다시 돌아왔는데, 와보니까 4·3사건이 일어난 겁니다. 그래서 신촌리에 오지 못하고 그냥 산으로 올라간 것이 그렇게 된 겁니다.

그 후에 오빠가 산에서 토벌대에게 총 맞아 잡혀서 도립병원에 입원하고 수용되었어요. 우린 그때 오빠 처가 이사한 곳을 찾아가 살았는데, 갑자기 오빠가 산에서 잡혔다는 말을 들었어요. 일본에 있는 줄 알던 오빠가 산에 있었다니…. 우린 오빠가 풀려나올 걸로 생각했어요. 오빠가 도청에 있었고 죄도 없는 거고. 그런데 오빠 친구가 우리 오빠를 밀고한 거죠. 오빠는 나올 건데 나쁜 밀고 해가지고.

■ 이순우의 묘

이
복
숙

◆

산에서 잡혀서 내려온 때는 도립병원에도 내가 다니고 했는데, 그 후엔 오빠가 ┃자신이┃ 죽게 될 걸로 알아서, '다시 오지 말라'고 했어요. 오빠의 마지막 유언이 무슨 수를 쓰든 제주도를 떠나라는 말이었어요.

우리 오빠는 ┃제주┃ 비행장 아래서 죽었습니다. 내가 그때 12살이니까. 오빠 친구가 말하더라구요. "너네 오빠는 나오면 산에 갈 거니까 자기는 이제…" 그 오빠 친구 되는 사람이 김○○이라고 산에 같이 있다가 내려와서 순사(경찰)로 들어갔어요.

작은아버지 이덕구에 대해 말하다

우리 작은아버지 이덕구는 일본 리츠메이칸 대학 다니고 일본군 징병으로 상당히 오래 있었어요. 해방되니까 고향에 들어가서 중학교 선생을 했는데 사회 공부 시키면서 '조선 독립 만세'를, 조선이 독립됐다고 해서 만세를 부른 것이 공산당 취급받아, 경찰이 끌어가고 하면서 결국엔 총사령관에 임명되니깐 우리 집이 다 망한 거예요.

┃이덕구 부부의 비석묘

우리 집안 일은 누구에게 말하는 것도 싫고, 우리 집안에는 작은아버지가 이름났었기 때문에 그냥 운명으로 생각해요. 나는 남한이나 북한이나 욕을 하던지 그런 생각은 안 해요. '우리 집안이 그렇게 됐구나' 그런 것 뿐이에요.

내가 일본에 살면서 외국인등록증 만들 때, 작은아버지가 리츠메이칸 대학 다닐 때 찍은 서류를 내가 다 가져갔어요. 작은아버지 그 서류를. 그래서 등록증도 만들고. 그 증거가 없으면 일본에서도 신용 안 해줘요. 무엇이든지 증거가 있어야 믿어주니까.

그러니까 작은아버지 때문에 고생도 했지만 작은아버지 덕분에 일본에 살게도 된 거예요. 우리 작은아버지가 대학 4학년 때 일본 징병으로 나갔으니까. 그런 것이 다 있더라구요. 징병으로 나간 거. 그래서 한국에서 조사한 거하고 내가 말한 거하고 다 같으니까 일본에서 등록증 허락이 나온 거예요.

군인으로 온 때 보면 작은아버지는 여기 어깨에 별 두 개 있고. 무릎까지 오는 장화 신고. 큰 칼 차고. 군복이 딱 주름이 잡혀 있었어요. 지금도 내 눈에 울멍울멍해요.

오빠하고 작은아버지가 나이가 비슷해요. 한두 살 아니면 세 살 차이밖에 안나요. 거의 친구 같은 사이지. 우리 할아버지가 빨리 돌아가시는 바람에 ┃큰 아들인┃ 우리 아버지가 작은아버지고 오빠고 다 일본에서 공부 시켰어요.

우리 작은아버지는 상당히 마음이 참해. 책 씀을 시작하면 옆에서 아기가 울어도 몰라요. 그건 내가 알아. 그러니까 작은어머니가 언제나 아기가 옆에서 울어도 모른다고 말하는 걸 들었던 기억이 나요. 책 씀 시작하면 옆에서 별 걸 해도 몰라. 그렇게 공부 공부만….

작은아버지의 시신이 관덕정 나무십자가에 걸려 있을 때 경찰들이 나를 데려다가 물었어요. "저 사람이 작은아버지 아니냐?"고. "작은아버지가 맞다"고 말했어요. 그것이 끝. 우리는 시체를 주는가보다 했는데, 못 준다고 했어요. 그것이 그냥 마지막이에요. 들은 말은, 머리는 이승만이에게 가고. 몸뚱아리는 오라리 그 내 있지 않나요? 거기서 봤다고 하는 사람도 있고. 제주시 남수각, 거기서 봤다는 사람도 있고….

가족들의 희생에 대해 이야기하다

우리 마을에는 ○○○라는 사람하고 ○○○이가 우리 가족을 다 그리 해버렸다고 생각해요. '시아주버니가 이덕구니까 죽어야 한다'고 해가지고. 우리 어머니도 ○○○이가 그렇게 찔러서 죽었어요.

▌이복숙 가족들이 학살당한 별도봉 기슭.

○○○이라는 사람은 같이 산에 가도 우리 오빠를 그렇게 했고요. ○○○은 우리 아버지가 구장으로 있을 때, 학교 지을 나무를 가져다가 자기네 집을 짓자고 나무를 다 숨겨버렸어요. 그러니까 그것을 우리 아버지가 알아서 못하게 하니까 원수가 된 거예요.

작은아버지 이덕구의 부인도 ○○○이와는 친족 간입니다. 그런데도 그렇게…. 그때는 사람이 사람이 아니에요. ○○○이가 우리 때문에 징역도 갔습니다. 그때 어느 형무소에 갔는데, 한 몇 해 징역 살았어요.

1948년 12월에 경찰이 우리 가족들을 조천지서로 연행해갔어요. 며칠 후 '이덕구 가족은 앞에 나오라'고 해서 어머니를 따라 앞에 나가려는 데 친척 아줌마가 내 손을 잡는 바람에 나만 그냥 그 자리에 있었어요. 일주일 정도 후에 어머니와 할머니 그리고 우리 가족들이 총맞아 죽은 거예요. 내가 12살 때입니다.

나중에 찾으러 가서 보니까 할머니만 없었어요. 화북에. 오름(별도봉) 있잖아요. 그 아래로 가면 바다고. 우리 어머니넨 다 거기서 죽여 버렸어요. ┃시신을┃ 찾아가라고 해서 찾으러 가보니까 할머니만 없어졌어요. 그래서 ┃다른 아이들도┃ 찾아다가 우리 밭에 여기저기 다 묻었어요.

우리도 세 오누인데, 언니도 죽고 오빠도 죽고 나 혼자. 언니는 학교 선생님하고 결혼했는데, 학교 선생님이 선생질 하다가 산에 올라간 덕분에 그냥, 공산당 가족이라 해서 시어머니, 시아버지, 언니 다 죽었어요.

작은아버지 아이들 7살, 2살 두 아이도 죽었는데. 큰 아이는 둘째 아버지 아들하고 조천지서 앞밭에서 총 맞아서 죽고, 둘째 아이는 작은어머니가 데려가서 같이 죽고.

난 내가 고생한 거는 우리 집안이 그렇게 되니까 할 수 없지만. 우리 샛할아버지(이중훈) 가족들은 정말 아무것도 모른 어른들이에요. 그런 어른

들 죽은 거 생각하면, 내 일은 일도 아니지요.

또 우리 집에 말 키우는 장남(머슴)이 있었는데, 그 사람도 우리 때문에 죽었어요. 내가 소학교 다닐 때니까 그 사람은 한 열일곱 살 정도 아닌가 생각해요. 밤에는 우리 오빠가 공부 가르쳐주고 낮에는 우리 어머니와 같이 일했는데 우리 때문에 죽었어요. 그 사람 제사를 내가 재작년까지 했어요. 재작년까지 했다가 이제는 어머니 제사를 아버지 때 모시고, 작은어머닌 작은아버지 제사에 모시고, 할머닌 할아버지에 다 이렇게 모아서 할 때, 그때 지제를 하면서 '새해부터는 오지 말아주십시오' 하고 스님이랑 축원 읽었어요. 어린 적에라도 우리 집에서 일하다가 죽은 걸 내가 아니까.

조천지서 앞밭에서 경찰 총에 부상당하다

작은아버지 아들(이진우)하고, 샛아버지 아들(이성우)하고 조천지서 앞에서 총맞아 죽었어요. 샛아버지 큰아들 성우는 오현중학교 2학년 때, 쌀 가지러 신촌리 왔다가 돌아가지 못하고 잡혀서 죽었어요. 쌀 가지러 오지 않았으면 살았나 싶기도 하고….

그 지서에는 나하고 셋이서 갔는데, 우리 사촌 둘은 내 앞에서 총 맞아서 그냥…. 경찰들이 '너희는 아버지한테 가겠느냐, 어디로 가겠느냐?' 하니까, '아버지한테 가겠다'고 하니까 그렇게 가는 걸 쏘아버리고…. 어린 아이니까 '아버지한테 가겠냐 안 가겠냐' 하면 안 가겠다고 할 아이가 어디 있겠어요?

그러니까 그땐 나도 열두 살이라도 죽이겠다고 해도 무서운 생각이 나지 않았어요. ▎사촌들이 죽는 걸 보면서 ▎순경들을 막 욕하니까, 그때 순경 하나가 총을 쏘았어요. 나를 죽이려고. 그 열두 살 난 걸 죽이려고. 그땐 연령은 관계없었어요.

▎2008년 재일동포 4 · 3방문단 해단식 때 가족들의 희생을 이야기하면서 흐느끼고 있다.

그 순사 이름 이제도 잊어버리지 않아요. 살아있는지 죽었는지 모르지만 문순경. 문순경이란 사람이 샛아버지 아들, 작은아버지 아들을 죽인 사람이라. 그때 서북청년인가 뭔가가 있었지요?

그때 우리 외삼촌 각시가 옆에 있다가 치맛자락으로 나를 감아서 살려줬어요. 이 팔에 있는 상처 표식이 그때 총알이 스친 거. 이건 그래도 뼈를 다치지 않으니까 붙었지. 이번 가서 만나니까 그 할머니가 "네가 한국에 다시 돌아올 줄 몰랐다"고 하면서 막 울어요.

　　그때 총 맞을 땐 죽은 줄 알았는데 눈을 뜬 곳이 강○○ 씨 댁 쌀 창고
였어요. 아버지 친구인 강○○ 씨가 구해 준 것이예요. 총 맞은 데 치료
도 그분이 해 준 것으로 생각합니다. 신촌리 사람인데 조천리 가서 사는
사람이었어요. 나는 이번에 가서 찾아보려 해도 다 돌아가셨다고 해서 그
집만 돌아봤어요. 자기네도 무서웠을 테지만 날 감춰준 사람들이 많이 있
었어요. 여러 가지로 고마운 인사라도 하려고 갔는데 다 돌아가셔서 없었
습니다.

살아남은 가족들에 대해서 말하다

　　내가 총 맞아 치료를 한 그 후에 ▮옆마을▮ 조천리에서 잠시 살았는데, 조
천리 하동에 우리 샛어머님 친척이 있었어요. 거기서는 나를 데리고 살자
고 했지만, 그러면 자기네가 곤란하니까 경찰에 가서 "이 애를 데리고 살
아도 좋으냐"고 허락 맡아가지고 나를 살게 했어요. 이번에 그 공을 갚으
러 갔는데 나이가 아흔 둘인가 되어도 정정하게 살아계셨어요. 내가 거기
만 있었으면 그렇게 고생을 안 했을 건데….

　　그때 4살, 7살, 11살 사촌들이 신촌리에서 배고파서 꼼짝도 못하고 누
워 있다고 얘기들었어요. 그래서 조천리에서 살다가 어머니 죽은 후에 내
마을이라고 신촌리에 다시 들어왔어요. 그때 그 아이들 데리고 살자고 동
냥질을 한 것이 상당히 고생…. 걔네들 데리고 살면서 몇 해 동안 고생한
생각하면 젊은 사람들은 말해도 믿지 못해요.

　　샛아버지(이좌구)는 그때 일본에 있었으니까 살고. 샛아버지는 일본에

밀항으로 와서 살다가 병나서 고생하다가 돌아가신 지 이제 7년쯤 되었을 거예요. 살기는 옛날 우리 아버지 장사 해난 집인데 집을 사 보니까 또 그 집을 산 거예요. 거기서 살다가 돌아가셨어요. 샛어머니는 고향에서 큰 아들하고 작은 딸하고 같이 죽고.

그러니까 걔네 살아남은 세 오누이를 내가 일본으로 밀항 올 때 같이 데리고 나왔어요. 올 때 같이 데려 왔는데 걔는 대학 가겠다고 해서 가고. 그 밑에 동생은 여기에서 고등학교 축구 선수를 하다가 3학년 때 죽어서, 이번 제주도 갈 때 유골을 가져가요.

우리 사촌동생 용우는 중학교 보내두면 공산당 빨갱이라고 놀림을 당해서 울면서 오고…. 내가 하다 하다 버쳐서 그때 밭 하나 팔아서 걔를 일본에 보냈습니다. 그래가지고 일본에 와서 고등학교 졸업하고 리츠메이칸 대학 입학했지만, 입학금이 없어서 ▮북으로▮ 넘어갔습니다. 거기서 결혼해서 살다가 병나 죽어서, 이번에 고향 어머니 무덤 옆에 모셨습니다. 이양우는 일본 여기서 나서 여기서 큰 아이. 우리 샛아버지는 일본에 있었으니까 4·3사건도 넘어가지고 여기서 태어난 아들.

일본으로 밀항하다

용우를 살리기 위해 밭을 팔고 ▮일본으로▮ 밀항시켰는데, 그 후부터 경찰이 나를 따라 다니게 되었어요. 나도 세 번이나 부산까지 달아났지만 그때마다 김○○에게 잡혔어요.

그 후에 또 죽을 각오로 밭을 팔고 그 돈으로 밀항을 하려는데, 강풍 때

문에 배가 제주로 되돌아와 버려서 김녕리에서 경찰에 잡혔어요. 그때 우
리 사연을 들어 주고 앞으로 그러지 말라고 한 경찰이 우리 오빠 동창생
이었습니다.

나는 또 샛아버지 아이 둘을 데리고 부산에서 다섯 달 동안 살다가 끝내
밀항을 했어요. 일본 규슈 오무라 수용소에서 다섯 달 살았는데, 나카가와
중앙병원 선생님이 보증인이 되어 주셔서 겨우 일본에 살게 되었어요.

그때부터 다다미 석 장짜리 한 칸 방 살림이 시작되었어요. 말도 모르
고 길도 모르는 이역살이, 신발 공장에서 피를 토하면서 죽도록 일했어
요. 그 당시 키타무라 선생님
병원에 여섯 달 동안이나 입
원까지 했어요.

처음 밀항하다가 걸렸어
요. 그래서 오무라 수용소에
서 30만 원 벌금 내서 가라고
하니까 또 도망쳐가지고 10
년 살다가, 등록하라 하니까
이제 등록증을 만들었어요.

등록은 일본 사회당에서
우리 등록을 해 줬습니다. 그
니까 한국서 8년간 뛰면서
뛰면서 숨으면서 살다가, 일
본 오니까 등록증이 없어서
또 뛰면서 뛰면서 숨으면서
10년을 산 거예요.

┃ 이복숙이 친필로 쓴 4·3 때 희생된 가족들의 명단.

10년을 살았는데…. 나는 민단도 총련도 일체 뭐 안 했습니다만, 이와나미 서점을 운영하는 사회당 국회의원인 야세상이라 하는 사람이 내가 어떻게 한 거 소문 들어가지고, 나를 찾아와서 그 사람이 다 알아서 사회당 국회의원들을 통해서 등록을 해줬습니다.

일본법에서도 제주도 4 · 3사건 한 것이 신용돼서 증거만 있으면 등록해주겠다고 했어요. 일본 사회당에서 다 그걸 조사해서 등록증을 만들어준 거예요. ▮ 그렇게 해서 안심이 되니까 ▮ 나도 와서 엄청 울었어요. 고향에서 얼마나 울었는데 여기와서 또 많이 울었어요. 그러니까 아무 생각도 안 하고 자기 가족만 생각해서 일하고.

나는 여기 와서 등록되어서 맨몸으로 살아가면서 총련이나 민단에 일체 다녀보지 않았어요. 조선학교 마당이나 민단학교 마당에는 한 번 걸어본 일도 없습니다.

그래도 지금까지 회비는 양쪽에 다 내요. 민단도 내고 총련도 내고. 여기도 저기도 관계 없으니. 그러니까 열 사람 중에서 세 사람은 내 마음 알아줄 사람도 있고, 일곱 사람은 몰라줘도 할 수 없는 거고. 그래도 이번만큼은 고향 가서 친구들 얼굴 보니까 정말 반가워가지고 나도 한편으론 서럽지만 한편으론 기쁜 점도 많이 있었습니다.

북으로 간 식구들

우리 조카들. 명자네 언니 둘하고, 샛아버지 아들이 공부하겠다고 하니까 ▮ 북한에 보냈습니다 ▮. 나는 시국을 잘못 만나서 공부를 못했으니까 이 아이들은 거기 가면 공부도 할 수 있고 거기서 책임을 져줄 것으로 생각했는데. 그렇게 생각한 게 내 잘못이었어요.

내가 그런 마음을 가지고 했는데. 내가 여기서 "머리에 재산을 놔라. 돈이고 집이고 재산이고 없어지면 없어진다. 그렇지만 머리의 재산은 아무도 빼앗지 못한다" 그래서 난 아이들한테도 그렇게 말하면서 키웠어요. 그래서 그 나라에서 공부 시켜주고, 우리 집안 아이들 가면 ▎잘해줄 거라고▎ 어느 정도 믿고 보냈어요. 그렇지만 그렇지 않은 것이 너무나 많아.

근데 우리 명자네 언니, 영자는 유학을 갔다 온 신약연구 준박사예요. 여자라도. 걔는 원대로 공부하고 싶은 원대로 가서 공부했지. 그러니까 모두 다 걔를 의지해가지고 평양에서 공부하고 있지.

용우하고, 결자하고 영자하고. 여기서들 갔어. 결자가 명자네 큰언니. 영자하고 결자까지는 어머니 아버지 얼굴을 알아. 하지만 제주도에 있는 명자는 아버지 어머니 얼굴을 모르지.

북 혁명열사릉의 이덕구 비석

작은아버지 비석에 대해서는 곤란한 것이 있었어요. 저 나라 ▎북한▎ 에서도 비석을 세우자고 한 것도 10년 정도쯤밖에 안됐습니다. 1991년도인가? 왜냐면 우리 작은아버지가 ▎제주4·3에서▎ 그렇게 했다 해도 거기서 증거가 아무 것도 없다는 말도 나왔었습니다. 인정 안해서 그것에 대해서 나도 굉장히 불안해 했었는데. 그 비석을 하자고 내가 정말 가슴이 문드러졌습니다.

가족묘로 이장하면서 땅에 묻은 비석들.

이
복
숙

◆

　북한에 간 우리 조카들이나 사촌들은 취급을 안 해주고, 한국에서는 공산당이라서 취급을 안 해주고. 이거 정말 믿어주질 않는 거예요. 그러니까 증거를 가져오라 그래요. 4·3사건에 증거가 어디 있습니까? 작은아버지 생각하니 억울해서, 사람이 열나니까 아무도 몰라줘도 좋다고. 너무나 답답했어요.

　그 후에 우리 집안 얘기가 나온 한국 신문을 가져왔다니까 북에서 사람 둘이 나왔어요. 그래서 "이런 역사적으로 남을 일을 거짓말해서 뭐 할 겁니까"라고 싸웠어요. 그래서 한 10년 안됩니다만, 처음으로 이겼어요.

　그 비석을 하는데 나 그렇게 말한 적 있습니다. "우리 작은아버지는 목숨도 바쳤고 재산도 바쳤다. 가족도 다 바쳤는데 왜 그만큼 믿어주지 않느냐"고 몇 번이나 싸웠어요. 정말 몇 번이나 속상한 일이 많았습니다. 그래도 이젠 작은아버지 비석 해주고 조카들도 다 그 집안 가족이라 해서 믿습니다. 한국 신문으론 믿어줬어요.

일본에서 결혼하고 정착하다

　25살 때, 친구 소개로 남편을 만나게 되었어요. 그러나 밀항해 온 우리는 등록증 없이 살았으니 항상 사람 눈을 피하면서 살았어요. 하루는 장남이 배 속에 있을 때 누군가의 밀고로 끌려가 24시간 내에 강제 송환한다고 했어요. 그 당시 사회당의 다나카 수미코 선생을 만나게 되었을 때, 제주에 나 같은 사람이 얼마나 많은가를 얘기하고 그동안에 겪은 얘기를 하여 도움을 받게 되었어요. 절대 강제 송환을 시키지 않겠다고 약속해

주었어요.

그제서야 쫓기는 살림에서 벗어나 마음 놓고 일본에서 살 수 있다 생각하니 어린 딸 얼굴 쓰다듬으면서 처음으로 눈물을 흘렸어요. 이젠 당당하게 살게 된 거죠. 그 후로는 아이들 공부 시키랴 악착같이 일했어요. 정월 초하루도 일했지요. 오사카 이쿠노쿠 골목에서 찻집을 한 지 30년이 지났네요.

바깥 양반은 제주시 이도동인데, 4·3사건에 북촌리에 살았습니다. 일본 와서 만났지요. 일본에서 저 사람 일하는 데 친척이 나하고 같이 일해서 서로 알아서. 나도 일본 오니까 외롭고. 혼자만 일하니까. 그래서 48년을 같이 살았어요.

이런 말 하면 또 우스워요. 제주도에서 소문이 난 게 우리 시어머니가 며느리 잘못 만나서 아들 못 만난다고. 내가 암만 고생하면서 쌀 값을 보내도 아들 못 보는 것이 한이 돼가지고. 그래서 한 15년 전에 한 번 남편이 갔다 왔습니다.

남편도 갔다 오고 시어머님도 여기에 한 번 오고, 또 여행으로 한 번 오고. 세 번째 올 때는 한국 안 가겠다고 해서 여기서 살다가 돌아가셨습니다. 여기 묘 있습니다.

고생한 걸로 하면 대통령 하다가도 남지요. 내가 일본 오니까 눈앞이 캄캄했어요. 말 모르지 글 모르지, 부모 동생 아무도 없는 데 와서 정말로 캄캄했어요. 이 손가락 요거. 그래서 내 스스로 내 손가락을 찧은 거라. 제주도에서 '어머니 죽을 때 같이 죽어버렸다면 일본까지 와서 이렇게 고생 안 할 건데 왜 살았는가' 해서 스스로 손을 찧은 것이 이렇게 되어버렸어요.

현재에 대해 말하다

이제는 편안해요. 대통령 살림입니다. 아이들도 다 학교 졸업하고 결혼도 다 하고. 집이라도 작지만 내 집이 있고. 지금은 행복입니다. 고향에 가보니까 부모님들이 걸어온 길을 제자들이 다 걸어가고 있다는 건 정말로 마음으로 고맙게 생각합니다.

일본에서 소문 듣기로는 조금 섭섭한 점이 있었어요. 옛날 4·3사건에 죽은 어른들이 죽지 않고 지금 있었으면 다른 마을에 떨어지지 않을 건데 하는 생각이예요. 하지만 다들 죽어버렸으니까. 우선 내 살림을 살기에 바쁘다보니까. 내 살림을 잘 살아야 동네 살림을 사는 거거든요.

우리 아이들이 일본학교 가서 공부할 적에 거기 선생이 언제나 말해요. "한국 아이하고 일본 아이하고 점수가 같으면 일본 아이를 들여놓겠다"고 깨놓고 말해요. 근데 우리 큰 아들 성적이 좀 위에 올라가. 걔보고 선생님이 언제나 말해요. "우미무라군. 한 점이라도 당겨야 한다. 같은 점수하면 일본 아이가 이긴다."

나는 아이들한테 일본학교 가더라도 자신이 한국 사람이라는 부끄러움 가지지 말고, '내가 한국 사람이다' 말해서 친구하라고 항상 말해요. 우리 아버지가 마을에 학교 지어서 아이들 다 학교 가라고 했는데, 나도 그만은 못하지만, 조금이라도 아버지를 닮으려고 해요.

여기(에덴찻집)에서 사람들이 아침에 오나 저녁에 오나 빵 구워주면 고향에서 오신 분들이 말해요. "딴 데 가면 하루 종일 안 하는데 왜 여기서는 이렇게 합니까?", "내가 배 고파나니까. 너네도 배고프니까 많이 먹어. 먹어" 그러면서 하루 종일 빵 구워줘요.

구술 채록·정리 김경훈

■ 재일동포 4 · 3방문단으로 제주에 온 이복숙 씨.

■ 면담 후기 ■

2007년 10월 일본 오사카에서 처음 뵌 후 지금까지 다섯 번 정도 만나서 얘기를 들었다. '오늘까지 어떻게 살아 왔는가를 누군가에게 말하기는커녕 생각조차 하기 싫다'고 했지만, '겪은 일을 전해야 하는 일이 살아남은 자의 몫'이라는 생각에 많은 이야기를 풀어내셨다.

단지 이덕구의 가족이라는 이유 때문에 죽어야 했던 가족들의 운명을 받아들이고, 또한 그들의 극락왕생을 빌며 묘를 한자리에 모아놓는 수고로움 속
에는 애틋한 정과 절박한 그 무엇이 뒤섞여 있었다.

밀항으로 일본에 간 지 '51년 만에 다시 찾은 제주도는 더 이상 죽음의 땅이 아니었고, 아버지가 학교를 지을 때 심었던 소나무가 지금도 잘 자라고 있었다'고 했다. 또한 제주비행장에서 비행기를 타고 내릴 때마다 '비행장 활주로 옆에 묻혀 있는 오빠가 나를 지켜주고 계신다'고 생각하고 있다.

제주도와 일본, 그리고 북에 걸쳐 제각각 흩어져 있는 가족들. 그 오랜 고통의 이산의 역사만큼이나 이제 새로운 희망의 시대는 요원한 것일까? 이복숙 할머니가 조성한 가족묘처럼, 죽어서야 다시 한 자리에서 만나게 될 뿐일까?

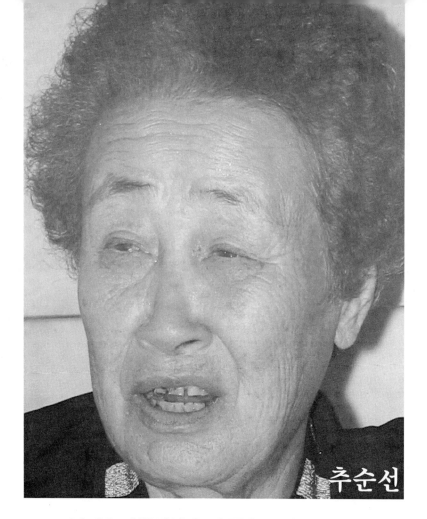

추순선

남편은 민청위원장, 난 죽을 고비 여러 번 넘겼어

추순선 할머니는 1926년에 제주읍 관덕정 부근에서 3녀 중 둘째 딸로 태어났다. 서울에 있는 사범학교에 진학하려고 준비하던 중 1945년 친구의 소개로 대정읍 하모리의 이종우 선생을 만나 결혼을 하게 되었고 그 이듬해 딸을 낳았다. 당시 남로당에서 활동을 하던 이종우 선생은 1947년 3·1기념식 이후 도피생활을 하게 되었고 그때부터 추순선 할머니 역시 힘든 나날을 보내게 됐다. 그러다 1948년 남편은 경찰에게 잡혀 총살당하게 되고 추순선 할머니 역시 4·3 시기를 맞이하면서 남편의 전력으로 인해 도피생활을 해야만 했다. 예비검속 당시도 목숨이 위태로운 처지에 있었는데 목숨을 부지하기 위해 재혼을 택해야 했지만 추순선 할머니는 그 결혼생활마저 제대로 하지 못하고 결국 하모리로 돌아오게 되고 현재까지도 이종우 선생과 결혼할 당시 살았던 그 집에서 혼자 생활하고 있다.

▌하모리 집 앞에서.

북국민학교에 입학하다

나는 일제시대에 태어났어. 그때 우리 집이 관덕정 뒤편에 있었지. 삼도리 관덕정 뒤편 법원동네에 살았어. 무근성 영두굴이라고 해서 무근성에서도 변두리에 있어. 아버지는 추갑천이야. 직업은 목수였고. 형제는 딸만 셋이 있었어. 내가 학교에 들어간 건 다른 이들보다 늦은 편이야. 아홉 살에 들어갔어. 북국민학교에 다녔는데 당시에는 국민학교도 시험을 봐서 들어갔지. 학교에 가니 일본 선생님들도 좀 있고, 우리나라 제주도 출신 선생님들이 많이 있었지. 1학년 때 담임선생님이 김창선 선생님이 었어. 나는 3~4학년까지는 한문을 공부했어. 책들이 다 그렇게 나왔지. 국사, 지리 그런 책들이. 그리고 4학년 때부터 일본글을 배웠어. 일제 때

였으니까. 그렇게 6학년 때까지 일본글로만 배웠어. 학교서 노래도 가르쳐줬는데 당시가 일제 때였으니까 다 일본말로 된 노래야. 그래서 지금도 우리나라 노래보다는 일본 노래를 더 잘아.

미군 공습으로 서문통에도 소이탄 떨어져

국민학교를 졸업하고 서울에 있는 사범학교에 가려고 했어. 당시는 국민학교만 졸업해도 시험봐서 합격만 하면 바로 사범학교를 갈 수가 있었거든. 우리 아버지가 목수 일을 해서 돈을 잘 벌 때였으니까 학교를 보내주겠다고 해서 서울에 있는 사범학교를 가려고 했던 거지. 북국민학교에서 1등은 못해도 2, 3등은 했으니까 공부도 좀 한 편이었고. 그때도 여자들이 많지는 않지만 돈이 좀 있고 공부도 좀 하고 하면 사범학교에도 가곤 했지. 6학년 때 담임선생님이 김인지 선생님이었는데 그 선생님하고 친해서 선생님 댁에 자꾸 놀러가곤 했어. 김인지 선생님이 나를 아껴주기도 했고 선생님 부인이 법환(서귀포) 사람인데 우리 이모 친구 분이었어. 그 선생님 댁에 놀러가면 자기 딸하고 사범학교 가라고 자꾸 그랬어. 그 애가 나보다 1년 후배였는데 처음에는 그 아이하고 같이 사범학교 갈려고 1년을 늦추면서 기다렸는데, 그러다 보니 태평양전쟁이 심해져서 못가게 됐지. 그때가 일제 막바지라서 비행기가 막 날아다니면서 서문통 근처 밭에도 소이탄을 떨어뜨리고 하며 공습이 점점 심해지는 거야.

결혼하기 전에 관덕정에 살 때 우리 동네서 어떤 처녀가 일본 군인한테 안 끌려가려고 하다가 일본 군인들이 그 처녀의 어머니를 막 때린 일

이 있었어. 정신대로 못 끌고가게 하니까 일본 군인들이 때려버린 거야. 그때가 전쟁 끝 무렵이었어. 그때쯤에는 서사라 쪽에 소이탄을 막 떨어뜨리고 한 사건도 있었어. 우리 어머니가 그쪽에 밭이 있었어. 그래서 서사라 밭에 가서 구경했지. 병문내 내창에 떨어지니까 막 도망오고 했었지. 해방되기 전이었는데 전쟁 끝 무렵이어서 그런 거 같아.

오대진 딸의 소개로 사범학교 진학 포기하고 결혼

마침 그때 내 국민학교 동창생 오실해라는 아이가 있었는데 그 아이가 대정쪽에 대학교도 나오고 좋은 사람 있다고 나를 부추기면서 시집을 가라고 해. 나는 당시에 스물 두 군데에서 중매가 들어왔는데도 사범학교에 가서 공부할 생각에 시집을 안 간다고 했었지. ○○○약방 동생도 중매

들어왔었고, 제주도에서 일등 부잣집이었던 ○○○이라는 사람도 중매 들어왔었는데 공부하겠다고 다 싫다고 했어. 그런데 오실해라는 동창이 중매를 서서 스물 세 번째 중매에 여기(모슬포)로 시집을 온 거야. 결혼하 겠다고 대답한 후에 얼마 없어 해방이 되었지. 그때 나이가 스물이었어. 스무 살에 시집왔지. 나한테 민애 아빠(남편)를 소개해 준 오실해가 누구 냐 하면 오대진 딸이야. 당시 인민위원회 위원장 오대진 딸이야. 원래 집 은 여기 모슬포인데 제주시에 가서 학교를 다녔어. 지금은 그 친구도 어 디로 갔는지 모르겠어. 연락도 안돼. 사범학교에만 가려고 하다가 오실해 가 중매를 서서 결혼하겠다고 대답을 하고 1945년 5월에 결혼을 했어. 그때 내가 20살이었고 남편은 23살이었어. 그리고 그해 8월에 해방이 됐 지. 결혼해서 와 보니 시아버지는 10년 전에 돌아가시고 시어머니 혼자만 고생하며 살고 있었지. 시아버지 살아계실 때는 부잣집이었는데 시아버 지가 돌아가신 후 망해서 시어머니 혼자 막 고생하며 살고 있었어. 시아 버지가 살아계실 때는 부자였다고 들었어. 장사를 해서 돈을 벌어 집도 몇 채나 있었다고 했는데 내가 시집올 때쯤에는 거의 망해갈 때였어. 그 리고 시누이는 현재 내가 살고 있는 이 집에 살고 있었고, 동쪽으로 집이 또 하나 있었는데 그 집엔 시어머니 혼자 사시고. 그런데 시집간 지 얼마 안됐을 때 시어머니가 그 집을 팔아서 빚을 갚아버린 거야. 나한테는 팔 았다는 말도 없이. 나도 그래서 시누이가 이 집(현재 추순선 할머니가 살고 있는 집)에 살아 버리니까 이 집 2층에서 살았어. 그리고 남편은 해방 후에 일 본에서 제주도로 들어온 후 직장을 안 다녀봤어. 그냥 집에서 책이나 보 고 2층 베란다에서 아코디언이나 돌리고 하면서 10원도 안 벌었어. 이런 말 하면 뭐 하지만, 남편한테서 10원 한 장 안 받아봤어. 다 친정아버지 한테 받아 썼지. 차비도 친정아버지한테 받아 썼어.

남편은 제주도 민청위원장

우리 민애 아버지(남편)네는 형제가 딸이 셋에 아들이 하나야. 그 아들이 바로 우리 남편(이종우)이지. 큰 시누인 여기서 살다가 죽고, 두 번째 시누인 일본에서 살다 죽었어. 그리고 현재는 막내 시누이만 상모리에 살고 있어. 둘째 시누이가 일본에 살았는데 우리 남편도 일본 시누이네 집에 살면서 공부를 했어. 관서대학교를 나와서 해방되기 좀 전에 제주도에 들어왔어. 시집와보니 남편이 모슬포에서 민청활동을 하고 있었어. 해방 후에 처음엔 모슬포에서 민청, 인민위원회 활동을 했지. 그때 모슬포에서 활동했던 사람들이 이신호, 이운방 같은 어른이야. 그러다가 3·1사건 날 때 쯤에는 제주시에서 민청위원장으로 활동을 했어. 모슬포와 제주시를 오가며 활동을 했는데 올 때마다 친구들을 막 데리고 와. 그러면 우리 시어머니는 싫다고 하면서도 그 친구들 밥까지 다 해 먹이고 했어. 한번 올 때마다 2~3명씩 확 왔다가 가버리고 해서 이젠 이름도 기억이 안나. 이운방 어른은 일본 가서 살다 돌아왔다는 얘기를 들었는데 한번도 찾아가 뵐질 못했어. 가서 인사도 하고 이종우 처라고 하면 알겠지만은….

┃ 친구와 함께(왼쪽이 이종우).

우리 딸 이름이 이민애(李民愛)야. 스물에 결혼해서 스물 둘에 딸을 낳았는데 그때는 남편이 집에 있을 때라 남편이 이름을 지어줬어. 백성 民, 사랑 愛. '국민을 사랑하자'고 해서 '민애'로 지어줬어. 그리고 그때 같이 활동을 했던 이승진 네는 '상민(相民)'. 거기도 딸인데 거기는 '국민을 상담해서 국민을 위해 선다'해서 상민이 있고.

3·1사건 참가

3·1사건이 난 다음부터 제주는 막 시끄러웠어. 3·1사건 때 시누이하고 같이 갔다왔는데 우리는 북국민학교가 아니고 관덕정 마당에 갔었어. 사람들이 꽉 차서 막 떠들었었어. 여기서는 그때 영락리 사람 양은하를 잡아다 죽여 부렀지. 양은하는 3·1기념식에 참석했다고 지서에서 잡아다가 죽여 버렸어. 그래서 이 대정지역이 더 시끄러웠지. 난 양은하 씨 얼굴은 잘 기억이 안나. 오래전이고 그때 얼굴 잠깐 본 것 뿐이니까. 양은하 씨가 죽고 장례를 치룬 후부터는 막 시끄러웠지.

인민위원회 문화부장

3·1사건 난 후 여자들은 부인회다 뭐다 해서 활동들을 했어. 나는 당시에 부인회 활동은 안 하고 대정면 인민위원회 문화부장으로 활동했지.

우리 집 근처에 유치원이 있었는데 거기서 모이면 경과보고를 하라고 해서 경과보고도 하고 그랬어. 또 노래 같은 것도 좀 부르고. 그때 부른 노래가 일본 시조 같은 노래인데, 일본 장교가 일본말로 "아군들이 다 죽어서 자기 혼자만 살아 뭣하느냐" 하며 할복해 죽는 노래하고 일본 사람들이 춤추며 부르는 노래 같은 걸 불렀어. 결혼해서 얼마 안된 때라 그거(문화부장) 책임 맡아서 했던 거지. 또 선전부장도 했었어. 그런 보고대회 같은 회의를 하게 되면 여럿이 왔었어. 한 달이면 한 2~3번은 했지. 아무리 숫자가 적어도 한 번 모이면 50명 이상은 되었지. 그때는 나잇살 먹은 사람들, 할머니들까지 활동을 했어. 문화부장은 남편이 시켜서 한 건 아니고 모슬포 어른들이 하라고 했어. 이신호 씨, 이운방 씨 같은 어른들이. 이신호 씨 부인은 제주시 사람인데 동문통에 살았기 때문에 얼굴을 알아. 거기 동생이 나하고 친구야. 그것도 여기 모슬포 시집 와서야 알았어. 그 친구 이름은 잊어버렸고.

남편은 김달삼과 학교 친구

4·3 때 활동할 때 우리 남편 가명이 '고영'이야. 그때 같이 활동했던 사람이 이승진이었어. 그 사람은 학교 때부터 막 절친한 친구였어. 일본에서 공부할 때부터 친구였지. 그래서 둘이 같이 찍은 사진도 있어. 그리고 양○○이라는 이가 있었고. 거기도 이젠 죽어버렸어. 그 부인도 죽고. 그 부인이 제주시 사람인데 일제 때 도립병원에서 간호사를 했어.

이승진은 내가 모슬포에 시집와보니 이미 대정 쪽에 있었어. 집도 근처

였지. 그런데 이 사람은 4·3사건 때 없어졌지. 육지로 도망을 갔는지 어쨌는지 모르겠지만.

남편 때문에
가족들 고초 당해

3·1사건이 난 후 남편은 도망 다녔어. 그러다 산에 올라간 사람 데려와서 집에서 밥 먹고는 도망가곤 했었지. 나도 그때 남편 때문에 지서에 끌려 다녔어. 우리 친정아버지도 경찰에 잡혀갔었지. 그때는 남편이 도망다닐 때여서 사위를 내놓으라고 친정아버지를 끌고 간 거야. 경찰에 잡혀가 매도 많이 맞고 옷도 다 찢어 버리고 해 가니까 그때 돈으로 2천 원을 경찰에게 줬다고 그래. 그러니 덜 때리더라고. 그때는 아버지네가 잘 살아서 항상 돈을 수중에 얼마간이라도 갖고 다녔어. 그때 경찰에게 돈을 줘서 살아났지. 그러지 않았으면 죽었을 건데 말이야. 친정아버지는 경찰서에서 한 달 정도 있었어. 또 시집 식구들도 남편 때문에 경찰서에 잡혀갔다오고 했어. 시어머니는 제주시 경찰서에 두 번 잡혀갔었고, 큰 시누이 작은 시누이도 잡혀갔고. 시어머니는 잡혀가도 경찰서에 갇혀 있지는 않았고, 젊은 사람들만 갇혀 있었어. 그리고 시누이네가 그때는 여기서 살았었는데 우리 남편 때문에 시누이 남편 ○○○이 잡혀가서 죽었어. |좌익| 활동도 안 하던 사람이었는데.

▌ 이종우의 일본 유학 시절, 제주도 친구들과 함께(뒷줄 가운데가 이종우, 뒷줄 오른쪽이 이승진이다).

지서에 연행됐다가 운좋게 풀려나

나는 모슬포 살 때 여기 모슬포 지서에 잡혀갔었어. 강동효 씨가 서장으로 있을 때도 잡혀갔었어. 강동효 씨 누이가 우리보다 2년 선배였지. 또 강기천 서장도 있었고. 그다음은 김○○. 거기는 수사과장이었어. 그이 덕도 좀 봤지. 우리 민애 아버지가 잡혀 간 다음에 김○○ 씨에게 얘기하면 면회도 잘 시켜주고 했었지. 먼저 아버지가 잡혀간 때는 내가 모슬포 온 때여서 면회도 못 갔었는데. 좌○○라는 도청 산업과장이 있는데 그 부인이 제주시에서 살 때 알던 사이라 그 사람 덕도 봤고, 강기천 지서장 덕도 좀 봤고. 지서에 끌려가도 매도 덜 맞고 했지. 그리고 내가 이상하게 은인을 만나기도 했어. 모슬포에 특공대가 막 왔을 때 특공대에 다시 잡혀갔어. 그때 특공대원 하나가 나를 때리려고 하니까 어떤 장교가 때리지 못하게 해. "이쁜 사람을 때리지 말라"고 하면서 말이야. 그래서 그때는 매 한번 안 맞았어. "예쁜 아주머니를 살려주겠다"고 하면서 나를 때리려고 하는 특공대원에게 "그냥 살려주라"고 하면서 말이야. 그리고 또 뭐라고 하냐면 이제 곧 내가 목포형무소로 갈 건데 거기 가면 자기가 목포형무소엘 꼭 찾아가서 나를 얻겠다고 해. 거기 찾아가서 만나겠다고. 한번 끌려가면 지서에 한 이틀 정도는 왔다갔다 했어. 지서에서 밤을 지샌 적은 없고. 다 아는 이들 덕에 그랬지.

남편 입산 직전 붙잡혀

남편은 모슬포하고 제주시를 왔다갔다 하면서 활동을 했는데 한번 제주시로 나가면 집에도 며칠씩은 못 들어오고 했어. 서광이고 어디고 친척들이 있는 데를 다 돌아다녔는가봐. 그것도 나중에야 들었어. 그러다가 4·3사건 나기 한 달 전쯤 조천 쪽에서 돌아다니면서 좀 떠든 모양이야. 조천 위 선흘이라는 곳에서 4·3사건 바로 전날 한 20명 정도가 모여서 회의를 한 모양이야. 산에 오르자고 하면서 말이야. 그때 경찰에게 잡혔어. 그때 경찰이 회의하는 데를 포위했는데 다들 도망을 가니까 경찰이 총을 쏘아댄 모양이야. 그때 우리 민애 아버지가 턱 밑을 관통당해서 쓰러진 모양이야. 그래서 우리 민애 아버지만 잡혔다고 해. 그때 김○○이라는 동창생 남편이 검찰청 수사과장으로 있었던 모양이야. 그편으로 어떻게 어떻게 남편이 잡혀왔다는 말을 들었어. 잡혀와서 15일인가 한 달 정도인가 경찰서에 있었을 거야. 그때 내가 우리 민애업고 애기한테 먹일 기용환을 갖고 제주시 가려고 화물차를 타려는데 고○○이란 순경이 탁 잡아서 "기용환을 그놈(남편) 먹일려고 갖고 가느냐"고 하면서 못가게 하는거야. 나를 잡았던 그 순경 이름은 지금도 외워지지. 남편이 ┃좌익┃ 활동을 하니까 모슬포(지서) 에서 나를 감시했었어. 그래도 아는 사람들 도움으로 살았지.

남편 총살돼 친정아버지가 시신을 수습해오다

우리 민애 아버지 제사가 음력으로 3월 초엿새야. 지서에 잡혀가서 얼마 없어 조천 대흘인가에서 총살되서 그 동네 할아버지들이 묻어준 모양이야. 4 · 3사건 때는 무서워서 모슬포에서 살지 못하고 친정에 가서 살았어. 4 · 3사건이 좀 진정된 때였는데 하루는 우리 민애를 업고 관덕정 부근을 지날 때였는데 어떤 남자가 나를 불러. 보니까 남일차부 사장이었어. 이름은 기억이 안 나네. 그 사람이 말하기를 민애 아버지가 조천면 대흘에서 죽었는데 홍○○이라는 사람을 찾아가면 묻은 장소를 알 수 있다고 전해줬어. 그래서 친정아버지하고 시어머니하고 나하고 같이 대흘에가서 홍○○ 씨를 만나서 남편 무덤을 봤어. 그 동네 사람들이 남편이 총살된 후 잘 묻어주었던 모양이야. 그래서 4 · 3사건이 좀 진정된 다음에 우리 친정아버지가 그 장소를 찾아가서 모슬포로 이장을 해왔어. 그때 친정이 좀 괜찮게 살아서 친정아버지가 돈을 다 대줘서 이쪽으로 이장해 온 거지.

비행장에 사람들이 끌려가 죽는 걸 목격하다

그런데 6·25 때쯤에 좌익활동했던 가족들을 비행장에서 다 죽인다고 할 때 그걸 목격했어. 우리 언니네가 서문통에서 고무신 장사를 했는데 그 상점에 앉아서 비행장으로 사람들 실어 나르는 걸 봤어. 차 8대로 실어 나르는 걸 말이야. 그건 잊어버리지 않아. 시각은 밝은 때였는데 죽이려고 광목으로 눈가리개를 하고 비행장 쪽으로 싣고 가는 걸 봤어. 나중에 알아보니까 그때 비행장에서 800명을 죽여 버렸다고 했어. 그때 우리 동창 중 하나가 있었는데 그 아이 남편도 좌익활동을 하던 사람이었는데 그 친구가 나한테 "이번에 너를 죽일 거라"고 하면서 어디 가서 숨어 있으라고 하는거야. "남편이 민청위원장으로 활동을 했었기 때문에 이번에 분명히 너를 죽일 거니까 어디 숨어 지내라"고. 그래서 그때 우리 1년 후배가 학교 선생님을 하고 있었는데 그 후배 어머니가 중매를 서겠다고 해서 중문면장에게 개가해가

서 살아난 거지, 안 그러면 그때 죽었지. 경찰하다가 면장을 한 사람이었어. 그때 그렇게 800명을 죽일 때 제주시 용담에서는 이장 각시도 죽여 버렸다고 해. 거긴 아무 활동도 하지 않았는데도 죽여 버렸다고 해. 거기는 참 불쌍하게 죽었어. 그 800명 죽일 때 어떻게 총을 덜 맞아서 살았는지 살아돌아와서 고팡에 숨어 살았어. 그러다 나중엔 경찰에 자수를 했는데 죽여 버렸어.

스물다섯에 개가해 가서
서른 한살에 다시 모슬포로 돌아오다

스물에 여기 민애 아버지한테 시집와서 스물 셋에 남편 죽고 뒷해 또 뒷해 스물 다섯 살 나던 해에 중문면장에게 개가해 갔는데 경찰들이 개가해 간 그 집에 또 나를 잡으러 자꾸 찾아오곤 했어. 개가한 남편은 나 때문에 순경들한테 욕도 많이 들었다고 그래. 그런 사람을 얻었다고 말이야. 처음에는 중문 사람들이 면장 각시 일등 미인이라고 하면서 했는데…. 그런데 얼마 없어 그렇게 순경들이 자꾸 찾아오니까 ▎면장이▎나 보고 "어디 좀 가버렸으면 좋겠다"고 하는 거야. 그렇게 나보고 자꾸 어디 가라고 하면 나는 또 집에서 나와버리고 했어. 나와도 친정에도 못 가니까 어디 친구 집들을 전전하면서 문○○이라는 친구 집에도 가서 숨어 있고 했지. 그렇게 6년을 살았어. 그러다가 모슬포로 다시 돌아와 버렸지. 모슬포로 돌아와서 무조건 여기서 살겠다고, 여기 모슬포 집 생각밖에 안난다고 하면서 모슬포로 돌아왔어.

젊어서 한 고생들

중문에 개가했다가 다시 모슬포 돌아온 후에 여기서 먹고 살아야 해서 처음에는 계란장사를 했어. 시어머니가 오일장에 가서 계란을 상자에 담아서 받아오라고 해. 그런데 내가 그때 돈이 전혀 없을 때였어. 중문에서 돌아올 때 그 집에서 돈 10원 한 장 받아오지 않았으니까. 그래서 친정아버지가 옛날 돈으로 한 번은 8천 원, 또 한 번은 5천 원 해서 두 번을 줬어. 합이 1만 3천 원인가? 그걸로 쌀 다섯 가마니를 사고 감 다섯 상자를 사서 여기 모슬포에 있는 ○○네로 보냈어. 며칠 후에 모슬포로 와 보니까 감은 다 썩었다고 하고 쌀은 안 썩어서 요 앞에 있는 오일장에서 '나 쌀 사줍서 나 쌀 사줍서' 하면서 장사를 했어. 그래도 한번 나가면 한 말 두말 밖에 못 팔았어. 한 가마니씩 가져가도 그것밖에 못 팔았어. 그렇게 해서는 도저히 못 살겠어. 그때는 시어머니가 돌아가셔서 없을 때였지. 시누이만 여기 살 때. 계란 장사는 여기서 시어머니하고 같이 살 때 했었어. 그런데 이상하게도 여기서 쌀을 보관했던 상회 할머니가 내가 돈이 없으면 돈을 빌려주곤 했어. 그때 이자가 5부 이자 할 때였는데. 부산 창남상회, 목포 이화상회 이런 데 하고 거래를 했어. 동쪽 위미리, 표선리, 김녕리, 남원리 같은 델 다니며 장사를 했어. 미역, 고사리, 유채 같은 걸 제주시에 있는 목포상회, 호남상회에서 받아줘서 그런 걸 사서 상회에 팔고 했어. 그렇게 하면서 내가 별 장사를 다 해봤어. 그렇게 장사를 하면서 돈을 버니까 이제는 5부 이자로 빌린 거 갚아야 할 거 아니야. 그렇게 하니까 모슬포에 있는 친척들이 돈을 더 빌려주겠다고 해. 다른 친척들한테는 안 빌려줘도 나한테는 빌려주겠다고. 그러다가 면사무소에 밀가루가 들어왔어. 그래서 그걸 받아오는데 중문에 있는 면사무소에 가도 "고운

아주머니 왔구나" 하면서 나한테만 밀가루를 팔아줬어. 그 동네 사람들
도 '면장 각시(면장부인) 왔구나' 하면서 자기네 받았던 밀가루도 팔아주고
했어. 그러면 면사무소에서 사온 밀가루를 우동공장 같은 데다 다시 팔았
어. 그리고 평남상회, 이화상회, 목포상회 그런 데다 미역 같은 거 가져가
팔고. 내가 밀가루 장사를 한 후에 돈을 많이 벌었다고 소문이 났었어. 그
때 돈을 내가 100만 원밖에 못 벌었다고 해도 그때 돈으로 100만 원이면
크다고 하면서 말이야. 내가 못살아난 적이 있어서 모슬포 누가 돈 빌려
달라고 하면 100만 원도 빌려주고, 또 우리 큰 시누이 말젯딸 남편이 좀
난봉꾼이었는데 그 남자 데리고 와서 보증을 서달라고 하면 안 설 수 없
어서 보증도 서줬었고. 또 밀가루 공장에는 얼마든지 밀가루를 대줬거든.
그 공장에 밀가루를 대줄 때 그때 돈을 한 460만 원 빌려준 때는 부도날
뻔도 했어.

양자를 들이고 싶었는데…

모슬포에는 고부 이씨가 많이 살아. 나도 남편도 죽고 아들도 없고 해서
양자를 들이려 했어. 그때는 내가 돈이 있을 때였으니까. 한 돈 2억~3억
은 있을 때였지. 그때 돈이 있으니까 상모 쪽에 집도 사고, 서귀포에도 집
사고. 그래도 돈이 한 2억쯤 남으니까 양자를 들이려고 했어. 혼자니까 무
슨 일 생기면 힘들 거 아냐. 그런데 친척들이 반대를 해. 남편 사촌 이○
○이 북한에 살아있고 그 ○○이가 아들 삼형제를 두었으니 양자를 들이
지 말라고 반대를 해서 양자를 못 들였어. 이쪽에 친척 ○○ 아들이 있어.

농협에도 있었고 도의원도 나오고 막 좋은 사람인데, 친척들이 반대해서 양자를 못 들였어. 꼭 친척들이 반대해서 양자를 못들인 것만은 아니야. 그래도 이제까지 친척들을 믿어서 살았는데 친척들 말도 들어야지.

이북에 사는 조카한테 글을 보내줬으면

우리 시아버지네가 형제가 둘밖에 없어. 작은 시아버지는 이○○이야. 그 아들이 지금 북에 살고 있어. 이름이 이○○인데, ○○이네가 아들 삼형제가 있다고 해. 육촌 시아주버니가 일본에 살고 있어서 소식을 전해 듣게 됐어. 그분은 일본에 사는데 나이가 들어서 여기 모슬포에 몇 번 다녀갔어. 그 편으로 소식을 듣게 됐지. 그래서 북한에 사는 이○○이 주소도 알게 됐어. 작은 시아버지 아들 이○○가 일본가니까 육촌 시아주버니가 북송선에 태워서 보내버렸어. 현재 북한에 살고 있고 주소도 알고 있으니까 이 글을 북한에 보내줬으면 좋겠어.

구술 채록 · 정리 강순희

추순선 할머니와는 빌려갔던 할머니의 남편 이종우 선생님의 유학시절 사진을 돌려주러 갔다가 예기치 않게 증언채록을 하게 되었다.

11월 하순 겨울 추위가 시작되는 때쯤 갔었기 때문에 방안이 냉기가 감돌았는데 방한켠에 석유로 피우는 난로가 있어서 할머니는 채록을 하면서 추울까봐 난로를 켜주었다.

그런데 하필 찾아간 날이 시아버지 제삿날이었다. 사전에 찾아뵙겠다고 전화를 드릴 때만 해도 제사 얘기는 없었는데 얘기를 하는 도중에 '오늘은 시아버지 제삿날이라 음식 준비를 하고 있어'라는 말을 듣는 순간 너무 죄송스럽고 눈치 없이 찾아간 게 송구했다.

80이 넘으신 나이라 그런지 얘기 도중 기억이 정확하지 않아 혼란이 오곤 했지만 대부분의 일에 대한 기억력은 상당히 좋았고 특히 남편이 죽고 그 후 당신이 혼자 살아온 세월에 대한 얘기를 하실 때는 하실 말씀이 많았던지 술술 얘기를 잘 풀어내셨다.

할머니한테서 가장 인상이 남았던 건 선하게 웃으시던 눈매다.

결혼 후 남편으로 인해 겪어야 했던 일들과 그 후 여자 혼자의 몸으로 살아온 세월이 서럽고 고달플 법도 한데 그런 내색을 전혀 안 하시고, 얘기를 하시는 내내 웃으며 덤덤하게 지난 세월을 얘기하시면서 수줍게 소녀처럼 웃기도 하고, 쑥스런 웃음을 보이기도 하며 많이도 웃으셨다. 웃음으로 그 고통과 힘든 세월을 다 날려보내는 것일까? 힘든 기억을 애써 끄집어내며 얘기해주신 데 대해 고맙고 늘 건강하시길 바란다.

찾아보기

가다: 205

가리방: 152

가미사마: 169

가야수용소: 205

간스메: 223, 237

갈중이: 156

강관순: 59

강동효: 294

강위점: 52

강창보: 50

강철: 59

개성: 197

거린오름: 114, 115, 116

거제도: 205

거제수용소: 207

검은개: 115, 235

검질: 35, 80, 88, 101, 232

고달문: 74

고등군법회의: 189

고민수: 81

고팡: 80, 112, 298

곡석: 182

공출: 98, 140, 170, 171, 210

곶자왈: 114, 115, 116, 150, 151

관덕정: 66, 84, 221, 230, 271, 286, 285,

291, 296

광령리: 19, 27, 29

광양군: 200, 201

광주: 198, 203

교라이: 172

구뎅이: 110, 117

구좌면당: 61

국어독본: 50

궤는 물: 189

금강산: 201

금릉파견: 161

금악: 147, 148, 172, 174, 177, 181, 188,
193, 203, 210, 215, 216, 217, 220,
223, 224

금악간이학교: 168

금악리: 149, 161, 170, 171, 174, 177,
193, 237

금악오름: 174

김남석: 52

김녕: 61, 67, 277, 299

김녕리: 277, 299

김녕사굴: 67

김대진: 94

김명식: 56, 57

김문준: 57

김상옥: 238

김성오: 59

김인지: 287

김정로: 58

김종수: 74

김창녕: 74

김창선: 286

김태권: 55

김태륜: 52

ㄴ

나고야(名古屋): 39

나룩: 98

'나리' 태풍: 46

남문통: 33, 37

남원리: 105, 117, 120, 121, 128, 129, 299

남원국민학교: 97, 104, 107

납읍리: 29, 32, 33

낭: 175

낭푼이: 171

내무서원: 198, 200, 201

내창: 114, 235, 289

노랑개: 115, 235

노무현: 47, 136, 261

놉: 83

눈오름: 236

눌: 109

니기반듯: 194, 201

ㄷ

다끄네: 35

다래오름: 149

단아들: 109

닭모루: 81

담고망: 80

답도리: 76

대동청년단: 187

대섬: 264

대판성: 57

대한청년단: 187

덕천: 61

덩드렁: 188

도립병원: 37, 268, 269, 292

돌동산: 114

동무릎: 192, 193

두루애: 174

둑지: 204

ㅁ

말고래: 181

매날: 77, 169, 182

맹개낭: 155

맹질: 201, 210

먼ㅁ루: 113, 114, 116

명월숙: 230, 231

모냥: 154, 157

모멀: 98, 109

모스크바3상회의: 61, 64, 65

모지: 87

몬: 82, 202

몬딱: 76, 77, 170, 178, 200, 204, 210, 220

몬땅: 192

몰ㄱ랑: 74

몰명: 178

문무현: 52

문수동: 236

물애기: 117, 118, 120, 182

물영아리: 116

물웃: 241

미군: 140, 172, 174, 180

미군정: 63, 65, 66, 180

미녕: 105, 122

민보단: 69, 112, 124, 132, 224

민악: 116

민애청: 62, 142

민애청: 62, 142, 143

민주애국청년동맹: 142

민청: 62, 290, 297

밑둥: 185

ㅂ

반쓰봉: 193

반제동맹: 56

반착: 194

방애: 74

방애공장: 187

벵딧물: 179, 180, 181

벤또: 37

별도봉: 272

병문내: 288

보리왓: 83

볼래왓틸: 176

봉성리: 157

부녀동맹: 62

부대현: 52

부산수용소: 207

분시: 178

비렁못: 33, 35

비슴치기: 168

비양도: 158, 171, 172, 173

빗개: 50, 236

ㅅ

산디: 98, 109

상천굴: 33

새왓: 112, 116

샛별소년단: 53

서북청년단: 61, 65, 66, 67, 108, 144,
　　182, 184

서이: 107, 110, 111, 187, 193, 211

선소리: 200, 201

성안: 33

성제: 80, 122

세화: 52, 61

세화주재소: 52

소개(疏開): 29

소까이: 217, 223

소낭밭: 115

소룻질: 200

송당: 61

송악낭: 83

송진우: 64, 65

쇠좆매: 215

수두락: 198

수망리: 98, 99, 100, 107, 111, 112, 113,
　　114, 115, 116, 118, 120, 121, 129, 132

순천: 59, 64

식게: 185, 210

신사참배: 169

신재홍: 50, 53, 55

신중(제주신성여자중학교): 37

신촌국민학교: 74, 76, 80, 81, 84, 94,
　　265

신흥리: 99, 110, 111, 112, 121, 122, 123,
　　125, 126, 128, 129

심상소학교: 58, 61

싱가포르: 169, 170

쓰봉: 105, 205

ㅇ

아시: 180

아싯날: 181

아주망: 161

알드르비행장: 170

야마무라: 74

야체이카: 50, 55, 58

양석: 174, 200

양애: 209

양은하: 291

양창보: 261

양하: 211

어업조합: 50

어음리: 157

얼: 173

연락원: 149

연평리: 61

영천: 201, 202, 205

예비검속: 161, 231

오대진: 289

오몽: 170

오문규: 52, 58, 59

오실해: 288, 289

오일장: 33, 299

올래: 172

옴막: 154

옷귀: 109

옹포: 146, 161, 223, 224, 237, 239

옹포공장: 161

외도리: 29

욕은: 171

용심: 175

우도: 50, 52, 53, 55, 58, 59, 61, 62, 63, 66, 67, 69

우영: 211, 213

월정도: 61

유수암: 24, 27

의귀리: 105, 118, 119, 124, 132

의귀국민학교: 104, 105, 124

의용경찰대: 123, 132

의용군: 197, 198, 205, 206

이녁: 170, 185, 201

이덕구: 93, 156, 260, 261, 269, 271, 272

이성우: 273

이순우: 262, 267

이승만: 64, 65, 141, 143, 271

이승진: 291, 292

이신호: 290, 292

이운방: 290, 292

이좌구: 266, 275

이진우: 273

이호구: 259, 265

인민군: 152, 153, 197, 198, 200, 202, 204, 205

인민위원회: 63, 69, 100, 141, 289, 290, 291

인천: 158, 191, 192, 193, 195, 197, 201, 206

인천상륙작전: 201

인천형무소: 158, 197, 206

일본군: 102, 140, 148, 170, 173, 174, 175, 176, 177, 178, 179, 180, 268

ㅈ

잣담: 114

장기: 216

장영애: 55

장전: 32, 159

적시: 170

전투경찰: 159

정뜨르비행장: 35

제주도 해녀사건: 55

조름: 74

조선공산당: 55, 56, 63

조선어독본: 50

조수리: 245

조천 수용소: 84

조천리: 82, 264, 266, 275

조천중학교: 87

족은물: 264

좀질게: 75

종달리: 61, 67, 69

줌방기: 217

지리산: 201

지실: 223

질: 100, 195, 200, 201, 205, 210, 216

질래: 203, 208, 216

ㅊ

찰리: 157

천조대신: 169

청진: 59

촐: 101, 116

촐왓: 116

추갑천: 286

칭원: 177

ㅋ

코구리: 84

코생이: 115

큰물: 75, 264

ㅌ

태백산: 201

태작: 175, 178

텃밭: 211, 213

테역밭: 108

트멍: 100, 192

ㅍ

평화공원: 90, 92

표선리: 123, 299

ㅎ

하귀리: 29

하꼬: 194, 251

하도국민학교: 55, 61, 67

하마데라(浜寺): 56

하우목동: 50, 66

한국전쟁: 167

한남리: 107, 124

한대오름: 149

한림면: 146, 159, 162, 202

한림중학교: 144, 232, 237, 238, 239,
    242

한림중학원: 141, 142

한샘이물: 179

한소대: 193

함덕국민학교: 74

해각: 216

해게: 192

행원: 61

행정심판: 206

향보단: 69

현의합장묘: 120, 124, 130, 132, 133

협재해수욕장: 173

호열자: 29, 100

황국신민의 서사(誓詞): 58

후유장애인: 206, 224, 225

2연대: 108, 115, 145

4·3사업소: 90, 91, 92

5·10선거: 69, 70, 182, 234

기타

1구서 유치장: 188